KB266613

관계 중심
사회정서학습

관계 중심 사회정서학습

1편

1~2학년을 위한
우정이 싹트는 교실

김정하·노경화·박소은·박지영·박지현
이종필·전지훈·정미숙 지음

새로온 봄

'의미 있는 관계 없이 의미 있는 학습은 없다(No significant learning can occur without a significant relationship)'는 아동 정신의학자이자 사회정서학습의 화두를 제안한 제임스 코머의 말이다. 여기서 관계는 교사와의 관계를 떠올리는 경우가 많겠지만, 실제로 또래, 학급 친구들도 해당한다. 한 교실에 있는 친구들은 관계부터 지식에 이르기까지 그 영향력이 매우 크다. 이 책은 또래 친구와 함께 행복해질 수 있는 방법을 가르쳐주고 있다. 관계에 기반한 사회정서학습이지만 아이들의 삶과 친구, 그리고 행복에 관한 수업이라고 할 수도 있다. 어떻게 다양한 친구들과 행복하게 지낼 수 있을까, 그 과정에서 관계는 어떤 의미를 지니는가에 대한 답을 찾는 교사들이 선택할 수 있는 최고의 수업 중 하나이다. 통합학급에서 다양한 방식으로 함께 관계를 증진하는 연습은 살아있는 사회의 실제 경험이 될 것이다. 이 수업을 경험한 학생들은 관계의 기초부터 관계에 필요한 여러 도구를, 그림책을 비롯한 다양한 수업 방식을 통해 만날 수 있고, 무엇보다 친구를 만나고 그 결과로 우정이 싹틀 수 있다. 우정은 우리가 평생 만들어가는 최고의 사랑 중 하나이다. 그 우정을 초등 저학년 통합학급 교실에서 탄생시키는 일은 삶의 중요한 긍정의 샘을 만드는 일과 같다. 이 수업은 아이들에게 잊혀지지 않을 관계의 지혜를 만들어줄 것이고, 아이들은 행복한 아이들이 될 것이다. 저자들에게 감사와 존경을 전한다.

김현수

명지병원 정신건강의학과 임상교수, 성장학교 별 교장

사회정서학습을 실천하는 교실과 학교가 늘어나면서, 수업 설계와 실행 원칙을 잘 반영한 사례를 더 많이 만나고 싶은 바람도 커집니다.

이 책이 주제로 삼은 〈우정이 싹트는 교실〉 사회정서수업은 '모두가 이 시간에 안전하게 머물 수 있는가'라는 질문에서 출발해, 이를 수업 설계의 중심에 둡니다. '같이 하지만 같지 않아도 되는' 참여의 구조는 이 책이 전하는 가장 중요한 통찰입니다. 또한 사회정서학습이 지향해야 할 관계의 가치와 포용성, 다양성을 여러 선생님의 수업을 통해 교실 안 구체적인 사례로 보여줍니다.

이 책은 활동을 나열하는 대신 주제와 역량을 친절하게 안내하며, SAFE 원칙에 따라 설계된 수업과 아이들의 성장, 그리고 교사들의 협력과 성찰을 다정하게 담아냅니다. 그래서 독자는 방법을 넘어, 어떤 관점으로 사회정서수업과 교실을 설계해야 하는지 생각하게 됩니다.

교실과 학교는 다양한 학습자가 사회정서역량을 배우고, 연습하며, 성찰하는 공간이어야 합니다. '우정이 싹트는 교실'의 대화가 더 많은 교실로 이어지기를 바랍니다.

안정은(교사, 인천은봉초등학교)

《교사를 위한 사회정서학습의 모든 것》 공저

초등학교 1학년 교실에서 "저는 인간쓰레기예요"라는 한 아이의 아픈 말은 선생님의 가슴에 깊은 화살로 박혀, 이 따뜻한 여정을 시작하도록 재촉했습니다.

이 책은 그 상처 입은 저학년 아이들이 학교라는 공간에서 자신을 긍정적으로 인식하고, 친구와 다정하고 안전한 관계를 맺도록 돕기 위해 분투한 기록입니다. 특히 통합학급 안에서 모든 아이의 '관계 맺기'를 위해 힘쓰신 여러 선생님의 수업 이야기는 잔잔한 울림을 줍니다. 수업의 흐름을 따라가다 보면 어느새 깊이 공감하며 절로 고개를 끄덕이게 되고, 마음속으로 '맞아 맞아'를 읊조리게 됩니다. 이 책은 완벽한 사회정서학습을 제시하는 지침서라기보다, 아이들의 서툰 행동 뒤에 숨겨진 '도움의 신호'를 함께 읽어내고자 하는 교사와 부모님들을 향한 다정한 초대장입니다.

'관계가 바뀌면 행동도 바뀐다'는 믿음으로 아이들을 기다려 준 선생님들의 진심 어린 고백은, 홀로 고민하는 많은 이들에게 '우리 모두 저마다의 모습으로 이미 충분히 용감하다'는 위로와 희망을 전해줄 것입니다.

임경희(교사, 서울가재울초등학교)
《모두 참여 수업: 초등편》 공저

'친구와의 관계가 안정된 교실일수록 아이들은 학교생활을 잘한다.'

교사라면 누구나 공감하고 우리 교실이 그런 교실이기를 원합니다. 이 책을 쓴 교사들도 마찬가지여서, 교실에서 어떻게 '관계'와 '우정'을 만들어갈 수 있을까? 함께 고민하고, 수업을 설계하고, 해보면서 만들어 왔습니다.

사회정서학습이 또 다른 사업처럼, 일처럼 부담으로 다가오기도 합니다. 가뜩이나 바쁜 학교와 이미 해야 할 것들로 가득한 교실에 또 무언가 떠넘기는 것 같다는 생각도 들게 합니다. 그렇지만 한편으론, 사회정서교육의 필요성도 느낍니다. 예전에 비해 발달 속도가 더딘 것처럼 보이는 요즘 아이들에게 정서과 사회적 기술을 가르치는 것이 필요하다고 느끼게 됩니다. 교실에서 함께 생활하면서도 타인에 대한 고려 없이 자신이 먼저이고, 자기 불편과 욕구에 쉽게 압도당하는 아이들에게 가르쳐야 할 것들이 많아 보입니다. 이런 것까지 학교에서 가르쳐야 하나 싶지만, 아이들에게 감정, 정서는 물론이고 자기 이해와 자기조절 같은 아주

기본적인 것을 포함해 타인을 이해하고, 관계 맺는 기술까지 사회정서학습이 필요한 시대입니다.

이 책은 교실과 공동체의 '관계'의 안정에 초점을 맞추고 있습니다. 기존의 사회정서 프로그램들이 사회정서학습의 5가지 역량을 소개하고 역량별 프로그램을 소개하는 데 초점을 두었다면, 이 책은 '관계'라는 하나의 큰 줄기를 중심에 두고 5가지 역량을 재구조화하여 수업에 적용한 사례를 담고 있습니다.

학교는 서로 다른 배경과 문화, 기질을 가진 아이들이 함께 살아가는 공간입니다. 그만큼 관계를 배우고 연습하기에 가장 실제적인 장소이기도 합니다. 학교생활에 적응하기 어려워하는 아이들을 살펴보면 대부분 다른 사람과의 관계에 어려움을 보이는 것을 알 수 있습니다. 모두 알다시피 관계는 한 공간에서 함께 생활한다고 저절로 좋아지지는 않습니다. 의도적으로 설계된 경험이 반복될 때 비로소 천천히 자라납니다.

상호작용에 어려움을 보이는 학생들이 점점 늘어나고 있는 교실에서, 발달의 중요한 요소인 또래 친구들과의 상호작용을 어떻게 가르칠 것인지에도 주목했습니다. 저자들은 지난 몇 해 동안 사회정서학습을 또래 친구들과의 '우정'을 쌓아가는 방향으로 수업을 설계하고, 활동을 만들어왔습니다. (아이들의 사회생활인) 학교 안에서 관계가 튼튼해야 학교생활과 학습이 가능하다고 여겨서입니다. 그래서 '우정'과 '관계'를 중심에 두고 '자기 이해, 자기 관리, 타인 인식, 사회적 인식, 관계 기술, 책임 있는 의사결정'까지 쌓아가는 수업을 다양하게 해왔습니다. 문제가 생겼을 때 중재하는 것이 아니라 계획된 수업을 통해 아이들에게 부족한 요소들을 하나하나 가르치기 위해 수업을 하고, 사례와 의견을 나누고, 고치고 재시도하면서 주제와 활동도 풍부해졌습니다. 그렇게 아이들과 수업과 활동을 통해 '나'에 대해, '친구'에 대해, '우정'에 대해 생각해 보고, 경험하고, 나누는 시간을 꾸준히 갖다 보니 학생들이 변화되는 모습을 관찰할 수 있었습니다. 그 이야기를 이 책에 담았습니다.

이전에도 학교폭력 예방을 위한 어울림 프로그램이나 회복적 서클과 같은 인성교육 활동은 있었습니다. 긍정적인 효과에도 불구하고 상황 제시 후 토론 중심으로 진행되는 수업에서는 특수교육대상학생, 한국어가 서툰 아이들, 말수가 적은 아이들, 관계 맺기에 서툰 아이들은 오히려 수업 참여에 어려움을 보이기도 하였습니다. 이 책은 '교실에 다양한 아이들이 함께 있을 때 사회정서수업은 어떻게 달라져야 할까?' '발표를 잘하는 아이, 자기 생각을 자유롭게 이야기하는 아이뿐 아니라 모든 아이가 자신의 방식으로 참여할 수 있는 사회정서수업은 어떻게 설계할 수 있을까?'와 같은 질문과 그 고민을 풀어가는 방법을 함께 담고 있습니다.

"선생님과 수업하면서 아이들이 진짜 바뀌었어요. 웃음이 많아지고 서로를 더 배려하는 아이들로 변하는 것 같아요. 이렇게 좋은 수업을 흘려보내는 것이 너무 아까운데 책으로 엮어보면 어때요?"

"선생님과 수업을 하면서 저도 많이 생각하게 되고, 아이들을 바라보는 저의 시각도 조금씩 바뀌는 것 같아요."

"아이들이 기다리는 시간이에요."

"선생님, 내년에도 이 수업이 지속되면 좋겠어요."

　　함께 사회정서수업을 했던 통합학급 선생님들이 하신 말씀입니다. 그 선생님들의 격려가 이 책의 시작인 셈입니다.

　　이 책은 프로그램에 대한 소개도 담고 있지만, 지난 3년 동안 사회정 서수업을 통해 학생들이 어떻게 성장하고 변화했는지, 교사들은 어떤 고 민을 했는지, 어떤 시행착오를 거치며 수업을 만들어 갔는지, 그 과정을 솔직하게 담았습니다. 8명의 선생님이 집필에 참여했지만, 실제 이 책에 담긴 내용은 3년 동안 20여 명의 실천교육교사모임에서 만난 소모임 선 생님들이 함께 같은 수업을 실천하고, 시행착오의 경험과 생각들을 나누 며 다듬어 온 결과물입니다. 함께 실천하며 경험을 나누어준 선생님들께 진심으로 존경과 감사를 드립니다.

　　사회정서수업으로 1~2학년 아이들과 꾸준히 만나면서 깨닫게 된 것이 있습니다.《학교에서 길을 잃다》의 저자 로스 W. 그린 박사의 말처 럼 '아이들이 못하는 것은 단지 의지가 부족하거나 생각이 없어서가 아 니라, 아직 배우지 못했기 때문'이라는 것입니다.

　　감정의 정체를 알지 못해 울거나 버럭하는 행동으로 먼저 표현했던 아이가 자신의 마음을 단어나 문장으로 표현하기 시작하면서 행동을 조 절하려는 모습을 보입니다. 선생님과 친구들의 도움을 거절하던 아이가 도움을 요청하는 것을 배웁니다. 수업 시간이 아니어도 아이들끼리 협력 하며 문제를 해결하는 모습을 보입니다. 자신의 복잡한 감정이 속상함인 지, 귀찮음인지, 아니면 모른다는 것을 들키기 싫어서인지, 구분해 보기 시작하면서 아이들은 자신을 이해하는 힘을 키워 갑니다. 친구들과 함께 놀면 피곤하다던 아이가 "오늘은 친구들과 함께 노는 것이 좀 재미있었어요.”라고 말하고, 교사에게 거리를 두던 아이가 “매일매일 반겨주셔서 감사합니다.”라고 말하는 모습을 통해, 안전한 환경에서 꾸준히 계획에 따라 차근차근 수업해 나가면 아이들은 변한다는 것을 알게 되었습니다.

이 책은 관계 중심 사회정서수업 시리즈의 첫 책입니다. 초등학생이라도 6년이라는 시간만큼 다양한 연령대로 구성되어 있습니다. 그래서 같은 주제라도 발달 수준과 단계에 따라 접근하는 방향과 활동이 달라져야 합니다.

1~2학년은 아직 자신에게 관심이 집중되는 시기입니다. 그러나 동시에 타인의 존재를 조금씩 인식하기 시작하는 때이기도 합니다. 새로운 것을 배우는 즐거움과 낯선 환경에 대한 긴장이 함께 존재합니다. 그래서 ‘우정이 싹트는 교실’에서는 먼저 ‘나’를 탐색합니다. ‘내’가 느끼는 막연한 감정의 정체를 알아보고, 실수는 성장의 일부임을 배우고, 용기를 내어 꾸준히 하다 보면 잘하지 못할 것 같았던 일들도 잘하게 됨을 배웁니다. ‘나’의 변화뿐만 아니라 친구의 변화에도 관심을 두고 모든 것을 잘하는 사람은 없다는 사실을 알아가게 됩니다. 그리고 함께하는 경험을 통해 혼자서는 어려운 일도 친구와 함께하면 더 잘할 수 있다는 것을 깨닫게 됩니다. 친구와 함께하는 즐거움을 차곡차곡 쌓으면서 우정도 서서히 싹트게 됩니다.

1~2학년을 위한 사회정서수업은 ‘우정이 싹트는 교실’을 주제로 자신에 대한 관심에서 시작해서 친구에 대한 관심으로 확장되는 과정을 담고 있습니다. 자신이 소중하듯이 친구도 소중하다는 것, 우리는 모두 누

군가의 소망을 안고 태어난 존재라는 것을 배우며, 우정을 쌓기 위해 어떤 태도를 익히고, 어떤 행동을 연습해야 하는지 구체적인 활동과 이야기로 풀어냈습니다.

이어지는 3~4학년을 위한 관계 중심 사회정서수업은 '다정한 뇌 만들기'를 주제로 아이들이 경험을 통해 변화할 수 있다는 믿음 위에서 다정한 말과 행동, 관계를 만들어 가는 과정을 다룹니다.

5~6학년을 위한 관계 중심 사회정서수업은 '우리는 연결되어 있어'를 주제로 자신의 행동이 타인과 사회에 미치는 영향을 이해하고 책임 있는 선택으로 나아가도록 돕고자 합니다.

선생님들에게 사회정서수업이 짐이 아니라 우정이 싹터가는 교실을 만들어 가는 작은 도구가 되기를 바랍니다. 아이들에게는 자신을 이해하고 친구를 향해 한 발 더 다가가는 따뜻한 출발점이 되었으면 좋겠습니다. 이 책이 그 길에 작은 디딤돌이 되기를 바랍니다.

저자들을 대표하여

이종필

차례

1부

관계 중심
사회정서학습

왜 '관계 중심
사회정서학습'인가?

"저는 원래 인간쓰레기 같은 아이예요. 어른들이 저보고 인간쓰레기 래요."

아이가, 그것도 초등 1학년 학생이 이렇게 말하는 걸 눈앞에서 듣는 다면 어떨까요? 1학년 통합학급에서 직접 마주했던 그 순간이 지금도 생생합니다. 아이의 표정과 말투, 갑자기 서늘해진 교실 분위기까지. 그 말은 화살이 되어 날아와 가슴에 꽂혔습니다. 종종 학급의 약한 아이들 에게 공격적인 말과 행동을 해서 수업 진행이 힘들었던 적은 있었지만, 자신을 인간쓰레기라고 표현할 줄은 몰랐습니다. 태어난 지 6년밖에 안 된 아이가 어쩌다 자신을 그렇게 인식하게 된 것일까요? 그날 이후로 특 수교육대상학생만 관계에 어려움을 겪는 것은 아니라는 걸 더욱 절실하게 깨달았습니다.

저는 아이들에게 학교가 더 따뜻하고, 안전하고, 다정한 곳이 되어야 한다고 생각했습니다. 아이들이 자신을 긍정적으로 인식하고, 학교 안에서 편안한 관계를 맺도록, 지원해야겠다고 생각해 통합학급 사회정서수업에 열심을 기울였습니다. 아이들이 친구 관계를 잘 쌓아가 홀로 고립되거나 자기 비하에 빠지지 않도록, 다양한 이야기와 활동을 하며 무엇보다 다정한 관계를 만드는 것에 초점을 맞췄습니다. 다행히도 저에게 마음의 숙제를 남긴 그 아이는 지금은 개별반 학생의 든든한 지원군 역할도 하며 학교생활을 잘하고 있습니다. 한 명의 사례지만, 많은 경우 아이의 부적절한 말과 행동은 관계에서 밀려나지 않기 위한 생존 전략인 경우가 많습니다. 그래서 더더욱 어린 초등학생들에게는 마음과 관계를 살피는 사회정서학습과 다정한 교실이 필요하다고 생각합니다.

아이들은 관계 속에서 자란다

교실의 학생들을 가만히 들여다봅니다. 같은 교실이어도 어떤 학생들은 편안하고 즐겁게 생활하는 반면, 어떤 학생들은 뭔가 불만이나 불안이 있는 듯한 모습으로 학교생활을 합니다. 수업시간에도 자유롭게 발표하며 참여하는 아이가 있지만, 뭔가 부자연스러운 표정과 태도로 참여하는 학생들도 눈에 들어옵니다. 쉬는 시간에도 친구들과 어울려서 삼삼오오 모여 있는 학생들이 있는 반면에, 친구들 곁을 맴돌거나 혼자서 조용히 그 시간을 보내고 있는 학생들도 있습니다. 이런 모습이 단순히 성격이나 성향, 기질 때문이라면 괜찮을 수 있습니다. 하지만 마음을 나눌 관계가 빈약해서거나, 교실이 불안해서라면 문제입니다.

교실에서 편안하게 생활하고, 수업시간에 활발하게 참여하는 학생들을 보면 많은 경우 친구들과의 관계도 좋습니다. 이런 친구들은 아침에 등교하면서부터 밝은 에너지를 담고 학교에 옵니다. 보통은 등굣길에 만난 친구와 재잘재잘 이야기를 나누며 옵니다. 교실에 들어올 때도 선생님께 씩씩한 목소리로 인사를 합니다.

학교는 학생들에게 학습이 이루어지는 공간을 넘어, 하루 중 가장 오랜 시간을 타인과 함께 보내는 관계의 장입니다. 그러니 관계가 좋지 못하면 학교생활이 재미있을 리 없습니다. 관계 맺기에 서툴거나 어려워하는 학생들은 학교에서 긴장되거나 위축된 모습으로 생활하는 경우가 많습니다. 학기 초에는 서로가 서먹해 긴장하며 교실에서 생활하던 아이들도 대개는 4월쯤 되면 친구가 생기면서 안정되고 편안해하는 모습을 볼 수 있습니다. 안정되면 수업과 활동, 급우들과의 놀이에도 자연스레 함께합니다.

관계는 이처럼 학업 외에도 아이들에게 무척이나 중요한 요소이며, 수업 참여에도 매우 큰 영향을 미칩니다. 아이들은 관계가 안정될 때 질문하고, 시도하고, 도움을 요청할 수 있습니다. 반면 관계가 불안정할 때 아이들은 위축되거나, 까칠해지거나, 과도하게 흥분하거나, (자신을 지키기 위한) 다양한 방식의 행동을 보입니다. 관계의 불안정은 곧 불안을 의미합니다. 불안은 사람을 긴장하게 하고, 날카롭고 공격적으로 만듭니다. 요하임 바우어는 《공감하는 유전자》에서 사회적 자원이 부족한 사람들은 공격적인 양상을 나타낼 가능성이 더 크지만, 긴밀한 인간관계는 그 위험성을 차차 완화시킬 수 있다고 말합니다. 아이들의 건강한 관계는 정서적 안전의 기반이며, 배움과 행동, 감정 표현의 출발점이라고 할 수 있습니다.

정서적으로 취약한 아이들에게 '관계'는 어려운 난관이기도 하지만, 취약성을 보완해 줄 수 있는 '열쇠'이기도 합니다. 정서적으로 취약한 아이들의 행동을 관찰해보면 수업 중 자리를 이탈하여 돌아다니거나, 지나치게 자주 선생님을 찾거나, 때로는 갑작스럽게 울음을 터뜨리거나, 부주의하게 친구의 물건을 만지거나, 잘못을 해 놓고도 다른 친구 핑계를 대는 등 교사를 당황스럽게 할 때가 많습니다. 어떤 학생들은 아주 작은 목소리로 말을 최대한 줄여 대화하고, 과제나 활동을 회피하는 등 무척이나 소극적인 모습을 보이기도 합니다. 교사에게 학생들의 이런 모습들은 종종 지도해야 할 문제 행동으로 여겨집니다.

이 행동을 조금 다른 시선으로 바라보면, 아이의 행동들이 보내는 신호를 읽을 수 있습니다. 그 신호들은 '내가 지금 이 자리에서 무엇을 해야 할지 모르겠어요.' '도움이 필요하지만, 말로 표현하기는 어려워요.' 같은 의미일 수 있습니다. 이렇게 이해하면 취약성을 보완해 줄 열쇠를 찾게 됩니다. 초등학교 1~2학년 아이들은 아직 자신의 감정과 욕구를 말로 정교하게 표현하기 어렵습니다. 그래서 때로는 행동이 아이들이 선택할 수 있는 가장 솔직한 의사소통 방식이 되기도 합니다. 그런데 이 신호를 읽지 못하고 문제가 있다고 계속 여긴다면, 이 아이들은 '나는 자주 혼나는 아이' '나는 친구들과 잘 어울리지 못하는 아이' '나는 이 교실에서 환영받지 못하는 아이'라고 자신도 모르는 사이에 내면화하게 되는지도 모릅니다.

제가 만나는 특수교육대상학생들도 사회적 관계에 취약한 경우가 많습니다. 사실 본인의 의사를 표현하는 것, 관계 맺는 아주 작은 것부터 가르쳐야 하는 아이들이 많습니다. 친구를 만나면 인사하는 것도 가르치는데 시간이 필요합니다. 친구와 어울리고 싶지만 어떻게 다가가야 할지 모르거나, 친구들이 먼저 다가왔을 때도 우물쭈물하다가 기회를 놓치기도 해서, 관계 기술을 하나하나 가르쳐야 합니다.

그렇다고 제가 만나는 특수교육대상학생들이 모두 통합학급 생활을 어려워하는 것은 아닙니다. 1학년 때는 어려워하던 아이가 2학년 때는 잘 지내기도 하고, 그 반대의 경우도 있습니다. 특수교육대상학생만 그런 것은 아닙니다. 작년 담임 선생님은 꽤 괜찮은 아이라고 해서 안심하고 있었는데 새 학년이 되어 맡아보니 여러 돌발 행동을 하는 경우도 있고, 반대로 작년 선생님은 너무 힘든 아이였다고 해 바짝 긴장했는데 의외로 잘 지내는 아이도 있습니다. 같은 아이인데 어떤 해는 잘 지내고, 어떤 해는 교실에서 갈등을 일으키는 이유가 무엇인지 궁금해서 살펴보니 역시나 그 기반에는 '관계'가 있었습니다. 그 아이가 교실에 들어왔을 때 반갑게 맞이해 주는 친구가 있을 때, 아이들은 더 즐겁게 학교생활을 하고 다른 사람에게도 관심을 둔다는 것을 알게 되었습니다.

'관계가 바뀌면 행동도 바뀐다.'

지난 몇 년간 통합학급 학생들과 사회정서학습에 기반을 둔 〈우정이 싹트는 교실〉 수업을 하면서 알게 된 깨달음입니다. 아이의 행동을 직접적으로 교정하려 애쓸 때보다, (여러 수업과 활동을 통해) 관계 경험이 달라졌을 때 행동은 자연스럽게 변화되었습니다. 함께 웃을 수 있는 시간이 늘어났을 때, 실수를 해도 괜찮다는 분위기가 만들어졌을 때, 또래와의 상호작용이 구조적으로 지원되었을 때, 아이들은 더 편안해하고 스스로 자기조절력을 발휘했습니다.

관계 중심의 사회정서학습을 꾸준히 실천했을 때, 아이들은 자신에 대해서도, 친구에 대해서도 더 여유로워졌고 서로 협력하고 옹호하는 말을 주고받았습니다. 특수교육대상학생도 교실 안에서 '참여의 즐거움을 아는 아이' '차례를 기다릴 수 있는 아이' '스스로 도움을 요청하는 아이'로 변화하는 모습을 보았습니다. 학급에 문제가 생겼을 때, 서로 날카로운 말을 하기보다는 위로해 주는 말, 제안하는 말, 토닥이는 말을 먼저 하는 아이들이 늘어났습니다. 자연스럽게 학급의 분위기가 밝아지고, 아이들의 얼굴에 자연스러운 미소도 늘어났습니다.

'관계'는 특정 아이만을 위한 지원이 아니라, 교실 전체의 정서적 질을 바꾸는 핵심 요소라고 생각합니다. 사회적 경험과 생물학적 시스템 간의 관계를 연구하는 사회신경과학이라는 새로운 분야를 개척한 존 카치오포 박사는 《인간은 왜 외로움을 느끼는가》에서 '인간은 유대감이 충족될 때 기분이 좋을 뿐 아니라 안전하게 느끼도록 진화했으며, 반대로 인간은 고립에 처하면 기분이 나빠지는 것은 물론이고, 신체적인 위협을 당했을 때처럼 불안감도 느끼도록 진화했다.'고 했습니다. 고립되었다고 느끼는 감정은 사회인지 기능과 자기조절 기능을 손상시킨다는 것입니다.

관계 중심의 사회정서학습은 학생들이 관계 속에서 안전하다고 느끼도록 돕는 일이며, 이는 학생들이 자기조절력과 타인에 대한 이해를 높이고, 세상을 좀 더 안전한 곳으로 여기며, 다른 사람들과 협력하도록 이끄는 기반이 됩니다.

요즘 아이들의 학교생활은 왜 더 어려워졌을까

매년 신입생들을 만날 때면 새롭고 놀라운 학생들을 만나기는 하지만, 최근에는 아주 새로운 세대가 학교에 출현했다는 생각이 들곤 합니다. 제가 10년 전에 만났던 1학년과 지금 1학년은 발달의 수준과 양상이 무척이나 다르게 느껴집니다. 저만 그렇게 느끼는 것인지는 모르겠지만, 자신의 요구에 선생님이 즉시 반응하지 않으면 의기소침해지거나 선생님이 자신에게 관심이 없다고 생각하고, 친구들과 함께 놀 때도 규칙이 자기 맘대로 되지 않으면 불공평하다고 생각하는 아이들이 많습니다. 스티커에 익숙한 나머지 가위질을 잘 못하는 아이, 손에 풀이 묻는 것이 불편해 짜증을 내는 아이, 자기 자리에 가만히 앉아 있는 것을 힘들어하는 아이 등 유치원에 다니는 아이들이 보일 법한 행동들을 보이는 학생들이 예전보다 더 많이 보입니다. 요즘 1학년 아이들은 지우개를 빌리는 것과 같이 친구에게 부탁할 만한 일도 친구에게 직접 하지 않고, 모든 부탁을 선생님들에게 하는 것 같다는 어느 1학년 선생님의 말씀을 듣고 고개를 끄덕였습니다. 아이들이 직접 관계를 맺지 못하니 교사가 매개가 되어주거나, 문제를 해결해 주어야 하는 상황이 너무나 흔해진 것입니다.

한 손에 핸드폰을 들고 동영상 쇼츠를 보며 등교하던 아이가 오토바이와 부딪힐 뻔한 장면을 목격한 적이 있습니다. 그후 학생들을 유심히 살펴보니 많은 학생들이 한 손에 핸드폰을 들고 동영상을 보거나 게임을 하면서, 문자로 대화를 나누며 등교합니다. 학교 오가는 길도 개인화되어 보입니다. 방과 후 활동을 기다리면서, 복도나 계단에 앉아 핸드폰 게임을 하거나 동영상을 보는 아이들을 만나는 것은 어렵지 않습니다. 아이들은 점점 더 화면 속 빠른 자극과 즉각적인 반응에 익숙해져 갑니다. 버튼 하나로 장면이 바뀌고, 마음에 들지 않으면 바로 끄거나 넘길 수 있는 미디어에 익숙해진 환경에서, '기다리는 일' '상대의 표정을 살피는 일' '불편한 감정을 잠시 참고 조절하는 일'은 점점 더 낯설고 어려운 과제가 되어 갑니다. 미디어와 관계는 쉽게 맺지만, 정작 사람(학급의 친구)과는 관계를 맺고, 유지하고, 키워가는 것은 어려워하고 피하는 아이들이 안쓰럽습니다.

요즘 교실에서 만나는 아이들은 미디어 외에도 이전 세대와는 다른 환경 속에서 성장하고 있습니다. 같이 놀 형제자매들이 없는 집도 많습니다. 예전에는 친구들 집에도 많이 놀러 갔지만, 코로나 이후로는 다른 사람의 집으로 놀러 가는 경험도 줄었습니다. 요즘 아이들은 학교 이외의 공간에서는 또래 친구들과 어울려 놀 수 있는 시간과 환경 자체가 줄

어든 시대를 살고 있습니다. 초등 1~2학년 또래 친구들과 어울리며 자연스럽게 일어날 수 있는 작은 실수나 다툼, 오해조차도 상대를 잘못 만나면 학교폭력으로 다루어지기도 하다 보니, 학급에서 친구라는 관계에는 전에 비해 장벽이 많아 보입니다. 일상의 작은 갈등과 다툼에서도 성급한 어른들이 나서서 중재를 하다 보니 자연스러운 화해 경험은 빈약하고, 스스로 감정을 조절하는 기회도 줄어듭니다. 당연히 친구 관계도 조심스러워질 수밖에 없습니다. 어떤 학생들은 그런 정신적 피로감에서 벗어나기 위해 혼자 노는 것을 택하기도 합니다.

이러한 변화는 교실에서 구체적인 모습으로 드러납니다. 이름만 부르지 않고 성까지 넣어서 부르는 것을 불편해하거나, 줄을 설 때 친구가 조금만 건드려도 때렸다고 생각하거나, 조금만 앞서가도 친구가 자기 자리를 빼앗았다고 생각하거나, 규칙을 알고 있음에도 상황에 맞게 적용하지 못하거나, 자신에게 유리하게 규칙을 바꾸려고 해서 갈등이 커지기도 합니다. 관계에서 불편함을 느끼면 대화로 조정하기보다 자리를 뜨거나, 갑작스럽게 분노를 표현하기도 합니다.

처음에는 그런 행동을 보고 적잖이 당황했지만, 아이들이 처해진 상황을 보니 그럴 만도 하겠다는 생각이 들었습니다. 핵가족에, 옆집조차도 교류가 없는 아파트형 생활양식에 익숙한 현대 사회는 사람 간의 관계 밀도는 낮고, 경계와 울타리는 높아지는 환경입니다. 당연하게도 요즘 아이들은 관계에 대해 연습해 볼 충분한 기회가 없었던 것은 아닌지 하는 물음을 갖게 됩니다.

사회적 교양을 익히는 초등 저학년 시기부터 아이들에게 사회정서와 관계 기술을 가르쳐야 할 필요를 공감하게 됩니다. 사회정서역량은 관계 속에서 부딪히고, 실패하고, 다시 시도하는 경험과 어른들의 안내를 통해 차근차근 길러지는 학습의 영역입니다. 사회정서역량이 강조되고, 이제는 교육과정에 포함하여 배우고 익히도록 해야 한다는 주장들도 이런 사회적 변화에 따른 결과일 것입니다.

실제로 아이들의 관계가 안정된 교실에서는 수업도 잘 흘러갑니다. 서로의 말을 끝까지 들어주는 교실, 실수를 놀림이 아닌 배움으로 받아들이는 분위기, 도움이 필요할 때 요청할 수 있는 안전감, 이러한 요소들이 갖추어질 때 아이들은 학습에 에너지를 쏟을 수 있습니다. 반대로 관계가 불안정한 교실에서는 아무리 잘 설계된 수업도 자주 중단되고, 교사는 반복적으로 생활지도를 병행해야 합니다. 사회정서학습은 학습과 분리된 또 하나의 과제가 아니라 학습이 가능해지는 교실 환경을 만드는 토대에 가깝습니다. 아이들이 '잘 지내는 법'을 배울수록, '잘 배우는 시간'은 자연스럽게 늘어납니다. AI가 점점 인간과 가까워지는 시대를 사는 아이들에게 학교에서의 사회정서학습은 따뜻한 관계가 주는 힘을 경험하고, 타인과 함께 살아가는 능력을 키우는 토대가 될 것입니다.

사회정서학습,
무엇을 어떻게 배우는가

사회정서학습이란 무엇인가?

사회정서학습의 개념과 학교 교육에서의 의미

미국의 사회정서학습협회 카셀(CASEL)에서는 사회정서학습을 다음과 같이 소개하고 있습니다.

사회정서학습(Social Emotional Learning, SEL)은 모든 청소년과 성인이 건강한 정체성을 형성하고, 감정을 관리하며, 자신과 집단의 목표를 달성하고, 타인에 대한 공감을 느끼고 표현하며, 타인과 지지적인 관계를 형성하고 유지하며, 책임 있고 배려하는 결정을 내리는데 필요한 지식, 기술, 태도를 습득하고 적용하는 과정이다.

쉽게 말하면 사회정서학습이란 아이들이 자신의 감정을 이해하고 조절하며, 타인과 긍정적인 관계를 맺고, 책임 있는 선택을 할 수 있도록 돕는 교육적 접근입니다. 이는 단순히 '마음을 다루는 수업'이 아니라, 학교생활 전반에 걸쳐 아이들이 사람 속에서 살아가는 방법을 배우는 과정에 가깝습니다. CASEL은 이를 교육과 인간 발달의 필수적인 부분이라고 정의하고 있습니다.

사회정서역량은 특정 교과나 활동에 국한되지 않고, 교실에서의 말 한마디, 놀이 시간의 갈등, 줄을 서는 순간과 같은 일상적인 장면 속에서 축적됩니다. 감정과 행동, 생각이 아직 세분화되지 않은 초등학교 1~2학년 시기의 아이들은 경험을 반복하면서 자신만의 조절 방식을 만들어갑니다. 따라서 이 시기 사회정서학습은 감정을 세분화하고 행동을 조절하는 힘을 키우고, 친구들과 친해지는 표현들을 실생활에서 적용하면서 배우는, 앞으로의 학교생활과 사회적 관계를 준비하는 기초 학습이라고 할 수 있습니다.

사회정서학습의 다섯 가지 핵심 요소

사회정서학습은 자기 인식, 자기 관리, 사회적 인식, 관계 기술, 책임 있는 의사결정이라는 다섯 가지 핵심 요소로 구성됩니다. 학급에서 사회정서수업을 하다 보면 이들 각 요소들은 독립적이기도 하지만 서로 긴밀하게 연결되어 있음을 경험하게 됩니다. 학교에서의 사회정서학습은 자신의 활동을 친구들과 교류하기도 하고, 친구의 이야기를 들으면서 자신의 생각을 정리하는 등 함께하는 시간을 통해 협력적인 배움이 일어나도록 펼쳐지기 때문입니다. 다섯 가지 핵심 요소를 간단히 정리하면 이렇습니다.

1. 자기 인식(Self-Awareness)

자기 인식은 자신의 감정, 생각, 행동을 알아차리는 능력입니다.

초등학교 저학년에게 자기 인식은 자신의 감정의 변화를 알아차리고, 기쁘거나 속상한 마음, 불안하거나 신나는 감정이 '있다'는 사실을 인식하는 것만으로도 충분히 중요한 출발이 됩니다. 저학년 아이들은 감정을 몸으로 먼저 경험합니다. 그래서 뭔가 불편한 감정이 밀려오면 배가 아프거나 머리가 아프다고 하고, 화가 나면 눈과 손에 힘이 들어가고, 흥분하거나 신이 나면 엉덩이를 들썩들썩하는 모습을 보입니다. 아직 감정의 이름을 정확히 붙이지 못하더라도, 몸의 변화를 통해 자신의 상태를 알아차리는 과정 자체가 자기 인식의 중요한 부분입니다. 자신의 감정 변화를 잘 알아차리지 못하는 학생들의 경우에는 교사가 "화장실에 가고 싶은 것이 아닌데도 자꾸 배가 아프다는 것을 보니 뭔가 걱정되는 일이 있는 것은 아니니?"와 같이 신체적 신호를 말로 짚어 주어, 아이가 자기 몸의 반응에 한 번 더 생각해 본다면 그 또한 의미 있는 학습이 됩니다.

자기 인식은 자신이 무엇을 잘하는지, 못하는지 아는 것을 넘어 자신에게 편한 것과 어려운 것을 구분하고, 어떤 상황에서 마음이 안정되고, 언제 힘들어지는지를 알아가는 과정 역시 포함됩니다. 발표는 어렵지만 그림으로 표현하기는 편하다거나, 혼자 있을 때는 괜찮지만 시끄러운 환경에서는 힘들다는 깨달음은 이후 자신의 행동을 조절하고, 도움을 요청하는 토대가 됩니다.

이 시기의 아이들에게 자기 인식은 자신의 행동 뒤에 감정이 연결되어 있다는 사실을 경험적으로 이해하는 것이 중요합니다. 갑작스럽게 소리를 지르거나 자리를 떠난 행동 이면에 화, 불안, 서운함과 같은 감정이 있었음을 교사와 함께 되짚는 과정 속에서 아이들은 '내가 그래서 그랬구나'라고 이해하게 될 것입니다.

이런 과정을 통해서 자신에게 도움이 되는 방식이 있다는 것을 어렴풋이나마 알아간다면 아이들의 학교생활에 도움이 될 것입니다. 힘들 때는 잠깐 쉬면 괜찮아진다거나, 말 대신 그림이나 몸짓, 때로는 글로 표현하는 것이 편하다거나, 조용한 곳에 잠시 머무는 것이 편하다는 것을 경험하게 된다면 이는 자신의 정서 상태를 이해하고 돌보는 첫걸음이 될 것입니다.

이처럼 초등학교 저학년에서 자기 인식을 배우는 과정은 지식이나 설명의 문제가 아니라, 안전한 관계 속에서 반복적으로 자신에 대해 알아차리는 기회를 갖는 경험의 축적이라고 할 수 있습니다.

2. 자기 관리(Self-Management)

자기 관리 역량은 다양한 상황에서 자신의 감정, 생각, 행동을 효과적으로 관리하고 목표와 포부를 달성하는 능력입니다. 여기에는 만족을 지연하고, 스트레스를 관리하고, 개인 및 집단의 목표를 달성하려는 동

기와 주체성을 느끼는 능력이 포함됩니다.[*]

초등학교 1~2학년에서의 자기 관리 능력은 스스로 감정을 통제하고 행동을 완벽하게 조절하는 능력을 의미하는 것은 아닙니다. 이 시기의 자기 관리는 오히려 감정이 커졌을 때, 도움을 받아 다시 안정으로 돌아오는 경험을 반복해 보는 과정이 중요합니다.

초등 1~2학년에는 아직 자신의 감정이 올라오는 것을 예측하거나, 혼자 조절하기 어려운 학생들도 많습니다. 따라서 이 시기 아이들에게 자기 관리는 혼자 해내는 기술이 아니라, 교사의 안내에 따라 환경에 반응하며 잠시 멈춰 보고, 다시 시도해 보는 경험 속에서 형성된다고 할 수 있습니다. 울음이나 분노가 커졌을 때 교사의 신호에 따라 잠깐 멈춰 보는 것, 숨을 고르고 감정을 조절해 보는 것 역시 중요한 자기 관리 연습의 하나라고 할 수 있습니다.

이 시기는 아이들이 학교라는 공간에서 여럿이 함께 있을 때 지켜야 할 규칙을 익히는 시기입니다. 규칙을 잘 지키는 것도 중요하지만, 규칙을 어기거나 잊었을 때 다시 수정해 보는 과정도 중요합니다. 이런 과정을 통해서 '나는 다시 괜찮아질 수 있다'는 경험을 쌓아 가는 것이 초등 1~2학년 학생들의 자기 관리 역량을 성장시키는 핵심이 될 수 있습니다.

---

[*] 김현수 외, 《교사를 위한 사회정서학습의 모든 것》, 우리학교(2025).

3. 사회적 인식(Social Awareness)

사회적 인식 역량이란 다양한 배경, 문화, 맥락을 가진 사람들을 포함하여 타인의 관점을 이해하고 공감하는 능력입니다.[*] 초등학교 1~2학년 학생들은 일상의 경험을 통해서 다른 사람의 감정과 입장을 이해하고 존중하는 능력이 자라납니다.

초등학교 1~2학년에서 사회적 인식 역량을 키운다는 것은, 아이가 다른 사람의 마음을 정확히 이해하거나 공감의 말을 잘하는 것을 의미하지 않습니다. 오히려 교실에서 매일 마주치는 작은 장면들 속에서, 자기 말고도 다른 사람에게 마음이 있다는 사실을 알아차리는 경험을 쌓아 가는 과정에 가깝습니다.

친구가 울고 있을 때 다가가서 "왜 울어?"라고 묻는 것, 친구의 표정이 평소와 다름을 알아차리고 "속상한 일 있어?"라고 말을 거는 것에서 아이들이 타인의 감정에 대해 반응하고 있음을 알 수 있습니다. 그 질문이 반드시 적절한 위로가 아니더라도, 아이는 '저 친구에게 무슨 일이 있다'는 사실을 감지하고 있는 것입니다.

이 시기의 아이들은 타인의 마음을 스스로 해석하기보다 교사의 중재를 통해 이해의 실마리를 얻습니다. 예를 들어 교사가 "○○가 지금 조금 놀란 것 같아"라고 상황을 말로 풀어 줄 때, 아이가 고개를 끄덕이거나 친구 쪽을 다시 바라보는 반응을 보이는 것으로도 충분합니다. 이는 아이가 타인의 감정에 주의를 기울이고 있다는 신호이기 때문입니다.

---

[*] 위의 책.

이처럼 1~2학년의 사회적 인식은 설명이나 훈계를 통해 가르치기보다, 관계 속에서 반복적으로 마주치는 장면과 교사의 해석을 통해 천천히 길러집니다. 아이들은 이러한 경험을 통해 다른 사람의 마음을 완전히 이해하지는 못하더라도, 적어도 관계 속에서 멈추어 보고, 바라보고, 반응해 보려는 방향성을 갖게 됩니다.

4. 관계 기술(Relationship Skills)

관계 기술 역량은 다양한 개인 또는 집단과 건강하고 지지적인 관계를 만들고 유지하는 능력입니다. 또한 분명하게 의사소통하기, 경청하기, 협동하기, 문제 해결을 위한 협력적 노력하기, 건설적으로 갈등 조율하기, 필요할 때 도움을 요청하고 제공하기 같은 능력을 포함합니다.[*]

초등학교 1~2학년에서 관계 기술 역량을 키운다는 것은 관계 속으로 들어가 보려는 작은 행동을 시도해 보고, 관계가 불편해졌을 때도 완전히 끊지 않고 다시 이어보려는 경험을 하는 것이기도 합니다. 놀이에 함께하는 것은 마음의 준비가 되어 있지 않더라도 친구 옆에 조용히 앉아 보는 행동, 혹은 교사의 도움을 받아 "같이 해도 돼?" 같은 말을 따라 해 보는 시도는 관계 기술의 중요한 모습입니다. 이러한 말과 행동은 아직 서툴고 완성되지 않았더라도, 관계를 향해 한 발 내딛는 의미 있는 출발점이 됩니다.

관계가 어려워지는 순간이 바로 관계 기술을 배울 수 있는 순간입니

---

[*] 김윤경, 《사회정서학습》, 다봄교육(2024).

다. 속상함에 자리를 떠나려다가 교사의 중재로 다시 돌아와 같은 공간에 머무르거나, 화가 난 상태에서도 교사가 상황을 정리하는 말을 듣고 고개를 끄덕이고 함께하려고 노력하는 과정은 이 시기의 아이들에게 중요한 경험입니다. 이를 통해 관계가 어긋났을 때도 다시 연결될 수 있다는 것을 배울 수 있기 때문입니다.

특히 관계나 표현에 어려움을 겪는 특수교육대상학생이 있는 통합학급에서는 말로 표현하지 않아도 관계에 참여할 수 있는 다양한 방식이 필요합니다. 친구의 말을 듣고 고개를 끄덕이거나, 몸으로 놀이 규칙을 따라 해 보거나, 그림이나 카드로 마음을 전하는 방식 역시 충분한 관계 기술이 됩니다. 이러한 경험이 반복될수록 아이들은 관계란 끊어지는 것이 아니라, (도움을 받으며) 언제든 다시 이어 갈 수 있는 것임을 몸으로 배우게 됩니다.

5. 책임 있는 의사결정(Responsible Decision-Making)

책임 있는 의사결정 역량은 다양한 상황에서 개인의 행동과 사회적 상호작용을 배려하고 건설적인 선택을 할 수 있는 능력입니다. 윤리적 기준과 안전을 고려하고, 다양한 행동이 개인적, 사회적, 집단적 안녕에 미치는 이점과 결과를 평가하는 능력이 이 역량에 해당합니다.[*]

초등 1~2학년에서 책임 있는 의사결정은 교실과 놀이 속에서 마주치는 작은 선택의 순간에 도움을 받아 자신과 다른 사람에게 편안한 방

---

[*] 김현수 외, 《교사를 위한 사회정서학습의 모든 것》, 우리학교(2025).

법을 함께 고르는 경험을 해 보는 것이 필요합니다.

예를 들어, 놀이 시간에 친구와 같은 역할을 하고 싶을 때 다음 차례를 기다리거나, 다른 역할을 선택하거나, 친구에게 제안해 보는 모습도 책임 있는 의사결정의 한 장면입니다. 친구가 먼저 말하고 있을 때 차례를 기다리거나, 도움이 필요할 때 혼자 참기보다 교사에게 손짓이나 카드로 도움을 요청하는 선택도 저학년 아이들이 할 수 있는 책임 있는 의사결정입니다. 이러한 선택은 규칙을 지키는 행동을 넘어, 상황과 관계를 함께 고려하는 방향으로 행동을 조정해 보는 경험이 됩니다.

이 과정에서 중요한 것은 선택이 항상 완벽하지 않아도 괜찮다는 분위기라고 할 수 있습니다. 교사가 아이와 함께 "이렇게 해 보니 어땠어?"라고 짧게 돌아볼 때, 아이는 자신의 선택이 주변과 자신에게 어떤 영향을 주었는지를 자연스럽게 연결해 보게 됩니다.

초등 1~2학년에게 책임 있는 의사결정이란 옳고 그름의 거창한 판단이 아니라, '지금은 어떤 행동이 좋을까?'를 함께 고민해 보는 경험에 가깝습니다. 이 과정에서 중요한 것은 정답을 알려주는 것이 아니라, 아이 스스로 생각해 볼 수 있도록 기회를 제공하는 것입니다.

사회정서학습 실행을 위한 SAFE 원칙

사회정서학습은 '무엇을 가르치느냐'만큼이나 '어떻게 실행하느냐'가 중요합니다. 같은 내용을 다루더라도, 수업의 구조와 방식에 따라 아이들의 참여와 경험은 크게 달라지기 때문입니다.

SAFE 원칙은 사회정서학습이 실제 아이들의 변화로 이어지기 위해 필요한 실행의 기준입니다. SAFE는 순차적(Sequenced), 능동적(Active), 집중적(Focused), 명시적(Explicit) 실행을 의미합니다. 이 원칙은 사회정서학습을 '분위기 좋은 활동'이 아니라, '의도적으로 설계된 학습'으로 만듭니다.

순차적(Sequenced): 차근차근 쌓아가는 학습

사회정서역량은 한 번의 활동으로 완성되지 않습니다. 감정 알아차리기, 조절하기, 관계 맺기와 같은 기술은 단계적으로 반복하며 익혀야 합니다. 순차적(S) 원칙은 수업이 즉흥적인 활동의 나열이 아니라, 앞의 경험이 다음 경험으로 자연스럽게 이어지도록 구조화되어야 함을 의미합니다.

특히 통합학급에서는 예측 가능한 흐름이 아이들에게 안정감을 제공합니다. 수업에서 순차적 흐름을 갖는다는 것은 한 차시 안에서도 난이도가 다른 참여 단계(이 책 2부의 13차시 놀이의 단계를 쌓아가는 예 참조)를 마련하는 것처럼, 하나의 목표를 여러 단계로 경험하도록 설계하는 것을 의미합니다. 1~2학년 학생들의 특성을 고려할 때 수업 내에서의 단계성은 중요합니다.

마찬가지로 1년의 사회정서수업 전체 맥락에서 순차적인 단계성도 무척 중요합니다. 감정에 대한 수업을 한다고 했을 때 감정 알아차리기(6차시) → 감정을 조절하기(7차시) → 행동으로 반응하기(14차시)처럼 여러 차시의 수업에서 차근차근 쌓아가는 방향을 고려하는 것이 좋습니다.

능동적(Active): 몸과 마음으로 참여하는 학습

사회정서학습은 앉아서 듣는 수업보다 해 보는 수업일 때 효과가 큽니다. 말로 설명하는 강의나 토론 중심의 수업은 의도하지는 않았더라도 언어 표현이 익숙한 일부 아이들에게만 참여의 기회를 제공하게 됩니다. 능동적(A) 원칙은 아이들이 움직이고, 선택하고, 표현할 수 있는 능동적인 참여 구조로 설계하는 것을 의미합니다. 역할 놀이, 몸 활동, 그림이나 카드 사용, 짧은 행동 연습은 참여를 촉진하고 말로 전달할 수 없는 것들을 아이들에게 알려줍니다. 또한 특수교육대상학생이나 언어로 자신을 표현하는 것을 어려워하거나 부담스러워하는 아이들에게 '참여할 수 있는 자리'를 만들어 줍니다. '참여의 통로가 마련되어 있는가?'는 통합학급에서의 능동성에서 고려해야 할 점입니다.

집중적(Focused): 특정한 기술에 집중하는 학습

집중적(F) 학습이란 학생들이 배워야 할 사회정서기술에 초점을 맞추는 것뿐 아니라 이를 익히는데 필요한 시간을 의도적으로 확보하는 것을 의미합니다. 정기적으로 시간을 확보하여 꾸준히 사회정서학습을 다룰수록 학생들의 사회정서역량에 긍정적인 영향을 미칩니다. 일회성으로 끝나거나 학급에 어떤 문제가 생겼을 때 이를 해결하기 위해 관련된 사회정서학습을 실시하는 것보다는, 1년의 계획 속에서 1주일에 한 번이나 2주에 한 번이라도 공식적인 시간을 마련해 해당 필요 역량에 초점을 맞춰 실시하는 것이 더 효과가 좋습니다.

명시적(Explicit): 말로, 행동으로 분명하게 가르치는 학습

학생들에게 가르치고 경험하게 해 주고 싶은 마음이 앞서다 보면 사회정서수업 한 시간에 너무 많은 것을 다루고 싶어집니다. 그러나 아이들에게 필요한 것은 넓은 내용보다 분명한 하나의 목표입니다. 특히 1~2학년 학생들은 수업의 목표뿐만 아니라 활동이 여러 가지여도 수업에서 무엇을 했는지, 왜 이런 활동을 했는지 생각하지 못하는 경우가 많습니다. 명시적(E) 원칙은 해당 수업에서 무엇을 배울 것인지가 교사와 학생 모두에게 명확해야 함을 의미합니다. 예를 들어 '오늘은 인사의 중요성에 대해 알아보고, 다양한 방법으로 하는 인사 놀이를 통해 인사의 즐거움을 경험할 거예요.' '오늘은 나와 친구에게 말로 선물을 전하는 방법을 연습할 거예요.'처럼 초점이 분명할수록 아이들의 경험은 선명해집니다.

SAFE 원칙이 지켜지지 않은 사회정서수업은 종종 '이야기는 했지만, 변화는 없는 시간'으로 남거나 '재미는 있었지만, 무엇을 했는지 모르는 시간'으로 남을 수 있습니다. SAFE 원칙이 지켜질 때 학생들의 참여는 달라집니다. 그동안 이루어졌던 학교폭력 예방을 위한 어울림 교육이나 회복적 생활 교육은 토론 중심으로 구성되거나, 돌아가며 말하며 상대방의 이야기를 듣는 경우가 많아서 언어 발달이 느리거나 말로 자기의 생각을 표현하기 어려워하는 학생들, 가만히 앉아서 오랜 시간 동안 다른 사람의 말을 집중해서 듣는 것을 어려워하는 학생들에게는 함께 있지만, 실제로는 함께하지 못하는 수업으로 진행되는 경우가 많았습니다.

같은 수업이라도 SAFE 원칙을 적용한다면 말이 어려운 학생은 말 대신 행동으로 선택하게 하고, 짧은 연습을 반복하며, 기대되는 행동을 분명히 보여 주면, 그동안 주변에 머물던 아이들도 수업 안으로 들어와 참여할 수 있습니다. 다양한 특성의 학습자가 점점 증가하는 교실 수업에서 어떻게 적용할 수 있을지 힌트를 얻을 수 있도록 2부에 다양한 주제와 참여 방식을 다룬 수업 사례들을 담았습니다.

통합학급에서의 사회정서학습, 무엇을 다르게 봐야 할까?

통합학급에서의 사회정서교육은 일반학급과 같은 목표를 지향하지만, 같은 방식으로 이루어질 수는 없습니다. 일반학급에서는 다수의 아이들이 공유하고 있는 사회적 규칙과 의사소통 방식이 있고, 이를 기본으로 수업이 진행되는 경우가 많습니다. 반면 통합학급은 발달 속도, 감각 경험, 의사소통 방식이 다양한 아이들이 같은 공간에서 배웁니다. 따라서 통합학급 사회정서교육의 출발점은 '모두가 같은 활동을 하는가'가 아니라, '모두가 이 시간에 안전하게 머물 수 있는가'가 되어야 합니다.

그러기 위해서는 '같이 하지만, 같지 않아도 되는 참여'라는 시각으로 접근하는 것이 필요합니다. 통합의 핵심은 모든 아이가 동일한 방식으로 참여하는 데 있지 않고, (다른 방식이어도) 모두가 참여하는 데 있습니다. 중요한 것은 같은 경험을 각자의 방식으로 할 수 있도록 기회를 주는 것입니다. 누군가는 말로 감정을 표현하고, 누군가는 그림으로 표현하며, 누군가는 옆에서 지켜보며 참여할 수도 있습니다. 그러다 보면 처음에는 지켜만 보던 학생이 어느 순간 직접 참여하는 장면을 목격하게 될 것입니다.

'같이 하지만, 같지 않아도 되는' 구조는 학생들에게 비교 대신 안전과 편안함을 제공합니다. 그 안전 속에서 학생들은 자신이 할 수 있는 만큼의 참여를 시도하게 되고, 그것을 지켜보는 다른 학생들도 획일성이 아닌 다양성이 갖는 다채로움과 편안함을 경험하게 됩니다.

통합학급 사회정서교육에서 교사는 단순한 수업 진행자를 넘어서 학생들의 관계가 흔들릴 때 그 흐름을 다시 연결해 주는 조정자의 역할을 하게 됩니다. 교사가 아이들 사이의 갈등을 누가 잘했고 누가 잘못했는지를 가르는 문제로 다루기보다, 각자의 입장을 연결하고 다시 관계로 돌아올 수 있는 길을 안내할 때 교실의 분위기는 달라집니다. 이 과정에서 학생의 행동을 즉각적으로 제재하거나 통제하기보다는 관계가 회복될 수 있는 시간을 만들어 주는 것이 중요합니다.

모든 교실이 그렇겠지만, 특히 통합학급에서 사회정서학습은 완성된 형태로 시작된다기보다는 수업을 거듭하면서 만들어 가는 수업입니다. 관계는 수업을 통해 자라고, 아이들은 관계를 맺으며 서로에 대해 익숙해지고, 알게 되고, 이해하게 됩니다.

2부에서는 이제 학생들이 어떻게 달라졌는지, 관계는 어떻게 교실을 변화시켰는지, 그 변화를 가능하게 했던 주제와 활동은 어떠했는지 함께 살펴보고자 합니다.

1. 수업의 루틴이 있으면 좋습니다. 시작하는 박수와 끝날 때 내용을 정리하는 박수처럼 신호를 정해 놓으면 시작과 끝을 알리는데도, 그날 배운 내용을 기억하는데도 도움이 됩니다.

2. 그림이나 동영상과 같은 시각적인 자료를 활용하면 글을 잘 모르는 학생도 쉽게 참여할 수 있습니다. 말로 한 내용 중에 중요한 사항들을 칠판에 쓰거나 ppt를 출력하여 게시해 놓으면, 작업 기억에 어려움이 있거나 주의 집중을 잘하지 못하는 학생도 활동의 순서나 수업의 내용을 확인할 수 있어 수업 참여를 촉진할 수 있습니다.

3. 놀이를 수업에 도입할 때는 처음부터 본 놀이로 들어가는 것보다 놀이의 요소들을 하나하나 빌드업하며 놀이를 완성해 갑니다. 예를 들어 가위바위보로 하는 놀이를 한다면, 손으로 가위 모양을 만든 다음 머리 위에 놓고 뿔 만들기를 한다거나, 바위 모양을 이용하여 눈사람을 만들거나, 보자기 모양을 결합하여 나비 만들기처럼 모양 만들기부터 시작합니다. 승패를 잘 모르는 학생이 있다면 가위바위보를 낼 때 교사와 같은 모양을 내는 사람이 이기는 활동 등으로 변형할 수도 있습니다.

4. 참여의 범위를 넓게 설정하고, 기회를 주면서 기다려 주는 것이 필요합니다. 학생들 중에는 새로운 활동에 참여하고 적응하는데 시간이 필요한 경우가 있습니다. 이럴 때는 처음부터 동일하게 참여하도록 하기보다는, 다른 친구들의 활동을 관찰할 시간을 충분히 주고, 준비가 되었을 때 가능한 부분부터 서서히 참여하도록 하는 것이 필요합니다.

5. 1~2학년 발달 단계를 고려할 때 그림책을 매개로 하여 수업을 하면 좋습니다. 학생들에게 상황을 쉽게 설명하거나, 자신들의 경험과 연결하는데 도움이 됩니다. 수업 후에도 그림책을 통해 함께했던 사회정서수업을 떠올려 볼 수 있습니다.

우정이 싹트는
교실을 만드는 수업

1장

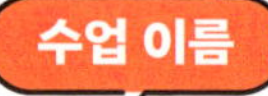

우정이 싹트는 교실

◆ **주제:** 사회정서수업 오리엔테이션

◆ **목표:** '우정'이 무엇인지, 우정을 싹 틔우기 위해 어떤 실천이 필요한지 생각해본다.

◆ **사회정서역량 영역** ◎(주) ○(부)

자기 인식	자기 관리	사회적 인식	관계 기술	책임 있는 의사결정
	○		◎	

◆ **1~2학년 관련 교과 및 단원**

[국어 1-1-5] 반갑게 인사해요.

주제와 역량

어떤 자리든지 처음 만나는 자리에서 빠질 수 없는 것이 자기소개입니다. 3월 초가 되면 전국의 모든 유·초·중·고 교실에서는 자기소개 하는 시간을 갖습니다. 서로 인사도 하고 첫인상도 나눕니다. 첫인상에 따라서 왠지 호감이 가는 친구도 있고, 살짝 부담스럽게 느껴지는 친구도 있기 마련입니다.

수업도 마찬가지여서, 모든 단원의 1차시 수업에서는 해당 단원에서 무엇을 배울지 소개합니다. 사회정서수업도 1년 또는 한 학기 정도의 계획을 갖고 한다면 이 수업을 왜 하는지, 언제 하는지, 이 시간들을 통해 우리는 어떤 경험을 하고 무엇을 배워갈지를 학생들에게 안내하는 시간을 갖는 것은 중요합니다. 목표를 알아야 그에 맞춰 학생들도 준비가 될 것입니다. 그동안 학생들과 만났던 경험을 떠올려 보면 첫 수업을 어떻게 진행했느냐에 따라 학생들의 참여와 태도가 달라졌습니다.

CASEL에서는 사회정서학습을 학교에서 효과적으로 진행하려면 순차적(Sequenced), 능동적(Active), 집중적(Focused), 명시적(Explicit) 접근이라는 SAFE 원칙이 기본이 되어야 한다고 합니다. 앞에서도 밝혔듯이 '명시적 접근'이란 학생들이 무엇을 배우고 익혀야 하는지 분명히 알 수 있도록, 수업 목표를 학생들에게 명확히 제시하고, 학습한 내용을 일상에서 어떻게 활용할지 안내하는 것을 말합니다. 해당 차시의 수업 목표를 명시적으로 알려주는 것도 중요하지만, 1년 동안 진행될 사회정서수업의 목표와 어떤 흐름으로 진행될 예정인지 명시적으로 알리는 것도 중요합니다. 사회정서수업에서 학생들이 1년 동안 무엇을 배워나갈지 인식을 함께 공유하는 것은 참여를 촉진할 수 있다는 점에서도 매우 중요합니다.

그래서 저는 1~2학년 사회정서수업의 목표인 '우정이 싹트는 교실' 수업과 활동을 '친구들과 친해지는 시간을 가질 거야' 정도로 두루뭉수리하게 소개하기보다는 우정이 무엇인지 알아보고, 우정을 키우는 요소에 대해 생각해 보고, 우정을 쌓기 위해 우리는 무엇을 해야 하는지 이야기해 보는 시간으로 첫 만남을 준비합니다.

수업과 활동

병아리 같은 목소리, 고사리 같은 손이 분주하게 움직입니다.

초등학교 1학년 학생들은 아주 간단한 활동에도 까르르하며 즐겁게 참여합니다.

첫 만남에서 가장 중요한 것은 호감과 기대입니다. 서로에게 호감을 갖고, 1년 동안 이루어질 활동들에 대해 기대하는 마음을 갖도록 하는 것이 첫 수업에서 만들어야 하는 가장 중요한 부분이 아닐까 합니다.

학교에서 오랜 시간 학생들과 같이 지내면서 깨달은 간단한 진리가 있습니다. 모든 변화에는 시간과 노력과 정성이 필요하다는 것입니다. 시간을 들여 꾸준히 고민하면서 정성을 들여 노력했을 때 학생들은 변화했습니다. 아이들의 우정도 마찬가지입니다. 같은 교실에서 1년을 함께 생활한다고 저절로 우정이 형성되는 것은 아닙니다. 아이들 스스로가 친구들과 잘 지내기 위해 무엇을 해야 할지 고민해야 변화됩니다. 사회정서수업을 통해 도달하려는 목표는 학급 구성원(친구)들과 긍정적·포용적 관계를 맺고, 이를 우정으로 키워가는 것이지만, 한두 번의 계기나 수업만으로 가능하지는 않습니다. 친밀함과 관계를 하나하나 쌓아가는 것이 필요하고 중요합니다. CASEL의 5가지 역량을 '우정이 싹트는 교실, 친구, 공동체'라는 목표와 흐름으로 풀어가다 보면, 학생 각자의 자존감으로부터 시작해 좋은 관계를 맺는 사회적 기술과 (자신과 공동체 모두에) 좋은 선택(의사결정)이라는 방향으로 귀결될 것입니다.

오리엔테이션 격인 이 수업에서는 1년 동안 진행될 사회정서학습(우정이 싹트는 교실)의 주제인 '우정'과 이를 키우는 다양한 수업과 활동에 호기심과 기대를 불어넣습니다. 그리고 우정을 쌓아가는 단계와 목표를 학생들의 수준에서 안내합니다. 저는 씨앗을 주요 모티브로 삼습니다. 아이들에게 씨앗의 모습을 보여 주면서 싹이 저절로 나는 것이 아니라, 싹을 틔우기 위한 여러 가지 요소가 있음을 이야기합니다. 우정도 저절로 키워지는 것이 아니라 싹을 틔우는 것과 마찬가지로 다양한 요소들이 필요하고, 서로가 함께 노력해야 한다는 것을 다룹니다. 우정을 싹 틔우려면 무엇이 필요한지 (교사가 알려주기보다) 아이들 스스로 생각하도록 합니다. 그러면 1년 동안 자신을 알아가는 시간, 친구를 알아가는 시간, 서로 협력해 보는 경험 등을 하게 될 것이라는 것을 알게 됩니다.

도입.

본격적인 수업을 시작하기에 앞서 학생들과 친해지는 시간을 갖습니다. 학생들이 수업 목표를 상기하면서 참여할 수 있도록 다른 수업과는 다른 '우정이 싹트는 교실' 사회정서수업이라는 것을 학생들이 인식할 수 있도록 하는 것이 필요합니다. 저는 학급 박수라던가 (소리 내지 않고) 입 모양으로 출석부르기 등을 통해 학생들이 자연스럽게 수업에 집중하도록 합니다.

활동 1. 수업 주제 알아보기

본 수업으로 들어가기 전에 학생들과 수업 주제에 대해 알아보는 활동을 합니다. 아이들과 수업 주제를 나누는 것은 자칫 수업이 재미있는 활동으로만 기억되지 않고 활동의 의미를 새기는 데 중요합니다. 칠판에 '○○○ ○○○ ○○을 경험하는 수업'을 하겠다고 제시하고 초성 힌트, 또는 한 글자 힌트 등을 주며 학생들과 '우정이 싹트는 교실'이라는 주제를 채워갑니다. 호기심, 머릿속 생각, 누군가의 답이 서로의 생각에 영향을 끼치면서 보이지 않지만 사회정서역량을 키우는 데는 효과가 있습니다. 무엇보다 학생들을 교사에게, 그리고 오늘 배울 주제와 수업에 집중하고 몰입하도록 이끕니다.

활동 2. 씨앗이 싹을 틔우려면

칠판에 가로로 선을 한 줄 긋습니다. 그리고 가로선 아랫쪽에 작은 씨앗을 그립니다. 어떤 수업은 PPT로 하는 것보다 이렇게 하나하나 정성껏 그려가는 것이 더 효과적입니다. 학생들에게 땅 속의 씨앗이 싹이 트려면 무엇이 필요한지 물어보면, 아이들은 "물이 필요해요." "햇빛이 필요해요." "양분이 필요해요." "바람이 필요해요." "관심이 필요해요." 등 다양한 대답을 합니다. 각자의 경험과 지식, 이해에 기반한 답이지만, 싹을 건강하게 틔우는 데는 이 대부분이 필수적입니다. '우정'도 마찬가지입니다. 함께 키우고 만들어 갈 다양한 요소와 기술(역량)을 1년(또는 15차시) 정도의 시간 동안 꾸준히 해나가는 과정이 중요하고 필요합니다. 씨앗에서 싹이, 다시 줄기가 자라 잎이, 꽃·열매를 맺는 과정과 우정이 싹트고 자라는 과정이 닮아 있어서 이를 잘 대비하여 설명합니다.

활동 3. 우정의 싹을 틔우려면

이번에는 칠판에 우정의 싹을 그립니다. 우정의 싹을 틔우려면 무엇이 필요할지 물어봅니다. 1~2학년 학생들이지만 다양한 요소와 단어들을 이야기합니다. 배려, 친절, 고운 말, 도와주기, 인사하기, 칭찬, 위로, 함께하기, 물건 빌려주기 등등 아이들의 이야기를 하나하나 적다 보면 칠판이 가득 찹니다.

학생들이 발표한 단어들을 하나하나 살펴보고, 각자가 1년 동안 마음에 담고 싶은 단어 하나를 선택하도록 합니다. A4용지 4분의 1 크기의 종이를 나누어 주고 자신이 선택한 단어를 쓰고 정성껏 꾸미게 합니다. 학생들이 예쁘게 꾸민 종이를 칠판의 씨앗 그림 옆에 붙여서, 1년 동안 마음에 품고 생활하면 12월에는 우리 반에 우정이 싹트고, 꽃이 피고, 열매를 맺게 될 거라고 이야기하며 마무리합니다.

모두가 안전하게 수업에 함께할 수 있도록 하려면…

1. 활동 1에서 학생들이 스스로 생각하기 어려워하는 경우 초성 힌트를 줄 수도 있으나, 글씨를 잘 모르는 학생이 있다면 간단한 그림으로 힌트를 주면 누구나 즐겁게 참여할 수 있습니다. 학생들의 말을 칠판에 글로 쓴 다음 그림도 함께 그려주면 글을 모르는 학생들도 어떤 의미인지 파악할 수 있습니다. (예: 비→비가 씨앗을 향해 내리는 그림)

2. 활동 3을 할 때 글씨 쓰는 것을 어려워하는 학생이 있다면 교사가 학생들이 발표할 만한 단어들(미소, 인사, 칭찬 등)을 미리 인쇄해 가거나 써 가서 학생들에게 선택하게 하고, 학생은 글씨를 정성껏 꾸미도록 하면 누구나 참여할 수 있습니다.

3. 활동 3에서 손에 힘이 없어서 필기도구를 쥐기 어려운 학생이 있다면, 빈 카드에 테두리 글자를 크게 써주고 학생에게 도트 물감을 이용하여 찍어서 꾸미도록 할 수 있습니다. 학급에 도트 물감이 없다면 스티커를 붙이거나 다양한 색의 스탬프를 준비해 손가락 지문 찍기로 글자를 꾸미도록 하면 근사한 작품을 완성할 수 있습니다.

4. 활동 3을 하다 보면 너무 빨리하는 학생들이 있을 수 있습니다. 빨리 완성한 학생들에게 한 장을 더 할 수 있다고 안내해 주고, 학생이 원하면 다른 단어나 문장을 하나 더 완성하도록 할 수 있습니다.

수업 이야기

박수로 하나 되는 우리 반

저는 수업을 박수로 시작합니다. 매일 통합학급 학생들을 만나거나 수업을 하지 않기 때문에, 수업에 들어가면 학생들이 '누구지?' '뭐하는 거지?' 하는 의아함이나 의구심을 가집니다. 그래서 저와 함께하는 수업을 설명하는 것만큼이나 '모드의 전환'이 매우 중요합니다. 그래서 박수를 만들어 매 수업 시작할 때 칩니다. 그러면 저와 함께한 수업 기억을 호출하고, 지난 수업의 연장 위에서 출발하도록 돕습니다. 박수로 시작하는 것에는 여러 가지 이유가 있습니다. 수업의 시작을 알리는 신호이기도 하고, 본격적인 수업 전에 참여할 준비이기도 합니다. 쉬는 시간에서 수업 시간으로 모드를 바꾸는 장치라고 할 수 있습니다. 박수를 치는 행위와 소리, 그리고 여러 사람의 어울림은 긴장을 풀어주고, 주의를 집중시키며, 함께하는 즐거움도 경험하게 합니다. 그래서, 첫 수업에서부터 교실 속 모두가 함께 박자와 소리를 맞추며 집중하도록 박수를 만들고 연습합니다. 일종의 '우정이 싹트는 교실'의 시그니처 박수인 셈입니다.

"1학년 1학년 짝!짝!, 2반 2반 짝!짝!, 1학년 짝! 2반 짝! 1학년 2반 짝!짝!"

1학년들의 경우 처음 해보는 학생들도 모두 집중해서 즐겁게 참여합니다. 초등 1~2학년 교실에서는 교사가 말로 전달하는 것보다 몸으로 신호를 주는 것이 훨씬 효과적입니다. 특히 자폐스펙트럼 학생이나 ADHD 성향의 학생이 교실에 있다면, 박수로 시작하는 수업은 말로 하는 신호보다 강력합니다. 처음에는 신호를 알아차리지 못하고 집중하지 못하더라도 친구들의 박수 치는 소리를 들으면서 하던 일을 멈추고 자연스럽게 수업에 참여하게 됩니다.

박수 치기의 또 다른 효과는 친구들과 하나 되는 경험을 할 수 있다는 점입니다. 처음에는 집중을 하지 못해서 틀리거나, 장난으로 일부러 틀리던 학생들도 '한 번에 끝내기 미션' 등으로 동기부여를 하면 스스로 자기 조절 능력을 발휘하여 미션을 완수합니다. 집단에서 상호의존성을 경험하게 되는 것입니다. 집단에서 '나' 한 명의 행동이 전체에 미치는 영향을 자연스럽게 경험하고, 박수가 짝짝 맞을 때의 짜릿함과 일체감도 느낄 수 있습니다.

호기심을 자극하면 집중은 저절로

1~2학년 사회정서 수업을 진행하면서 가장 신경 쓰는 것 중 하나가 학생들이 진지하게 수업에 참여할 수 있도록 하는 방법입니다. 수업 내용이 교과 수업과 달리 자신들에 대해 이야기를 나누고 활동적인 수업으로 진행되다 보니, 몇몇 학생들은 노는 시간으로 생각하는 경향이 있습니다. 그래서 생각한 것 중 하나가 입모양으로 이름 부르기와 소리 없이 박수치기입니다.

우리의 몸은 하나의 자극을 제거하면 다른 자극에 좀 더 집중하게 되어 있습니다. 공연장에서 불을 끄거나, 어둠 속에서 눈이 잘 보이지 않을 때 청각이나 촉각에 더 의지하듯이 말입니다.

입모양으로 이름 부르기 활동은 1~2학년 학생들뿐 아니라 3~4학년 학생들도 좋아하는 활동입니다. 20명이 넘는 교실의 눈동자가 모두 저에게 집중하는 경험은 수업을 진행하는 교사에게도 짜릿한 경험입니다. 제가 입모양으로 학급 친구의 이름을 말하면 아이들은 제 입모양을 보고 누구의 이름인지 알아내 "하나 둘 셋"의 구령에 맞춰 친구의 이름을 말하거나 손으로 친구를 가리킵니다. 보통 5~6명의 이름을 부르는데 처음에는 누구나 맞추기 쉬운 이름으로 시작해서, 중간쯤에는 학급에서 친구들과 상호작용이 활발하지 않은 학생의 이름을 말하여 자연스럽게 친구들이 그 학생에게 집중하도록 합니다. 입모양을 보고 자기 이름임을 알아차린 아이들의 쑥쓰러운 표정을 보고 있으면 절로 미소가 지어집니다.

교사에게 주의 집중을 하게 하려고 시작한 활동이지만 학생들에게 말이 아닌 눈으로 집중하는 연습을 하는 기회도 되고, 상호작용을 하며 자연스럽게 친구들의 이름을 익힐 수 있는 활동이라 학기 초에 활용하면 좋습니다.

지현이 선생님이죠?

"누구세요?"

"지현이 선생님이잖아."

특수교사인 제가 통합학급 수업에 들어가면 학생들이 궁금한 표정으로 저를 바라봅니다. 초등학교 1~2학년은 보통 담임 선생님이 모든 수업을 하는데 갑자기 낯선 선생님이 들어와서 인사를 하니 어쩌면 당연한 반응입니다.

“맞아요. 지현이와 개별반에서 공부하는 선생님이에요.”

“지현이는 왜 개별반에 가요?”

“개별반이 어디에 있어요?”

“개별반에서는 어떤 거 해요?” 등등 학교생활이 처음인 1학년들은 궁금한 것이 많습니다. 2학년들은 그래도 학교생활을 좀 해봤다고 자기는 1학년 때 선생님을 본 적이 있다는 둥, 개별반이 어디인지 안다는 둥, 1학년 우리 반 ○○이도 개별반이었다는 둥 자기들끼리 이야기꽃을 피웁니다.

예전에는 아이들의 질문 공세에 당황하기도 했지만 지금은 자연스럽게 개별반에 대해서도 이야기해 주고 지현이에 대해서도 이야기하는 기회로 삼습니다. 답변이야 교실 상황에 따라, 개별반에 다니는 특수교육대상학생의 특성에 따라 그때그때 조금씩 다르지만, 지현이가 개별반에서 열심히 공부하는 사진을 준비해서 보여준다거나 개별반에서 하는 다양한 활동에 대해 소개해 주면 아이들은 부러운 눈으로 지현이를 바라봅니다.

“나도 개별반에서 공부하고 싶다.”

“저도 개별반에서 공부하면 안 되요?”

아이들은 어른들과 달리 개별반을 이상한 장소나 꺼리는 장소로 생각하지 않습니다. 오히려 각자의 필요에 따라 공부하고 지원 받는 것을 자연스럽게 받아들입니다. 개별반이 아이들에게 꺼리게 되는 장소가 아니라 친숙한 장소로, 친구와 함께 가보고 싶은 장소로 만드는 것 또한 어른들의 몫이지 않나 생각합니다. 그렇게 자란 아이들이 어른이 되어서 복지혜택을 받게 되거나 누군가가 받는 복지혜택에 대해 부끄럽거나 역차별로 생각하지 않았으면 좋겠습니다. 각자 필요한 부분을 사회가 함께 채워가며 살아가는 것이 당연하다고 생각하면 좋겠습니다.

모두가 참여하는 수업 설계

1학년에 특수교육대상학생이 입학하면 통합학급 선생님들도 '아이들과 잘 지내고 적응을 잘할 수 있을까?' 하는 마음이 있겠지만, 특수교사인 저도 '아이가 학교생활을 즐겁게 시작하려면 어떻게 지원을 해야 하나' 고민하게 됩니다. 통합학급 교실에서 함께 지낸다고 저절로 친해지는 것은 아니어서 통합학급 적응기간에 1학년 교실 수업 지원도 들어가보고 점심도 같이 먹으면서, 통합학급의 다른 학생들도 관찰하는 시간을 갖습니다. 요즘 1학년 교실에는 한글을 잘 모르는 학생도 2~3명씩은 있고, 한국말이 서툰 학생들도 있습니다. 교실 안에 있는 아이들 각자가 가진 어려움이나 특성을 관찰해서 찾아야, 그에 맞게 지원할 방법을 구상할 수 있기 때문입니다.

첫 수업인 만큼 누구도 소외되지 않는 수업을 만드는 것이 중요합니다. 사회정서수업에서조차 수업에서 소외되는 학생이 있다면 사회정서학습 본연의 취지와도 어긋나는 것이니까요. 그래서 1학년 첫 수업을 준비할 때는 그림자료를 많이 활용합니다. 글자로 하는 초성 힌트를 아이들이 좋아하기는 하지만, 한글을 잘 모르는 학생에게는 초성 힌트가 오히려 더 생각을 방해할 수도 있으니까요. 그래서 씨앗도 그리고, 새싹도 그리고, 힌트로 친구와 함께 어깨동무를 하고 있는 그림고 넣고, 교실 그림도 넣습니다. 그러면 글을 모르는 아이들도 어떤 내용인지 정확히는 아니어도 어느 정도 이해하면서 수업에 참여할 수 있습니다.

아이들이 자신이 선택한 덕목을 잘 마음에 담을 수 있도록 이름과 함께 잘 보이는 곳에 게시하면 좋습니다. 학생들이 카드로 만든 단어들이 1년 동안 '우정이 싹트는 교실'을 통해 배울 것이라고 안내하고, 우정이 싹 트는 조건에 대해 확인하는 시간을 갖습니다. 교실 게시판에 '우정이 싹 트는 교실' 코너를 따로 마련하는 것도 학생들이 수업의 내용을 틈틈이 상기하는데 도움이 됩니다.

장기간 진행되는 사회정서수업에서 이 첫 수업은 전제 수업의 일부이지만 가장 중요한 첫 단추입니다. 이 시간을 통해 학생들이 '우정이 싹트는 교실' 수업을 기대하게 된다면 이 수업은 대성공입니다.

2장

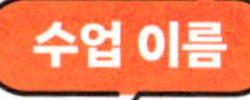

인사를
나눠드립니다

◆ **주제:** 인사

◆ **목표:** 인사의 중요성을 알고, 다양한 방법으로 하는 인사 놀이를 통해 인사의 즐거움을 경험한다.

◆ **사회정서역량 영역** ◎(주) ○(부)

자기 인식	자기 관리	사회적 인식	관계 기술	책임 있는 의사결정
			◎	

◆ **1~2학년 관련 교과 및 단원**

[국어 1-1-5] 반갑게 인사해요. [국어 2-2-2] 서로 존중해요.

주제와 역량

'매일매일 반겨주셔서 감사합니다.'

학교를 떠나는 해에 주영이가 스승의 날이라며 제게 편지를 주었습니다. 마음을 담아 꾹꾹 눌러쓴 편지를 읽다 저 한 문장이 제 마음에 들어왔습니다. 어색해하며 거리를 두는 주영이가 특수학급의 교실 문을 열고 들어올 때마다 반갑게 맞이했는데, 그 인사에 담긴 제 마음을 주영이가 이렇게 느끼고 있을 줄 몰랐기에 더욱 놀라고 고마웠습니다. 새로 부임해서 주영이를 만났으니 몇 년을 함께했습니다. 학교에 온 후 다른 아이들은 이제 어느 정도 친해졌지만, 꽤 시간이 지났는데도 아직 주영이는 제게 거리를 뒀습니다. 시간이 더 필요했나 봅니다. 주영이가 마음을 열기를 기다리며 제가 할 수 있는 작은 일 중 하나, 인사! 교실로 들어오는 주영이를 반기며 인사를 건넵니다.

"안녕? 어서 와~"

다른 아이들에게도 그렇게 하지만 주영이는 더 반갑게 인사하며 맞아주었습니다. 언제쯤 마음을 열까 기다리며 하루하루를 보냈습니다. 그렇게 시간이 흘러 주영이와의 거리는 조금씩 가까워졌습니다. 주영이의 편지로, 거리를 좁히고 마음과 마음을 이어주는 인사의 힘을 실감했습니다.

'인사만 잘해도 먹고 산다'라는 말이 있습니다. 정말 인사만 잘해도 먹고 사는 것일까? 의문이 들지만, 인사는 단순히 안부를 묻고 답하는 예절 그 이상으로, 사람과 사람 사이 함께 살아가는데 중요한 삶의 태도임을 강조하는 의미일 것입니다.

요즘 교실에서 만나는 아이들 가운데에는 인사에 어려움을 겪는 아이들도 있습니다. 보통 기질적으로 낯을 많이 가리고 부끄러움이 많으면 인사가 어려울 수 있습니다. 마음과 달리 표현하는 것이 어려워서일 것입니다. 저도 어릴 때 부모님의 지인들을 만나면 부끄러워 부모님 뒤로 숨거나, 새학년 새교실에서 새친구들을 만났을 때 어색해하며 우물쭈물했던 기억이 있습니다. 또, SNS 비대면 소통에 익숙해진 아이들에게 직접 얼굴을 마주보고 하는 인사는 어색한 일일 수도 있습니다. 일상에서 인사를 나누는 사람이 많지 않은 요즘 세대에게 어른들의 '인사해야지'라는 은근한 압박과 훈육은 인사를 통한 소통의 기쁨을 경험하기도 전에 인사에 대한 의무감과 부담감부터 느끼게도 합니다. 친구에 대한 관심은 있지만 아직 사회적 관계 기술이 부족한 초등 저학년은 이러한 여러 이유로 의식적으로 상대방에게 다가가는 인사에 서툴 수 있습니다. 그러나 배움을 잘 흡수하는 시기이기도 한 만큼 이 시기에 제대로 배우고 익히면 앞으로 함께하는 사람들과 긍정적으로 상호작용하며 관계를 맺는 소중한 바탕이 될 수 있습니다.

사회정서학습에서 관계 기술은 단순히 다른 사람들과 잘 지내는 것을 넘어, 다양한 배경을 가진 사람들과 건강한 관계를 세우고 유지해가는 힘을 의미합니다. 다양한 문화와 배경의 학생이 점차 늘어가고, 특수교육대상학생을 비롯해 교육적 요구가 다양한 학생들이 함께 자라가는 교실에서 관계 기술은 더욱 중요하게 여겨집니다.

저는 통합학급 학생들에게 우리 반 지훈이와 친해지는 방법 중 하나로 '아침에 만나면 반갑게 인사하기'를 권합니다. 아침에 교실에 들어왔을 때 반 친구들이 반갑게 건네는 인사에 지훈이는 오늘 하루 교실에서 친구들과 즐겁게 지낼 힘을 얻는다고 말이지요. 서로에게 건네는 다정한 인사는 비단 특수교육대상학생 등만이 아니라 학생들 모두에게 친구들과 즐겁게 하루를 시작할 원동력이 됩니다.

그런 점에서 관계를 여는 시작인 인사는 단순히 지켜야 할 예절을 넘어 서로의 경계를 허물고, 마음을 열 수 있는 소통의 시작입니다. 상대방에게 존중과 관심을 표현하며 유대감을 형성하는 중요한 매개체가 됩니다.

그렇기 때문에 초등 저학년 아이들에게 필요한 것은 '인사해야지!'라는 훈계가 아니라, 인사를 통해 마음과 마음이 이어지고 상대방과 연결되는 기쁨을 직접 경험하는 것입니다. 이런 다정한 인사를 지속적으로 반복해 몸에 익도록, 그래서 자연스럽게 태도가 되도록 하는 것입니다. 몇 차례의 수업으로 충분하지 않을 수 있지만, 인사의 긍정적 이미지와 경험을 집중적으로 만드는 수업은 분명 의미 있고, 실제 해보면 효과도 매우 큽니다. 그리고 자연스럽게 대인 관계 기술을 쌓아가게 됩니다.

수업과 활동

피곤한 퇴근길 고개를 숙인 채 버스 계단을 오르는데 경쾌한 인사 소리가 들립니다.

"안녕하세요? 어서 오세요!"

뜻밖의 인사 소리에 고개를 들어보니 버스 기사님께서 고개를 숙이며 인사를 건네십니다. 얼떨결에 저도 고개를 숙여 인사를 한 뒤 자리에 앉았습니다. 그 뒤에도 기사님은 정중하면서도 반가운 인사로 버스에 오르는 손님들을 맞아주십니다. 진심이 담긴 기사님의 인사 소리에 무미건조했던 버스 안에 따뜻한 기운이 감돌았습니다. 이런저런 일로 지쳐 있던 제 마음도 기사님의 인사 덕분에 환해지는 느낌이었습니다. 집 앞 정거장에 도착해 내릴 때 저도 용기를 내어 기사님께 인사를 전했습니다.

"감사합니다!"

다정한 인사가 퍼져나가는 경험이었습니다. 다정함, 환대는 전파가 빠릅니다. 환대와 반가운 인사로 위로받거나 힘을 얻은 경험이 누구에게나 있을 것입니다. 인사는 (누군가) 먼저 하는 것이 어색하거나 어렵지, 막상 하면 서로가 연결되는 느낌을 받고, 은연 중 긍정적인 관계가 만들어집니다. 아이들이 이를 교실에서 직접 경험하도록 하고, 교실의 일상 문화로 만들면 참 좋을 것입니다. 학기 초라면 더욱 그렇습니다. 그래서 인사를 주제로 수업을 만들었습니다. 상대방을 존중하고 관심을 전하는 인사의 가치를 발견하고, 여러 가지 방식의 인사로 서로의 관계를 열며 소통하는 기쁨을 경험하도록 준비했습니다.

새학년, 새로운 친구들을 만나는 학기 초 교실에는 서먹함과 어색함이 감돕니다. 낯설고 어색한 분위기에서 서로에게 가까이 다가갈 수 있는 시작은 인사입니다. 인사는 사람과 사람 사이의 경계를 허물고 마음을 이어주는 특별한 마법과도 같습니다. '인사'처럼 너무 당연한 듯한 주제로 수업하는 데는 그림책 같은 자료를 통해 주제를 명확히 하면서도,

부드럽게 마음을 열도록 만드는 것이 좋습니다. 인사의 힘을 잘 보여준 《인사를 나눠드립니다》그림책을 활용한 이유입니다. 이 책은 인사의 가치를 느끼고, 다양한 인사놀이를 통해 다양성을 존중하며, 인사를 의무가 아닌 즐거운 소통의 도구로 인식하도록 돕습니다.

《인사를 나눠드립니다》, 이한재, 킨더랜드(2021).

활동 소개 ···

도입.

본 수업에 들어가기 전에 오늘 아침 누구와 어떤 인사를 했는지, 상대방의 반응은 어떠했는지, 자신의 기분은 어떠했는지 질문합니다. 학생들은 오늘 아침 가족, 친구, 선생님들과 나눈 인사를 떠올리며 앞으로 이어질 수업 이야기에 자신의 경험을 친숙하게 대입해 보도록 이끕니다. 이는 이후 그림책과 현재의 자신, 그리고 인사를 나눌 학급의 친구, 가족, 학교와 주변의 사람들을 연결하는 데 의미가 있습니다.

활동 1. 《인사를 나눠드립니다》 그림책 읽고 이야기 나누기

그림책 표지 제목에서 '인사' 글자를 가리고 무엇을 나눠준다는 것일지 질문합니다. 표지에 나온 다양한 인사말들을 힌트로 읽어주면 좋습니다. 답이 공개되면 학생들은 앞으로 시작될 이야기의 주제가 인사임을 분명하게 인지할 수 있습니다.

'인사를 선물처럼 나눠줄 수 있을까? 인사를 나눠주는 건 어떻게 하는 걸까? 그러면 무엇이 달라질까?' 등의 질문을 하며 그림책 이야기에서 그 답을 찾아보기로 합니다. 질문을 통해 학생들은 그림책 속 인물들의 말과 행동에 더 주의를 기울입니다.

첫 장면에서 가방을 메고 선 주인공 민철이는 검은 얼굴빛에 찡그린 표정을 하고 있습니다. 그런 민철이에게 엄마가 '잘 다녀오렴' 인사합니다. 다음 페이지에서는 단계별로 얼굴색이 밝아지며 웃고 있는 민철이의 얼굴이 보입니다. 엄마에게 인사를 받고 밝은 표정이 된 민철이는 집을 나섭니다. 그리고 만나는 사람들에게 자신이 받은 인사를 나누며 이야기가 전개됩니다.

《인사를 나눠드립니다》 그림책은 '안녕하세요?'라는 반갑게 건네는 인사 한마디가 무표정이었던 사람들과 회색빛이었던 공간을 어떻게 밝게 변화시키는지 시각적으로 잘 보여줍니다. 주인공 민철이가 인사를 나눌 때 어떠한 변화가 일어나는지 살펴보다 보면 인사가 사람과 사람 사이의 관계를 긍정적으로 변화시키는 중요한 수단이 된다는 점을 발견하게 됩니다.

그림책을 읽으며 민철이가 인사를 나누기 전 인물들의 표정, 행동, 색깔, 덧붙여 건물이나 배경의 색까지 인사 후 어떻게 변해가는지 찾아가며 읽어봅니다. 그림책 속 인물들의 표정과 색깔의 변화로 인사가 퍼져나가는 모습이 보입니다.

활동 2. 인사 놀이

그림책을 읽으며 인사가 미치는 긍정적인 영향을 인지했다면 놀이를 통해 인사를 몸으로 익혀봅니다. 인사의 중요성은 알고 있어도 인사를 실제로 하는 것은 또 다른 문제입니다. 인사는 구체적 행위로 습관화되어야 하고, 몸에 익어야 합니다. 그래서 인사 놀이를 합니다. 노래에 맞추어 인사하면 분위기와 정서를 밝고 경쾌하게 만들고, (인사를 말로만 하지 않고) 몸을 이용해 액션까지 하도록 유도할 수 있습니다. 그러면 인사의 즐거움을 경험하게 하고, 반응하게 하며, 몸에 익게 합니다. 인사 놀이를 할 때 인사는 다양한 방법으로 합니다. 인사는 말로 건네는 것 외에도 각자의 성향이나, 상황, 관계에 따라 다양한 방식으로 할 수 있음을 알려줍니다. 다양한 방식으로 인사하며 학생들은 다양한 소통 방식이 있음을 이해하고, 서로의 다름을 존중하는 법도 익혀갈 수 있습니다.

'우리 모두 다 같이 손뼉을'을 개사해 인사 노래에 활용합니다.

우리 모두 다 같이 인사해 (인사)

우리 모두 다 같이 인사해 (인사)

우리 모두 다 같이 다정하게 인사해

우리 모두 다 같이 인사해 (인사)

놀이를 시작하기 전 개사한 가사를 익히기 위해 함께 노래를 불러봅니다. 처음 노래 부를 때 교사가 (인사) 부분에서는 '안녕?' '안녕하세요?' '반가워!' 등 다양한 인사말을 넣어 불러주면 좋습니다.

가사를 익힌 뒤에는 노래에 맞추어 교실을 돌아다니며 친구들과 인사를 합니다. 여러 친구들과 인사하도록 만들기 위해 아직 만나지 않은 친구를 찾아 인사하도록 안내합니다.

교사가 아래와 같은 다양한 인사 방법을 시범해 보여주고 단계별로 인사 놀이를 합니다. 시범해 보여줄 때 학생 한 명을 시범자로 나오게 해서 함께 하면 좋습니다. 다양한 인사말 예시도 보여줍니다.

1. 손 흔들기

2. 악수하기

3. 고개 숙여 인사하기

4. 하이파이브로 인사하기

5. 주먹을 부딪히며 인사하기

6. 수어로 인사하기

7. ('안녕'이라는 글자와 인사하는 그림이 그려진) 그림카드로 인사하기

각 인사마다 상대를 달리해서 두 번씩 해보면 좋습니다. 예를 들어 처음에는 자기 자리에서 노래에 맞추어 옆의 짝꿍과 손 흔들어 인사하고, 두 번째에는 교실을 돌아다니며 노래에 맞추어 손 흔들어 친구들에게 인사를 합니다. 이렇게 하면 첫 번째에는 제시된 인사법을 잘 익힐 수 있고, 두 번째에는 한 번으로는 왠지 아쉬운 인사를 여러 친구들과 다시 해볼 수 있어 좋습니다.

일곱 가지의 인사법으로 해보았다면 마지막에는 지금까지 한 여러 가지 인사 중 자신이 하고 싶은 방법으로 노래에 맞추어 서로에게 인사를 합니다.

충분히 인사 놀이를 한 후, 친구들과 인사 놀이를 하며 들었던 생각과 마음을 나누며 마무리합니다.

모두가 안전하게 수업에 함께할 수 있도록 하려면…

1. 활동 1에서 민철이가 인사하는 대상(동네 사람들, 친구들, 개미, 강아지 등)과 민철이가 건넨 인사로 생기는 변화(인물이나 배경의 색, 표정과 행동 등)를 학생들이 찾아보도록 합니다. 인사가 미치는 긍정적 효과를 시각적으로 확인할 수 있습니다. 각 상황에서 '내가 주인공 민철이라면 어떻게 인사했을까?' 질문해 봅니다. 질문에 대한 답을 생각하고 대답하면서 학생들은 주인공이 처한 상황에 몰입하고, 인사로 인한 변화를 더 실감할 수 있습니다.

2. 활동 2에서 다양한 인사 방법을 소개할 때 학급 친구들의 다양성 측면에서 각자가 선호하는 인사 방법이 다를 수 있음을 안내합니다. 말로 표현이 어렵거나 신체적 접촉에 예민한 특수교육대상학생이라면 어떤 인사 방법을 좋아할지 함께 생각해보도록 안내합니다. 특수교육대상학생을 시범자로 해서 그 학생이 선호하는 인사 방법으로 시범을 보인다면 통합학급 학생들이 특수교육대상학생의 특징을 이해하고 친밀하게 다가가는데 도움이 됩니다. 다문화 배경의 학생이 있는 경우 학생이 원한다면 그 학생의 모국어로 인사해보는 시간을 가질 수 있습니다. 다문화 배경의 학생에게는 존중과 소속감을, 반 친구들에게는 우리 반 친구에 대해 더 알아가는 기회가 됩니다.

수업 이야기

인사는 힘이 세다

그림책을 읽고 버스 기사님의 밝은 인사로 지쳤던 제 마음이 환해졌던 경험을 아이들에게 나누었습니다. 인사는 단순히 예절을 차리는 행동이 아니라, 사람과 사람 사이의 서먹한 공기를 바꾸고 마음을 연결하는 힘이 있음을 제 경험과 느낌을 들어 전했습니다. 아이들도 저마다 자기의 경험을 이야기합니다.

"친구랑 싸웠는데, 미안하다고 해서 다시 사이가 좋아졌어요."

"아침에 친구가 인사해줘서 기분이 좋았어요."

"혼자 있는데 친구가 인사해서 반가웠어요."

그림책을 읽고 반갑게 인사를 주고받았을 때의 경험과 마음을 나누며, 서로의 마음을 연결해주고 다정하게 하는 인사의 힘을 생각해보았습니다.

인사는 즐거워

낯선 환경에서 긴장도가 높고 수줍음이 많은 경수는 말수도 적습니다. 환경에 차차 익숙해지면 필요한 말을 하기도 하지만, 처음 만났을 때는 소리내어 인사하기도 어려워했습니다. 교실에 들어올 때면 인사하며 반기는 저를 멀뚱히 바라보기만 했습니다. 이 수업 후 경수에게 어떤 방법으로 인사하는 게 좋은지 물었습니다. (수업 전 미리 이야기를 나누고 친구들 앞에서 시범 보이는 역할을 했으면 좋았을 텐데, 그 반 수업에서는 미처 그러지 못했습니다.) 경수는 아무 말 없이 손을 위로 번쩍 올리며 허공을 향해 치는 시늉을 했습니다.

"하이파이브?" 하고 물으니 고개를 끄덕입니다. 몸으로 하는 활동을 좋아하는 경수가 고른 인사는 하이파이브였습니다. 서로의 손바닥을 찰싹 마주치며 인사할 때마다 긴장과 부끄러움으로 주저하던 경수는 온데간데없고 생기발랄하게 웃고 있는 한 아이가 제 앞에 서 있었습니다.

말이 아닌 다른 방법으로도 인사를 나누고 마음을 나눌 수 있습니다. 인사 방법에 따라 아이들의 태도와 분위기가 다채롭게 달라집니다. 손을 흔들며 인사할 때는 반갑게, 고개를 숙여 인사할 때는 정중하게, 하이파이브를 할 때는 한껏 신나게, 주먹인사를 할 때는 상대방을 배려해서 살짝 쿵 또는 힘차게, 수어로 할 때는 상대방의 손모양과 눈빛에 집중해서, '안녕' 그림카드로 할 때는 서로의 카드를 확인하며 미소 띤 얼굴로 인사합니다. 아이들은 다양한 방법으로 인사할 수 있다는 사실을 놀이를 하며 경험했습니다. 인사마다 분위기가 다른 것도 있어, 상황과 감정에 따라 인사가 달라질 수 있다는 것도 직접 몸으로 배웠습니다.

수업 중 상황이 될 때는 저도 아이들 사이에서 함께 인사 놀이를 했습니다. 그렇게 노래에 맞추어 인사 놀이를 신나게 하고 난 후, 아이들의 얼굴에는 웃음이 가득했습니다. 아이들 뿐 아니라 (통합학급에서 수업하는 특수교사인) 저와 아직은 낯설었던 아이들 사이의 서먹함도 사르르 녹아버린 듯했습니다.

무엇보다 인사 놀이의 좋은 점은 평소 친구들과 소통이 어렵거나 반갑게 인사하는 경험이 별로 없었던 경수도 놀이를 하며 친구들과 즐겁게 인사를 나누는 경험을 하며 배울 수 있었다는 것입니다. 경수도 이 시간만큼은 친구들을 따라 여러 친구들과 인사를 하고, 모두가 즐겁게 웃으며 인사하는 시간에 친구들 틈에서 웃고 있었습니다.

한바탕 신나게 놀이 후 소감을 나누었습니다.

"하이파이브로 인사하는데 넘 재미있었어요."

"한 번 더 하고 싶어요!"

"수어로 인사하는 거 몰랐는데, 이제 알아서 좋아요. 수어로 인사해서 좋았어요."

"친구랑 주먹 인사해서 재미있었어요."

인사의 즐거움을 느끼는 순간입니다. 저도 소감을 나누었습니다.

"처음 수업할 때 여러분의 표정과 지금 친구들과 인사를 하고 난 후 여러분의 표정이 너무나 달라졌네요. '인사를 나눠드립니다' 그림책에 나오는 사람들처럼요. 웃고 있는 여러분의 표정을 보니 저도 즐거워요. 선생님도 여러분과 인사놀이를 하며 조금 더 친해진 느낌입니다."

그리고 한마디 더 붙여봅니다.

"아침에 교실에서 만나 오늘처럼 서로에게 반갑게 인사하며 인사를 나눠봅시다. 우리의 인사가 우리 반과 학교로 인사가 퍼져 나갈거에요."

그렇게 나의 다정한 인사 한마디의 힘을 기억하며, 아침에 학교에 와서 친구들, 선생님들을 만나면 반갑게 인사를 나눠보기로 했습니다.

수업 이후 학교에서 오고가며 만나는 아이들은 제 이름을 부르며 반갑게 인사를 했습니다. 아이들의 인사에 저도 반갑게 답했습니다. 모두 다 같이 다정하게 건네는 인사, 별 거 아닌 것 같지만 아이들의 반가운 인사에 분위기가 환해집니다. 아이들과 인사를 주고받은 저도 왠지 모르게 고맙고 힘이 납니다. 사람과 사람 사이의 건강한 관계를 만들고 이어가는 첫출발인 인사를 수업을 통해 함께 배우니 학급을 넘어 번졌습니다.

친구들과 인사 놀이를 하며 그동안 못 했던 인사를 몰아서 했을지 모를 경수 같은 특수교육대상학생도, 우리 반 친구가 좋아하는 인사 방법이 있고, 사람마다 편안해하는 인사 방법이 다르다는 것을 알게 된 학생들도, 인사가 즐거운 것이라는 것을 조금이나마 맛보았다면 이 수업의 목적은 이룬 셈입니다.

교실에서 가장 소외되거나, 무척 내성적이어서 표현이 냉담한 학생의 이름을 먼저 불러 인사하고, 그 친구의 표정과 목소리가 풀리면 교실은 무척 밝아집니다. 인사로 만들어지는 서로 환대하고 긍정하는 분위기는 앞으로 계속되는 다양한 사회정서수업의 좋은 밑바탕이 됩니다.

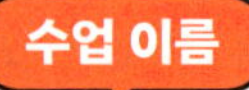

3장

우리 모두는 선물이야!

◆ **주제:** 자존감

◆ **목표:** 자신을 있는 그대로 바라보고, 친구의 이야기를 존중하며, 관계 속에서 서로를 소중히 여기는 마음을 기른다.

◆ **사회정서역량 영역** ◎(주) ○(부)

자기 인식	자기 관리	사회적 인식	관계 기술	책임 있는 의사결정
◎		○	○	

◆ **1~2학년 관련 교과 및 단원**

[국어 1-2-4] 감동을 나누어요. [통합-나] 나는 누굴까(p.44).

주제와 역량

"저는 운동을 잘해요." "저는 공부를 잘해요." "저는 반장이에요."

학교에서 학생들을 만나다 보면 스스로를 소개할 때 잘하는 것, 눈에 보이는 성과, 다른 사람에게 인정받는 부분을 중심으로 자신을 설명하는 경우가 많습니다.

이런 표현들이 나쁘다거나 틀렸다는 것은 아니지만, 때로는 그것이 자신을 바라보는 거의 유일한 기준이 되는 것처럼 느껴지면 마음 한편이 무거워집니다. 아이들이 자신의 강점을 분명히 인식하고 키워가는 것은 무척 중요하고, 강점기반 교육이 강조되는 시대적 흐름인 것도 분명합니다. 그러나 강점을 자신 안의 다양한 요소들 가운데가 아니라 타인과의 비교에서 찾거나, 주변(부모 또는 가까운 사람들)의 판단과 평가를 그대로 자기내면화하는 것은 아닌지 염려될 때가 많습니다.

요즘 학생들은 비교가 너무나 쉽게 이뤄지는 환경 속에서 자랍니다. 다른 친구의 모습과 자신을 비교하며 '나는 별로야.' '나는 특별한 게 없어.' 라고 스스로를 바라보는 학생들도 있습니다. 자아 개념이 형성되어 가는 1~2학년 시기에 이러한 감정은 자신을 있는 그대로 받아들이고 사랑하는 마음을 약화시킵니다. 어떤 학생들은 스스로를 부족한 사람이라고 믿기도 합니다. 이 또한 주변과의 비교 평가가 큰 영향을 끼쳤을 것입니다. 통합학급 안에서 특수교육대상학생들도 대부분 그렇게 인식합니다. 우리는 의도치 않지만, '잘하지 못하는 아이' '도움이 필요한 아이'와 같이 그 아이의 부족한 모습부터 먼저 보게 됩니다. 이런 인식이 일상에서 드러나면 아이가 스스로를 부정적으로 인식하게 합니다. 그렇기 때문에 이제 한창 자라나는 초등 1,2학년 학생들이 자신을 특정한 단어에 갇히지 않게 하고, 성장·발달하는 존재, 가능성이 충분히 많고 기회가 필요한 존재로 스스로를 낙관하도록 이끄는 것은 무척 중요합니다.

생명의 탄생은 어느 하나 가볍지 않습니다. 모든 시작에는 기다림과 경외가 있고, 축복이 있었습니다. 태어나기 전부터 누군가의 기다림과 사랑 속에 존재해 왔음을 돌아보는 경험을 통해 학생들은 잘하거나 뛰어나서가 아니라, 존재 자체로 이미 소중한 사람임을 느끼며 자신을 바라보는 시선을 다시 세우게 됩니다. 이러한 경험은 자신을 평가의 대상이 아닌 존중받아야 할 존재로 인식하게 하여, 사회정서학습에서 중요한 자기 인식 역량과 건강한 자존감 형성의 기초로 이어집니다. 그래서 학생들이 말이 아닌 경험을 통해 자신을 바라보는 시선을 다시 세울 수 있는 수업을 구상하게 되었습니다. 더불어 이 수업을 통해 지금 교실에서 어렵고 느려 보이는 친구 역시 처음부터 소중한 존재였고, 지금도 여전히 소중한 존재라는 사실도 학생들과 함께 이야기하고 싶었습니다.

수업과 활동

기다림 속에 피어난 선물 같은 존재, 바로 '나'

초등 저학년 시기에 형성되는 자기 인식은 자신을 바라보는 태도뿐 아니라, 친구와 관계를 맺는 방식에도 오래 영향을 미칩니다. 그래서 이 시기의 학생들에게 필요한 것은 누구보다 앞서야 한다는 경쟁심이 아니라 '나는 존재만으로 소중한 사람'이라는 안정된 마음의 기반을 쌓는 것입니다. 존재로서의 자신을 긍정적으로 인식하는 이러한 경험은 건강한 자존감과 긍정적인 또래 관계 형성의 출발점이 됩니다.

이 수업을 통해 잘하지 않아도, 특별하지 않아 보여도, 결과로 자신을 증명하지 않아도 존재만으로 이미 충분히 소중한 사람이라는 메시지를 심어주고자 했습니다. 이 메시지가 말로만이 아닌 학생들의 마음에 닿을 수 있도록 이야기와 경험을 중심으로 수업을 설계했습니다. 아이들의 마음을 여는 데는 따뜻한 분위기의 그림책이 참 좋습니다.《안녕, 행복》은 한 생명이 세상에 오기까지의 기다림과 사랑의 시간을 섬세하게 담고 있어, 학생들이 자연스럽게 '나는 사랑 속에서 자라온 존재'라는 감정을 느낄 수 있도록 도와줍니다. 따뜻한 발문, 친구와의 이야기 나눔, 이후에 점토로 '엄마 뱃속의 나'를 만들고 마음의 말을 전하는 활동으로 학생들이 있는 그대로의 자신을 소중히 여기고, 친구의 이야기에 귀 기울이며, 마음의 거리를 조금씩 가까이 하는 경험을 나누고자 했습니다. 그리고 이 과정 속에서 '나만이 아니라, 우리 모두가 서로에게 소중한 선물 같은 존재' 임을 깊이 느껴보기를 바랐습니다.

《안녕, 행복》, 송은미 글그림, 이루리북스(2023).

도입. 마음 열기 질문

이 수업은 학생들이 편안한 분위기 속에서 자신의 감정을 꺼내고, 서로의 이야기를 듣고 공감하는 분위기를 형성하는 것이 중요합니다. 마음 열기 질문은 기다림에 담긴 감정을 떠올리며, 사랑받는 존재로서 자신을 자연스럽게 인식하도록 만드는 데 도움이 됩니다. 짧은 질문과 나눔이지만 학생들이 마음을 열고 서로의 이야기에 귀 기울이며 이후 수업 활동을 위한 따뜻한 공감과 연결의 분위기를 만듭니다.

✦ 발문 예시

"누군가를 기다린 적 있나요?
- (아이들의 반응) "놀이터에서 친구 기다려 봤어요." "엄마 아빠 기다렸어요."

"그때 어떤 마음이 들었나요?"
- (아이들의 반응) "설레었어요." "가슴이 콩닥콩닥했어요." "행복했어요."

활동 1. 《안녕, 행복》 함께 읽기

그림책을 읽으며 아기가 엄마를 만나기까지 10개월의 성장 과정과 기다림의 감정을 살펴볼 수 있습니다. 이 그림책에는 초음파 사진(엄마 뱃속에서 아기가 자라온 시간의 기록)뿐만 아니라 임신 진단 테스트기, 산모 수첩, 임산부 배려 배지 등의 소품이 등장합니다. 초음파 사진과 이러한 소품들을 통해 학생들은 '나는 세상에 오기 전부터 사랑받았던 소중한 존재'라는 메시지를 보다 직관적으로 이해할 수 있습니다. 그림책을 읽으며 다음과 같은 이야기를 학생들과 나누어 볼 수 있습니다.

활동 2. 마음산책 : 태명 이야기 나누기

사전에 가정에서 부모님과 함께 작성해 오도록 한 태명 활동지를 활용합니다. 가정에서 활동지를 작성하며 태명과 그 뜻, 엄마 뱃속에 있었을 때의 에피소드, 그때의 부모님의 감정 등에 대해서 이야기 나누도록 안내하면 더욱 깊이 있는 나눔으로 이어집니다. 자신의 태명과 그 의미를 소개하도록 했습니다. 자신의 태명과 의미를 아는 것에서 그치지 않고, 친구들에게 표현하고 들려줌으로써 자신의 존재와 의미를 드러내도록 하는 것이 중요합니다. 그래서 학생들이 교실에서 자유롭게 이동하며 친구를 만나거나, 모둠별로 함께 하면서 친구들의 존재와 태명에 담긴 기대와 바람, 다양함을 확인하는 과정을 통해 타인을 이해하고 존중하는 것을 넘어, 자신을 보다 깊이 이해하도록 돕습니다.

친구의 태명 이야기를 들은 후에는 "너의 이야기를 들려줘서 고마워!"라고 인사를 나누도록 합니다. 이는 친구의 이야기를 존중하고, 관계를 따뜻하게 연결하는 중요한 과정입니다. 자신과 이야기를 들어 주는 친구가 서로 함께 존중받는 경험을 느끼게 됩니다.

활동 방법

1. 교실을 걸어다니며 친구를 만나 활동지를 보여주며, 자신의 태명과 의미를 소개한다. 그리고 상대의 태명과 의미 이야기를 듣는다.
2. 이야기를 들은 친구는 느낀 점이나 따뜻한 한마디를 전하며 스티커를 붙여준다.
3. 이야기 후 서로 "너의 이야기를 들려줘서 고마워!"라고 인사를 나눈다.
4. 새로운 친구를 찾아 반복하며 다양한 친구들과 만난다.

◆가정 연계 활동지(내가 엄마 뱃속에 있었을 때…) 예시
- 나의 태명은 ＿＿＿＿ 이었어.
- 나의 태명에는 ＿＿＿＿＿ 뜻이 담겨 있어.
- 그 이야기를 들었을 때 나는 ＿＿＿＿＿＿ 기분이 들었어.

활동 3. 점토로 '엄마 뱃속의 나' 만들기

이 활동은 (샌드위치 상자 같은) 작은 상자를 아기 침대처럼 꾸미고, '엄마 뱃속의 나'를 점토로 만들어 표현하는 활동입니다. 그림책 속 초음파 사진을 보고 떠올리며 느낀 따뜻함, 포근함, 기다림, 사랑의 감정을 점토 작업을 통해 손으로 느끼고 표현합니다. 학생들은 자신의 모습과 표정을 만들어보며, 마음속에 떠오른 감정을 천천히 바라보고 정리하는 시간을 갖게 됩니다.

1. 작은 상자를 스티커, 색연필, 꾸미기 재료 등을 활용해 아기 침대처럼 꾸민다.
2. 점토를 이용해 '엄마 뱃속의 나'를 만든다.
3. 말풍선 모양 포스트잇에 다음 질문에 대한 생각을 적는다.
   - 엄마 뱃속에 있던 나에게 부모님은 어떤 말을 들려주셨을까요?
   - 지금의 나는 엄마 뱃속에 있던 나에게 어떤 말을 들려주고 싶은가요?
4. 상자 바닥에 솜을 깔아 포근한 느낌을 더한다.
5. 완성된 점토 작품을 상자 안에 눕히고, 말풍선을 상자 안 또는 옆면에 함께 붙인다.
6. 작품을 보며 만들면서 떠올랐던 감정과 마음을 나눈다.

마무리. 우리 모두는 선물이야

점토 작품과 말풍선 메시지를 완성한 뒤, 오늘 경험을 돌아보며 스스로에게 따뜻한 격려를 건네는 시간을 갖습니다. 격려의 말 카드 중에서 '내가 듣고 싶은 격려의 말'을 선택해 스스로를 안아주는 자기돌봄(Self-compassion) 활동을 통해 존재 기반 자존감을 마음속에 깊이 남기는 경험을 하게 됩니다. 각자가 느낀 감정과 생각을 나누며 '나는 소중한 존재이고, 우리 모두는 서로에게 의미 있는 존재'임을 확인합니다.

활동 방법

1. 가장 기억에 남는 장면이나 느낌을 돌아가며 나눈다.

(말하기가 어려운 학생은 표정 또는 감정 단어 카드로 선택할 수 있다.)

2. 격려의 말 카드(예: 잘하고 있어 / 넌 충분해 / 사랑받고 있어 / 괜찮아 / 너라서 고마워) 중에서 마음에 닿는 문장을 고른다.

3. 그 말을 가슴에 안고 스스로를 안아준다.

4. "우리는 모두 소중한 선물입니다!"를 함께 외친다.

모두가 안전하게 수업에 함께할 수 있도록 하려면…

1. 표현 방식은 하나로 정하지 않습니다.

설명을 말로 하기 어려운 학생, 글쓰기에 부담을 느끼는 학생도 참여할 수 있도록 말풍선에는 문장 대신 단어, 그림, 스티커 선택 등 다양한 방식을 허용합니다. 이는 발화가 적은 학생이나 표현이 느린 학생도 자신만의 방식으로 수업에 참여할 수 있게 해 줍니다.

2. '완성도'보다 '참여의 과정'을 중심에 둡니다.

점토 작품의 모양이나 정답 같은 것에 기준을 두기보다 만지고, 고르고, 잠시 멈춰 생각하는 과정 자체가 의미 있는 활동임을 안내합니다. 결과 중심 활동에 부담을 느끼는 학생도 자신의 속도로 수업에 참여할 수 있어 통합학급에서의 참여 격차를 줄이는 데 도움이 됩니다.

3. 태명 활동지는 다양한 방식으로 참여할 수 있도록 합니다.

가정에서 태명을 적어 오지 못했거나 준비하지 못한 학생은 '내가 나에게 지어 주고 싶은 태명'을 직접 만들어 적을 수 있습니다.

수업 이야기

저도 초음파 사진 봤어요

그림책을 펼치자 학생들의 시선은 글자보다 그림 속에 등장하는 작은 소품들에 머무릅니다. 초음파 사진이 나오는 장면입니다.

"선생님, 저도 초음파 사진 봤어요."

그 말을 시작으로 교실은 금세 아이들 이야기로 가득 찼습니다.

"저도 봤어요."

"우리 집에도 있어요."

엄마의 휴대전화에, 액자에, 서랍에 고이 보관된 자신의 엄마 뱃속 사진은 학생들에게 부모님이 자신을 기다렸다는 기억과 자연스럽게 이어지게 했습니다.

산모 수첩과 임신 테스트기가 등장했을 때도 마찬가지입니다.

"우리 엄마도 아직 가지고 있어요."

그 순간, 그림책 속 물건들은 더 이상 이야기 속 소품이 아니었습니다. 학생들 각자의 기억과 만나며 그림책은 '읽는 이야기'에서 '내가 주인공이 되는 이야기'로 옮겨 주는 다리가 되었습니다.

저마다 다른 탄생의 이야기

그림책 속에서 예정일보다 조금 일찍 태어난 아기가 등장하는 장면에서 한 학생이 조심스럽게 자신의 이야기를 꺼냈습니다.

"저도 빨리 태어나서 인큐베이터에 있었대요."

그때 엄마, 아빠가 많이 걱정했다고 덧붙였습니다. 그 순간 학생들 모두 친구의 이야기에 귀를 기울이며, 누군가의 탄생이 언제나 같은 모습의 기쁨으로만 시작되지 않는다는 사실을 처음으로 마주하는 듯했습니다. 설명하지 않아도, 질문하지 않아도 교실 안에서는 친구의 이야기를 조용히 듣는 시간이 이어졌습니다.

너의 이야기를 들려줘서 고마워

사전에 가정에서 준비해 온 태명 이야기를 나누는 시간입니다. 이 활동에서 한 가지 약속을 더했습니다. 이야기를 들은 뒤에는 반드시 '너의 이야기를 들려줘서 고마워'라고 말하도록 했습니다. 학생들은 교실을 돌아다니며 친구를 만나 자신의 태명을 소개합니다.

"내 태명은 딱풀이야. 부모님이 딱 붙어있으라고 지어 주셨대."

"너의 이야기를 들려줘서 고마워."

"내 태명은 튼튼하고 건강하게 자라라고 튼튼이였대."

"나는 힘찬이. 엄마 뱃속에 힘차게 와서 아빠가 힘찬이라고 지어줬대."

"너의 이야기를 들려줘서 고마워."

서로의 태명과 의미를 건네는 순간 학생들은 자연스럽게 진지해집니다. 서로의 이야기를 말과 행동으로 소중하게 대하는 시간입니다.

태어나줘서 고마워

점토로 '엄마 뱃속의 나'를 만드는 시간이 되자 교실에는 즐거운 웃음과 집중된 에너지가 가득 찼습니다. 학생들은 점토를 손으로 천천히 만지며 자신의 모습을 만들고, 말풍선에 마음의 말을 적어 작품에 붙입니다. "선생님, 제 아기는 웃고 있어요." 하며 웃는 눈을 만들기도 하고, "이건 엄마랑 연결된 탯줄이예요." 하며 길게 탯줄을 만든 학생도 있었습니다. 자기가 만든 아기를 자랑하려고 "귀여워~, 얘들아~ 귀엽지?" 하며 자리에서 벌떡 일어나기도 했습니다. 학생들은 저마다 자신의 손끝에 집중하며 즐겁게 활동에 몰입합니다.

"지금의 나는 엄마 뱃속에 있던 나에게 어떤 말을 들려주고 싶어요?" 말풍선을 채워보라고 하자 잠시 생각에 잠겼다가 하나둘 적기 시작합니다.

"태어나줘서 고마워." "사랑해." "넌 정말 소중해."

짧은 문장이었지만 아이들은 그 말을 적으며 미소를 지었습니다. 그 문장들은 누군가에게 건네는 말이면서 동시에 자기 자신에게 처음으로 건네는 다정한 인사처럼 느껴졌습니다.

학생들 중에는 "엄마, 아빠! 저 키워주셔서 감사합니다."라고 쓴 친구도 있었지만, "죽지만 말고 태어나줘."라고 쓴 친구도 있었습니다. 아마 일찍, 작게 태어나 인큐베이터에 있었던 친구인 것 같았습니다. 마치 자신의 분신인 것처럼 마음을 담아 만들고, 애틋한 감정을 담아 쓴 것을 보며, 저도 교실 안의 모든 아이들이 저마다 귀하고 존중받아야 하는 존재라는 것을 새삼 느꼈습니다.

작품을 완성한 뒤 몇몇 학생들은 상자를 두 손으로 꼭 안고, 조심스럽게 가방에 넣어 집으로 가져갔습니다. 이 시간이 학생들이 자신에 대한 사랑을 마음 깊이 담아 오래 남게 될 것이라 느끼게 했습니다.

우리 모두는 이미 소중한 존재

특수교사로서 통합학급에서 하는 이 수업을 통해 자신만이 아니라 우리 모두가 소중한 존재임을 함께 이야기하고 싶었습니다. 서로 다른 모습과 속도로 살아가고 있지만, 우리는 모두 누군가의 기다림과 축복 속에서 태어났고 그 사실만으로도 충분히 존중받아야 할 존재라는 것을요.

한두 번의 수업으로 목표로 하는 아이들의 자존감이 만들어지기 어려울 수 있지만, 이 수업은 사랑하는 가족안에서 탄탄한 존재감, 태아에서 지금껏 성장한 자신이라는 자존감의 단단한 씨앗을 아이들 가슴에 심는 것으로 그 의의와 역할이 큽니다. 이 수업은 학생들에게 잘해서, 잘나서, 뛰어나서가 아니라, 존재 자체로 이미 가치 있는 사람이라는 감각을 남기도록 합니다. 자신을 (성과나 비교를 통해서가 아니라) 있는 그대로 바라보는 경험은 자기 인식 역량의 중요한 출발점이자, 이후 사회정서수업의 중요한 토대가 됩니다.

친구의 이야기를 듣고, "고마워"라는 말을 건네고, 서로의 작품을 바라보는 과정 속에서 학생들은 자연스럽게 관계 안에서 서로를 존중하는 방법을 연습하게 됩니다. 이는 관계 기술과 사회적 인식을 함께 키우는 경험으로 이어집니다. 통합학급에서 이런 이야기를 계속 나누는 이유도 여기에 있습니다. 자기 자신을 대하는 태도와 타인을 바라보는 시선이 교실 안에 머무르지 않고, 학생들의 일상과 관계 속에서도 더 따뜻하게 오래 이어지기를 바랍니다.

4장

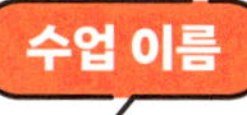

나에게는
어떤 꽃이 필까?

◆ **주제:** 긍정적 자기 인식

◆ **목표:** 지금의 나를 돌아보고, 내 모습을 꽃으로 표현해 본다.

◆ **사회정서역량 영역** ◎(주) ○(부)

자기 인식	자기 관리	사회적 인식	관계 기술	책임 있는 의사결정
◎			○	

◆ **1~2학년 관련 교과 및 단원**

[국어 1-2-4] 감동을 나누어요. [국어 1-2-8] 느끼고 표현해요.

[통합-나] 이렇게 자랐어요(p.48).

주제와 역량

"게임이요." "친구요." "먹는 거요!"

초등 1~2학년 학생들에게 좋아하는 것을 물으면 답이 금방 나옵니다. 하지만 무엇을 잘하는지, 기분이 좋을 때와 나쁠 때는 언제인지를 물으면 "잘 모르겠어요."라고 대답하는 경우가 많습니다.

이제 막 학교라는 사회에 들어온 초등 저학년 학생들은 친구들과 함께 생활하며 '잘하는 아이' '느린 아이'라는 비교를 시작합니다. 아직 자신이 어떤 사람인지 알아차리는 힘이 충분히 자라지 않아서, 스스로를 '나는 잘 못하는 아이'라고 쉽게 결론내 버리기도 합니다. 그래서 이 시기에는 자신을 쉽사리 단정 짓지 않도록 '나는 어떤 사람인지, 어떤 모습으로 자라갈 수 있는지'를 알아보는 경험이 필요합니다. 자신의 강·약점을 넘어 자신의 다양한 측면과 성장가능성을 아는 힘이 바로 자기 인식 역량입니다.

초등 1~2학년 시기의 아이들은 어떤 상황에서 자신이 의식하기도 전에 반응하는 감각, 그에 따르는 감정들에 압도되거나 그것이 마치 전부인 듯 느낄 수 있습니다. 그래서 자신에게 찬찬히 집중해보고, 생각해보도록 하는 것이 필요합니다. 이 시기에는 자신이 좋아하는 것과 잘하는 것, 아직 어려운 것 등을 알고, 기분이 좋을 때와 속상할 때의 감정과 마음을 스스로 알아차리는 힘을 키우는 과정이 중요합니다. 이 과정을 통해 자신이 앞으로 성장할 수 있다는 것과, 친구들 역시 모두 변화할 수 있다는 사실을 알게 됩니다.

자기 자신을 아직 잘 모르는 초등 1~2학년 학생들은 작은 일에도 쉽게 속상해하고, 친구의 말에 기분이 크게 흔들리기 쉽습니다. 그래서 자신의 마음을 말로 표현하기보다 울거나, 화를 내거나, 친구를 밀거나, 토라지는 모습으로 드러내기도 합니다. 자신의 상태나 마음을 "이건 조금 어려워요." "이건 아직 잘 못하지만, 저건 잘 할 수 있어요."와 같이 말로 표현할 수 있게 되면, 아이가 스스로를 이해하고 조절할 수 있는 힘을 갖기 시작했다는 신호로 볼 수 있습니다. 이처럼 현재 자신의 수준을 제대로 이해하는 것은 다음 단계의 도전과 성장, 배움을 촉진하는 튼튼한 기초가 됩니다.

자기 자신을 긍정적으로 인식하는 기초 위에서 사회적 인식, 관계 기술, 책임 있는 의사결정과 같은 역량들로 확장되기 때문입니다. 이러한 자기 인식 역량을 쌓는 연습을 할 수 있는 가장 중요한 공간이 바로 교실입니다. 그래서 저는 교실에서 아이들이 자기가 무엇을 잘하는지를 말하는 데서 멈추지 않고, 자신을 더 넓은 측면에서 건강하게 인식할 수 있도록 돕는 수업이 필요하다고 생각했습니다.

수업과 활동

우리가 만나는 학생들은 '비교의 시대'를 살고 있습니다. 겉으로 보기에는 자존감이 넘치는 것 같아 보여도 조금만 들여다보면 아주 좁은 땅 위에 위태롭게 서 있는 아이들이 많습니다. 사람은 포용적인 환경과 친밀한 관계를 통해 자신이 선 땅이 넓어질 때 비로소 안전을 느낍니다. 친밀한 관계는 자기 자신을 건강하게 바라보는 바탕 위에서 자라납니다. 건강한 자기 인식은 곧 타인 인식에 영향을 미칩니다.

교실에서 목소리가 크고 자신의 기분을 거침없이 표현하는 학생들을 조금만 자세히 들여다보면, 그 안에는 오히려 자신에 대한 부정적 인식이나 위축된 마음이 보이곤 합니다. 어떻게 하면 이런 아이들이 자신을 건강하게 인식하게 할 수 있을까? 고민하던 어느 날, 그림책《꽃이 필 거야》를 만났습니다. 책에 등장하는 꽃들은 우리가 흔히 떠올리는 화려한 꽃이 아니었습니다. 장미도, 튤립도 아닌 고구마꽃, 무꽃, 양파꽃, 시금치꽃 같은 채소꽃이었습니다. 우리는 매일 채소를 먹고 그 채소가 식물이라는 것까지는 생각하지만, 꽃이 핀다는 사실은 거의 떠올리지 않습니다. '우와, 양파꽃이 이렇게 예쁘다고?' '무에도 꽃이 있었구나.' '시금치에도 이런 낭만이 숨어 있었네.' 감탄하며 책을 읽던 저는 마지막 페이지에서 "너에게는 어떤 꽃이 필까?"라는 질문 앞에 한동안 머물렀습니다. 그 질문은 어느새 저를 향했습니다. '나에게는 어떤 꽃이 필까? 어쩌면 이미 피었을까? 아니면 피었다가 졌을까?' 그러다 아이들에게로 이어졌습니다. 아침마다 아이들을 맞이하며, 또 수업 중에 저를 바라보는 아이들의 얼굴을 보며 이 질문이 마음속에서 자꾸만 맴돌았습니다.

'○○아, 너에게는 어떤 꽃이 필까?'

이 질문은 통합학급의 모든 학생들에게로 이어졌습니다. 저학년 교실, 특히 외동이 많은 학급에서는 '선생님의 시선'을 두고 아이들 사이에 보이지 않는 경쟁이 있습니다. 선생님의 관심이 다른 친구에게 향할 때 질투를 느끼는 모습도 종종 보게 됩니다. 하지만 함께 살아가기 위해서는 질투를 줄이고, 그 자리에 공감을 채워야 합니다. '너보다 내가 더 잘해야 해'라는 질투를 '내가 귀한 만큼, 너도 귀하다'는 공감으로 바꾸는 것이 필요했습니다. 그래서 저는 아이들에게 "나도 꽃이고, 너도 꽃"이라는 말의 의미를 알려주고 싶었습니다. 비교하지 않아도 이미 충분히 예쁜 존재라는 것, 서로를 잘 들여다보아야 한다는 것을 아이들의 마음에 남기고 싶었습니다. 통합학급에는 겉으로 독특함이 두드러지거나, 교실에서 위축되거나, 소외되어 보이는 친구가 있을 수 있어서 더욱 필요하다는 생각이 들었습니다.

그래서 저는 이 수업을 통해 아이들 한 명 한 명에게 말해주고 싶었습니다. "시금치도 꽃이 피고, 무도 꽃이 피듯이 너희도 언젠가는 너희만의 꽃이 필 거야."

《꽃이 필거야》, 정주희 글그림, 북극곰(2023).

도입.

그림책을 읽을 때는 천천히 들어가고 천천히 나오는 것이 좋습니다.

바로 본문으로 들어가기보다 표지를 보며 이야기를 나눕니다. 제목은 무엇인지, 작가는 누구인지, 그림에 무엇이 보이는지, 어떤 내용이 나올 것 같은지 등등의 이야기는 학생들이 그림책을 더 흥미롭게 읽을 수 있도록 돕습니다. 면지도 그냥 지나칠 수 없습니다. 면지를 펼쳐두고 작은 그림들을 하나하나 살펴보며 이야기를 나눈 후에 본문으로 들어갑니다.

활동 1. 그림책 함께 읽기

《꽃이 필 거야》그림책을 함께 읽습니다. 함께 읽을 때에는 실물화상기나 이북을 활용해 화면에 보여주며 읽습니다. 빅북을 준비할 수 있다면 실물 그림책으로 보여주기도 합니다.

그림책을 읽을 때는 다양한 채소꽃과 그 채소꽃에 대한 재미있는 표현들을 찾으며 읽습니다. 시간이 넉넉하다면 아이들과 함께 장면을 몸으로 표현해보거나, 가장 재미있었던 표현이나 장면에 대해 이야기 나눠보아도 좋습니다.

활동 2. 나에게는 어떤 꽃이 필까?

그림책을 다 읽을 때면 '너에게는 어떤 꽃이 필까?'라는 마지막 질문을 화면에 띄우거나 칠판에 적어두고 이야기를 나눕니다. 저학년 학생들에게는 이 질문이 다소 막연하게 느껴질 수 있어, 구체적인 질문을 덧붙여 줍니다. 학교에서의 자신의 모습, 자주 느끼는 기분, 친구와 함께 있을 때의 모습 등을 차분히 떠올리게 한 뒤, 이러한 모습들이 모이면 어떤 꽃이 될지 생각해보도록 충분한 시간을 줍니다.

지금의 자기 모습에 대해 충분히 이야기를 나눴다면, 자기 모습을 꽃으로 표현해보자고 안내하며, 학생들에게 꽃 도안을 제공합니다. 꽃을 꾸밀 때에는 자기 모습을 꾸미는 것이므로 '표정이 있는 꽃'을 그리도록 합니다. 단순히 예쁜 꽃이 아니라 자기 모습을 꽃으로 표현하는 것이기에 다양한 표정을 그려 넣어 꾸며 볼 수 있도록 안내합니다.

활동 3. 나에게 피어난 꽃 소개하기

꽃으로 자신을 표현하고 꾸며 보는 활동으로 마무리할 수도 있지만, 조금 더 나아가 서로의 이야기를 들어보는 시간으로 확장할 수 있습니다. 자신의 꽃을 소개하거나, 친구의 꽃을 보며 느낀 점을 말해 보도록 합니다.

모두가 안전하게 수업에 함께할 수 있도록 하려면…

1. 꽃을 꾸밀 때 다양한 꾸미기 재료를 준비해주면 좋습니다. 색칠을 빠르게 끝내는 학생들에게는 스티커, 오리기 자료 등의 재료를 추가로 제시해 활동 속도를 자연스럽게 맞출 수 있습니다. 이렇게 선택지를 넓혀주면 '빨리 끝낸 학생'은 지루해지지 않고, '천천히 하는 학생'은 조급해지지 않아 각자의 속도가 존중되는 분위기를 만들 수 있습니다.

2. 학생들이 완성한 꽃을 한 사람씩 오려 '우리 반 텃밭'을 꾸며 볼 수도 있습니다. 개별 작품이 교실 한쪽에 모이면 '내 꽃'이 아니라 '우리 반 꽃밭'으로 확장되며 수업을 공동체의 경험으로 마무리지을 수 있습니다.

3. 특수교육대상학생이나 느린 학습자의 경우 추상적인 질문을 어려워할 수도 있습니다. 이때 질문이 학생들에게 부담이 되지 않도록 두세 가지 선택지를 제시하거나, 예시를 함께 보여 주면 편안하게 참여할 수 있습니다. 예를 들면 '어떤 꽃이 필까?'라는 질문에 평상시에 학생의 특성을 잘 알고 있는 교사가 미리 '잘 웃는 꽃' '씩씩한 꽃' 등 학생이 선택할 수 있는 예시를 제시해 줄 수 있습니다.

4. 수업 활동 중에 모든 학생이 말이나 행동으로 반응하지 않을 수도 있습니다. 소극적이거나 반응을 크게 보이지 않는 학생의 시선, 몸짓, 선택을 교사가 짧게 짚어주는 것만으로도 참여의 의미가 분명해질 수 있습니다. 예를 들어 그림책을 읽는 중, ○○이(특수교육대상학생)가 말을 하지 않지만 화면을 향해 몸을 기울이며 그림을 오래 바라보고 있다면, "○○이가 꽃 그림을 아주 자세히 보고 있네요." 같이 말로 짚어줄 수 있습니다.

이와 같은 말은 ○○이에게 지금의 모습 그대로도 수업에 참여하고 있다는 의미를 전달해 줍니다. 동시에 다른 학생들에게도 참여의 방식은 하나가 아니라는 것을 알려줍니다. 중요한 점은 행동의 의미를 해석하거나 평가하지 않고, 보이는 사실만 짧게 언어로 읽어주는 것입니다. "집중을 잘하고 있어요." "열심히 하네요."와 같은 평가는 피하고, 보고 있거나 머물러 있는 장면을 그대로 말해 줍니다.

이러한 교사의 언어가 반복되면, 말로 표현하기 어려워하는 학생도 교실 안에서 '아무것도 하지 않는 학생' '보이지 않는 학생'이 아니라 함께 수업에 참여하고 있는 참여자로 인식됩니다. 이는 소극적인 학생의 참여를 넓히는 동시에, 학급 전체에 안전하고 포용적인 학습 분위기를 만들어 줍니다.

수업 이야기

수업을 시작하고 화면에 《꽃이 필 거야》의 표지 그림을 띄워주면, 그림책을 펼치기도 전에 아이들의 반응이 먼저 터져 나옵니다. "오이네!" "오이꽃이다!" 하고 외치는 아이들이 있고, 가려 둔 제목을 맞히겠다며 손가락을 꼽아 글자 수를 세는 아이들도 있습니다. 책을 읽어 주기 전에 이미 교실 안은 작은 소란과 기대가 함께 번집니다. 이 짧은 순간으로도 아이들이 이야기에 들어올 준비가 되었음을 느낄 수 있습니다.

이어서 질문을 던져봅니다.

"여러분, 혹시 무를 먹어 본 적 있나요?"

"네~~" "저 깍두기 좋아해요."

"그럼 무꽃을 본 적 있나요?"

"어? 무에 꽃이 있어요?"

"저는 할아버지 집에 갔을 때, 본 적 있어요!"

이야기는 시금치와 당근, 양파로 자연스럽게 이어집니다. 그림책을 읽는 동안 (땅속에 있어 눈에 띄지 않고) 먹는 부분만 익숙했던 채소들이 사실은 꽃을 피운다는 이야기에 아이들은 눈을 동그랗게 뜨며 호기심을 보입니다. 사람들에게 잘 보이지 않아도 무와 당근, 고구마 같은 채소들도 아름다운 꽃을 피운다는 사실을 알게 됩니다. 예상과 달리 많은 아이들이 채소꽃을 본 적이 있다고 합니다. 도시 학교라 채소꽃을 본 경험이 많지 않을 거라 짐작했는데, 시금치와 당근, 양파 이야기까지 이어지며 아이들은 저마다의 기억을 꺼내 놓습니다.

교실 한쪽에서 조용히 책상만 보고 있던 특수교육대상학생 지원이도 고구마와 감자 이야기가 나오자 고개를 듭니다. 그 순간을 놓치지 않고 "지원이가 고구마 좋아하는구나. 작년에 선생님이랑 고구마 캐본 적도 있었죠?" 하고 지나가듯 말을 건네봅니다. 지원이는 대답하지 않았지만, 교실에 함께하는 한 사람으로서 존재를 드러내는 것으로도 의미 있을 것입니다. 지원이는 그 뒤로도 간혹 익숙한 채소가 나오면 고개를 들고 그림책을 보곤했습니다. 말은 없었지만, 이 수업과 의미가 지원이에게도 이어지고 있었습니다.

재미있는 표현과 예쁜 그림이 있는 그림책을 다 읽을 즈음 마지막 질문에 도착합니다. '너에게는 어떤 꽃이 필까?'

질문이 던져진 교실은 잠시 조용해집니다. 몇몇 학생은 고개를 숙이고, 몇몇은 주변을 살피며 쉽게 말을 꺼내지 못합니다. 아마도 이 질문을 '내가 무엇을 잘하는지 말해야 하는' 시간으로 받아들인 것 같습니다. 빠르게 손을 들었던 학생도, 막상 차례가 오자 말을 멈추고 "음…" 하며 머뭇거립니다. 아직 어린 학생들에게 자신을 형상화하는 꽃을 이야기하는 것은 무리일 수 있습니다. 하지만 자신과 자신이 좋아하거나 예쁘다고 느낀 꽃과 연결하는 상상만으로도 충분히 의미 있습니다. 그래서, 아이들에게 긍정적 자기 인식과 앞으로 꽃피울(성장할) 모습을 몇 가지 미리 준비해 들려주었습니다.

'잘 웃는 꽃' '다정한 꽃' '함께하는 꽃' '조용한 꽃' '천천히 자라는 꽃' …. 이런 모습을 천천히 같이 읽으며 잘하는 것이 아니라, 자기 모습을 그대로 나타내는 표현이면 된다는 설명을 곁들입니다. 학생들의 얼굴이 이제 조금씩 풀어집니다. '아, 꼭 뭔가 잘하는 걸 말해야 하는 건 아니구나.' 하는 안도의 표정도 보입니다.

"선생님은 사실 실수를 정말 많이 해요. 그런데도 계속 배우려고 해요. 그래서 선생님은 '도전하는 꽃'인 것 같아요."

제가 먼저 시범을 보이자 곧 이어 한 학생이 조심스럽게 말합니다.

"저도요. 저도 도전하는 꽃이에요."

그러자 옆에 있던 학생들도 이어 말합니다.

"저는 씩씩한 꽃이요."

"저는 잘 웃는 꽃이요!"

"저는 용기 있는 꽃이요."

처음에는 이야기하기 어려워하던 학생들이, 어느새 친구들의 말을 들으며 자신의 꽃을 찾아갑니다. 누군가는 '달리기를 잘하는 꽃'을 떠올리고, 누군가는 '그림을 잘 그리는 꽃'을 이야기합니다. 잘한다는 말이 부담이 되던 학생들도, 이제는 자신의 모습을 있는 그대로 말합니다.

이런 이야기를 나누는 동안 무엇보다 중요한 것은 학생들이 이 교실이 안전한 공간이라고 느끼는 것입니다. 어떤 이야기를 하더라도 부끄럽지 않고, 있는 그대로 받아들여질 수 있다는 신뢰가 있어야 학생들은 자신의 생각을 가감없이 표현할 수 있기 때문입니다.

이야기를 충분히 나누고 나서 꽃으로 그려 표현해보도록 했습니다. 그림을 그리는 동안에도 아이디어와 이야기가 계속 솟아납니다.

"저는 예쁜 말 잘하는 꽃이 필거니까, 옆에다 예쁜 말 써도 돼요?"

"선생님~ 저는 친구들 잘 웃게 하는 꽃이니까 표정 웃기게 그려도 돼요?"

간단한 꽃 도안만 제시했을 뿐인데, 학생들은 자신에게 피어날 꽃을 상상하며 저마다의 꽃을 정성껏 그려 냅니다. 그 모습을 보고 있으면 교실 가득 예쁜 꽃들이 피어날 장면을 떠올리게 됩니다.

지원이도 간단한 꽃 도안에 색칠을 하고, 주변에 자기가 좋아하는 것들을 잔뜩 그려 놓았습니다. "우와~ 우리 지원이는 그림을 잘 그리는 꽃이네" 하고 말해줍니다. 씩 웃는 지원이의 모습과 지원이 꽃을 보며 친구들이 한 마디씩 칭찬을 건넵니다. "멋지다~" "잘 그렸네."

예쁘게 그려진 다양한 꽃들을 칠판 앞에 붙여 두고, 학생들 한 명 한 명의 눈을 바라보며 이야기를 건넵니다. "여러분은 지금 새싹이에요. 어느 날 선생님이 교실에 들어오면 깜짝 놀랄지도 몰라요. 너무 예쁜 꽃들이 피어 있을 테니까요."

새싹이며 꽃이 필 거라는 교사의 말을 들으며, 학생들은 쑥스러운 듯하면서도 해맑은 미소를 보입니다.

이 수업을 통해 학생들은 '잘하는 것'이 아니라, 지금의 '나를 있는 그대로' 말하고 표현해도 괜찮다는 경험을 합니다. 꽃이라는 비유는 학생들이 자신을 평가하지 않고, 탐색할 수 있는 안전한 언어가 되어 주고, 교실은 비교의 공간이 아니라 서로의 다름을 알아보고 품어주는 장소가 됩니다. 이 경험 속에서 학생들이 자신의 모습이 그대로 괜찮다는 것을, 또 우리는 서로 다른 모습이지만 함께 어우러질 수 있다는 사실을 마음에 담았기를 바랍니다.

5장

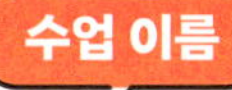

내 안의 자라나는 힘을 찾아요

◆ **주제:** 성장

◆ **목표:** 나의 성장을 이해하고, 스스로 미래를 선택하는 힘을 기른다.

◆ **사회정서역량 영역** ◎(주) ○(부)

자기 인식	자기 관리	사회적 인식	관계 기술	책임 있는 의사결정
○	◎			

◆ **1~2학년 관련 교과 및 단원**

[통합-하루] 소중한 하루(p.52). [통합-하루] 실천하는 하루(p.54).

[통합-나] 멋진 나(p.46).

주제와 역량

"선생님 손 높이요! 더 높이요!"

복도를 지나가다 아이들과 하이파이브를 하며 인사할 때가 있습니다. 하이파이브를 하며 손과 손이 딱 맞닿는 순간, 슬쩍 손의 위치를 높여봅니다. 그러면 까르르 웃으며 더 높여달라고 아우성입니다. 저는 한마디를 건넵니다.

"이야~ 너 지난달보다 조금 더 큰 거 같은데?"

그러면 보건실로 쏘옥 들어가며 "키 재러 왔어요!" 하고 외치는 소리가 들려옵니다. 잠시 후, 도움실 문이 빼꼼 열리며 활짝 웃는 얼굴이 고개를 내밉니다.

"선생님 0.3cm 컸어요!"

보건 선생님이 덩달아 바빠지시지만, 아이들이 자라나는 모습을 이렇게 가까이에서 느낄 수 있다는 것은 초등학교에서만 누릴 수 있는 축복인 듯합니다.

교실 안 학생들은 몸이 자라듯 마음도 자랍니다. 하지만 몸과 달리 마음의 성장은 키처럼 눈으로 볼 수 없습니다. 그래서 학생들의 마음이 얼마만큼 성장했는지, 어느 부분을 도와줘야 하는지 교사조차 놓치는 경우가 있습니다. 물론 학생 스스로도 자신의 성장을 알아차리지 못하는 경우도 많습니다. 초등 1~2학년 학생들은 자기 마음을 알아차리지 못해 쉽게 삐지고, 감정이 말과 행동으로 툭툭 튀어나옵니다. 그러다 친구 관계에서도 실수를 하고 또 하고 반복되기도 합니다.

자기 관리는 자신의 감정을 알아차리고, 그 감정을 조절하며, 충동을 다스리고, 목표를 향해 스스로 이끌어 가는 힘입니다. 학생들이 스스로 자기를 다루는 연습을 충분히 한다면 '나'와 '타인'(친구, 부모, 교사)과 '상황'을 대하는 방법을 배워가게 됩니다. 누군가를 도울 힘이 생기고, 힘들 때 잠시 숨을 고르는 방법을 찾아가며, 노력의 결과와 힘을 알아차리는 짜릿함은 성장의 발판이 됩니다. 학생 스스로가 자신의 몸과 마음이 자라는 과정을 느끼고, 삶을 살아가는 목표를 설정해 가는 경험을 통해 자기 관리를 익히는 수업이 필요한 이유라고 할 수 있습니다.

수업과 활동

이 수업은 그림책《진정한 일곱 살》을 활용하여 '성장하는 나'를 보는 자기성찰 수업입니다. 과거의 나(7살)를 돌아보며, 현재의 나(9살)를 이해하고, 기대되는 미래의 나(10살)를 그려 보며 필요한 노력들을 스스로 찾아보게 됩니다.

책은《진정한 일곱 살》이지만, 2학년이 된 친구들에게는 '진정한 10살'이 되어보는 경험으로 확장할 수 있습니다. 함께 한 동네에서, 또는 한 반으로 지내온 친구들과 서로의 성장을 확인해 보는 시간이 되기도 합니다. 학생들은 긍정적인 친구 관계를 위해 자신이 성장시켜야 할 마음의 기술들을 친구들과 다짐하고, 친구들에게 응원을 받습니다.

과거를 돌아보는 활동은 나는 자라고 있고, 앞으로도 몸과 마음이 더 멋지게 자랄 수 있으며, 그 성장은 내가 선택한 노력들로 만들어진다는 정서적 몰입으로 자연스럽게 이끕니다. 자신이 멋지게 성장하는 모습을 그려 보는 아이들의 눈빛은 수업을 준비한 보람을 느끼게 합니다.

이러한 경험을 통해 학생들은 내일의 나로 성장하기 위해, 스스로 자신을 관리를 할 수 있는 힘을 이미 가지고 있음을 깨닫게 됩니다. 내가 성장하며 변화해 갈 '마음의 지도'를 들고 오늘의 나를 안전하게 이끌어 가는 법, 실수한 뒤에도 다시 일어날 수 있는 법, 지금은 조금 부족하더라도 다시 시작할 수 있는 방법을 배워가도록 수업을 준비했습니다.

《진정한 일곱 살》, 허은미, 오정택, 만만한책방(2017).

활동 1. 그림책 함께 읽기

《진정한 일곱 살》의 면지에 적힌 문장으로 이야기를 시작합니다.

'이 세상에는 하늘의 별만큼 들의 꽃만큼 수많은 일곱 살이 있어요. 하지만 진정한 일곱 살은 그렇게 많지 않아요.'

이 문장은 묘한 도전의식을 들게 합니다. 책 속에는 아이들 누구나 한 번쯤은 고민하고 겪어 봤을, 잔소리를 들었거나 혼이 났을 법한, 혹은

한 번쯤 도전해 보고 싶었을 그런 일들이 있습니다. '내가 그려도 저렇게
는 그릴 수 있겠다!'라는 생각이 들게 하는 낙서 같은 그림체도 흥미를
불러일으킵니다. 글이 아니더라도 그림만으로도 충분히 재미있게 다가
갑니다. 그림만 있는 장면에서는 '무슨 일들이 일어났을까?' '무슨 대화
가 오고 갔을까?'를 두고 설전도 일어납니다. 부모님들께 많이 혼났던 아
이들, 잔소리를 꽤나 들어봤구나 싶은 아이들, 위로와 격려가 충분했던
아이들 모두 마지막 장에서 가슴을 쓸어내리며 다행스러워합니다. 도망
갈 내년이 있다는 것을 알게 되기 때문입니다.

활동 2. 7살의 나 vs 9살의 나

그림책의 주인공은 내가 아닌데 나인 것 같은 매력으로 다가옵니다.
주인공이 겪는 일들은 마치 내가 한 일과 같거나 아주 비슷한 경험들이
기 때문입니다. 그래서 학생들은 이미 속으로 낄낄거리며 자기 모습을
떠올려 생각합니다.

"내가 유치원 때, 혹은 1학년이었을 때, 무언가를 했었는데 조금 힘
들거나 어려웠던 일들이 있었나요? 무엇이었나요?"라고 물어보면 판서
가 어려울 정도로 쉴 새 없이 쏟아져 나옵니다. 그리고 후반부로 갈수록
제법 의젓한 말들이 나옵니다.

"진정한 9살이 된 내가 잘 하게 된 일, 하기 쉬워진 일은 무엇이 있나
요?" "진정한 10살이 되면 지금보다 더 쉬워질 일들이나 더 잘하게 되는
건 무엇이 있을까요?"

2학년 학생들은 자기중심성에서 확장되어 친구들과의 관계성에 초

7살의 나	9살의 나
<ul><li>공부 못했어요. 더하기 같은 거요. ('어? 나는 더하기 했었는데!'라고 말하는 친구들은 꼭 나옵니다.)</li><li>자전거 타기 못했어요.</li><li>누나를 도와주는 일을 잘 못했어요.</li><li>그림 그리기 못했어요.</li><li>야채 먹는 거 싫어했어요</li><li>매운 거 먹는 거를 잘 못했어요.</li><li>친구랑 사이좋게 노는 거 잘 못하고 혼자 놀았어요.</li><li>맨날 말 못 하고 울고 떼썼어요.</li><li>선생님 말 잘 듣기 못했어요.</li></ul>	<ul><li>공부요. 더하기 빼기 구구단(혹은 나눗셈까지) 할 수 있어요.</li><li>이제 자전거 잘 타요.</li><li>누나를 도와주는 일을 좀 더 잘하게 됐어요.</li><li>초록초록(야채)을 더 잘 먹게 됐어요.</li><li>마라탕을 먹게 됐어요.</li><li>친구들과 사이좋게 놀려고 해요.</li><li>달리기, 축구를 잘하게 됐어요.</li><li>가위질 잘하게 됐어요.</li><li>티라노사우르스 그릴 수 있게 됐어요.</li><li>종이접기 잘해요.</li><li>발표를 잘하게 됐어요.</li></ul>

점을 두기에 '친구와의 관계를 위해 할 수 있는 일'들을 물어봅니다.

활동 3. 우정아이템을 장착하고 레벨업!

학생들이 친구와의 관계를 위해 진정한 10살이 되면 더 잘하고 싶은 일과 그러기 위해서 노력해야 할 일들에 대해 발표를 합니다. 마치 정말 10살이 되어서 그 일을 이미 성공적으로 해 낸 것 같이 자신있게 발표합니다. 발표를 마친 친구들에게 '넌 잘 해낼 거야!'라는 마음을 담아 "○○아 응원해!"를 외치며 우정 아이템(스티커)을 붙여 줍니다.

"우정 아이템을 받고 나니 어떤 생각이 드나요?"

"친구가 응원해주니 기분이 어떤가요?"라는 질문과 학생들의 대답으로 수업을 마무리합니다.

모두가 안전하게 수업에 함께할 수 있도록 하려면…

1. 보건 선생님의 도움을 받아 키와 몸무게 성장 그래프나 아이들의 사진을 비교해서 시각적인 정보를 제공하면 아이들이 더 흥미를 느낄 수 있습니다.

2. 2학년 말에 이 수업을 하게 되면, 글로 쓰는 게 편해서 글로 자신의 계획을 써보고 발표하는 활동을 할 수 있습니다. 1학년이나 학기 초에 이 수업을 하게 되면, 그림을 그리면서 성장하는 자신의 모습을 기대하는 것에 몰입할 수 있습니다. 교실에는 특수교육대상학생을 비롯해 친구들이 볼 때 변화를 느끼기 어려운 학생들이 있을 수 있습니다. 그럴 땐 교사가 먼저 그 친구의 성장·변화하는 예를 들어주면, 본인 스스로도, 친구들도 함께 서툰 학생의 변화하고 성장하는 모습을 찾아 볼 수 있습니다.

3. '잘했어'보다 '자라고 있네'라고 말하고, 결과에 대한 칭찬보다 '전보다 쉬워졌구나' '그때보다 더 마음을 조절하는 걸 선택했네'와 같이 변화를 성장의 언어로 짚어 주면 학생들은 스스로의 성장을 인식하기 쉬워집니다. 우정의 스티커는 보상이 아니라 자라고 있는 과정에 함께하는 격려입니다.

4. 특수교육대상학생 중에는 시간 개념이 어려운 친구들이 있습니다. '1년 뒤, 또는 3학년이 되면'이라는 표현을 말로는 이해하기 어려운 경우도 있기 때문에 보다 직관적인 시각 자료를 활용하면 좋습니다. 돌 무렵의 사진, 1학년 입학 당시의 사진, 현재의 모습, 그리고 성인이 되었을 미래의 모습을 합성한 사진으로 보여주며 시간의 흐름과 성장을 느끼도록 도울 수 있습니다.

수업 이야기

이 수업은 이 그림책을 알게 된 후부터 특수학급, 통합학급 할 것 없이 아이들과 꾸준히 즐겁게 읽으며 진행해오고 있습니다. 개구리 올챙이 적 시절을 떠올리듯, 아이들이 자신의 '어릴 적 나'를 이야기하며 추억에 잠기는 모습을 보고 있자면 웃음이 절로 나오기도 합니다. 유치원 때 하지 못했던 일들, 지금은 제법 잘 하게 된 일들을 떠올려보자고 하면 칠판 가득 써 내려 갈 만큼 학생들은 자신의 이야기를 꺼냅니다. 약을 잘 먹게 된 것 같은 아주 소소한 이야기부터, 풍선껌으로 풍선을 불 수 있게 되었다는 생각지도 못한 이야기까지 다양합니다. 자신의 변화를 하나하나 떠올리며 생각해내는 아이들의 모습이 참 사랑스럽습니다. 무엇보다 아이들이 자신의 경험과 감각, 감정, 생각을 주저 없이 표현하니 수업에 모두가 참여하며 왁자지껄 즐겁게 펼쳐집니다.

"10살이 되면 웃으면서 같이 놀자고 말할래요. 그러기 위해 나는 더 안 울고 눈물을 참을 거에요." 맨날 말보다 눈물이 먼저 나오는 가을이의 "조금 덜 울래요"라는 발표에 친구들과 담임 선생님은 감탄의 눈빛을 보냅니다.

"10살이 되면 친절하게 말하고 싶어요. 그러기 위해 화를 참겠어요."

"10살이 되면 양보하기를 할 거예요. 그러기 위해 친구들에게 잘 나눠줄 거예요."

발표하는 학생들의 이야기를 들으며 '2학년 때는 80번 울었으니 3학년 되면 50번만 울자!' '나도 화 참기 어려운데… 그 어려운 걸 하겠다니 대견하다.’ ‘아… 스스로 자기 욕심을 내는 것을 알고 있구나.’라는 생각들을 하게 됩니다. 놀라운 점은, 아이들 스스로도 자신의 마음을 알고 있다는 것입니다. 자기 마음을 인식하고 조절하려는 자기 관리의 출발점을 확인하는 순간입니다.

수업 중 아이들이 종종 묻습니다.

“선생님은 진정한 몇 살이에요?”

“선생님? 선생님은 진정한 100살이지!”라고 빙그레 웃으며 답하면,

“우와… 우리 할머니보다 많다”“에이~ 진짜 나이요!” 등 다양한 반응으로 웃음이 터집니다. 그리고 으레 “진정한 100살이 되면 어때요? 뭐든 다 잘할 수 있어요?” 같은 질문으로 이어집니다. 이렇게 자못 진지하게 묻는 아이들을 바라보며, 나는 진정한 ○○살로 잘 살고 있는지 반문하게 됩니다. 아이들도, 나에게도 앞으로 자신이 나아갈 방향의 ‘마음의 지도’를 그리게 해주는 수업입니다.

한때는 장애이해수업에도 이 책을 활용했었습니다. 생각주머니 이야기와 연결해 어떤 친구는 조금 느리게 성장하기도 한다고 이야기했었습니다. 이제는 그런 이야기는 학생들이 먼저 이야기합니다.

“선생님, 서로 잘 하는 것도 다르지요?”

“보름이도 9살이지만, 9살 때 혼자 밥 못먹으면 10살 때 먹으면 되는 거네요?”

잘하게 되는 나이도 다르다며 나름 기특한 이야기를 합니다. 이 맛에 통합학급 수업을 들어갑니다. 옆에서 지켜보시는 통합반 선생님의 웃음에는 ‘으이구, 입만 살았가지고…’ ‘오~ 대견하네.’ 여러 의미가 담겨

있는 것 같습니다.

잠시 숨죽이며 아이들 하나하나를 바라보며 이렇게 말해줍니다.

"그렇게 믿어준다면, 그리고 스스로 그렇게 믿는다면, 우리는 계속 계속 성장할 거예요. 어떤 성장을 할지는 스스로 선택할 수 있어요!"

물론, 다른 짓을 하느라 듣는 둥 마는 둥 하는 한두 명은 있지만, 대부분은 스스로를 응원하고, 친구들과 눈짓하며 수줍어하는 모습이 눈에 들어옵니다.

친구와의 관계를 위해 10살이 되어 잘하고 싶은 것들을 발표하고, 반 친구들의 마음을 담은 응원을 받은 아이들에게 기분을 물어봤습니다. 저학년 학생들의 소감은 대부분 "좋아요" 한마디로 끝나기도 하지만, 몇몇 친구들의 소감에는 수업을 하는 제게도 전해지는 설렘이 있습니다.

"마음이 간질간질해요"

"기쁘고 새로워요"

아직 '좋아요'라고만 대답한 친구들도, 언젠가는 더 다양한 감정의 말로 자신의 마음을 잘 표현하게 되겠지요.

수업을 마칠 즈음 학생들은, 비록 1-2년 사이지만 자신의 키와 몸무게가 자라듯, 마음이 자라있음을 스스로 눈치채고 대견해합니다. 여전히 마음은 울퉁불퉁하고 알아차리기 어려울 때도 있겠지만 함께 자라고 있음을 느끼고, 옆에 친구로 '우리'가 있다고 느끼게 하는 시간입니다.

6장

워터!

◆ **주제**: 자기조절

◆ **목표**: 자신의 감정을 알아차리고 스스로를 조절하는 자기 관리 능력을
기른다.

◆ **사회정서역량 영역** ◎(주) ○(부)

자기 인식	자기 관리	사회적 인식	관계 기술	책임 있는 의사결정
	◎		○	

◆ **1~2학년 관련 교과 및 단원**

[국어 1-2-1] 기분을 말해요, [국어 1-2-8] 느끼고 표현해요,
[통합-나] 마음의자에 앉아요(p.38).

"형준아, 마음이 복잡하면 잠깐 멈추고 숨 쉬어 볼래? 그리고 '도와주세요.'라고 말해도 괜찮아."

형준이에게 이렇게 말해주었어야 했는데….

이 수업을 진행하며 몹시 당황스럽고 안타까운 순간이었습니다. 감정 인형 만들기 활동을 마친 뒤 발표 시간에, 형준이가 갑자기 발표를 하기 싫다며 울음을 터뜨렸기 때문입니다. 발표를 강요한 것도 아니었고, 오히려 스스로 발표 자리까지 걸어 나와 우뚝 섰는데, 잠시 후 갑자기 닭똥 같은 눈물을 흘리는 것이었습니다. 저는 순간 어떻게 대처해야 할지 몰라 눈동자만 이리저리 굴리고 말았습니다.

다행히 그 순간, 아이들의 도움을 받을 수 있었습니다. 우진이가 "선생님, 형준이가 발표하러 나오기 직전에 저한테 발표하기 싫다고 말했어요."라고 이야기해 주었기 때문입니다. '아~ 형준이는 발표할 생각이 없거나, 준비가 안 된 상태였는데, 모두 발표하는 상황이라 어쩔 수 없이 걸어 나온 것이었구나.' 하고 이해할 수 있었습니다. 일주일에 한 번 통합학급 아이들을 만나는 상황에서 모든 아이의 특성을 충분히 알지 못하고 있던 제게, 우진이의 말은 한 줄기 구원처럼 느껴졌습니다.

그제야 저는 이렇게 말할 수 있었습니다.

"아, 형준이는 발표하기 싫었구나. 꼭 모두가 발표하지 않아도 괜찮아. 싫으면 싫다고 말해도 돼. 잠깐 자리로 돌아가서 쉴래? 다른 친구들 발표를 들으면서 마음이 다시 괜찮아지면, 그때 나와도 괜찮아."

이런 형준이의 경우처럼 자신의 의사나 준비 정도와 상관 없이 무언가를 해야 하는 (집단 안의) 상황에서, 자신의 발표 차례나 방식 등에 양해를 구하거나, 경직되지 않고 유연하게 표현하는 방법도 있다는 것을 아는 것은 관계 기술에서 중요합니다. 요즘 아이들은 자신의 어려움이나 분노, 피로를 어느 정도 인식하고는 있지만, 그것을 적절한 방법과 방식으로 표현하는 데에는 여전히 어려움을 겪는 경우가 많습니다. 지금 이 순간의 감정과 행동을 어떻게 다루어야 하는지 배우는 과정이 필요한 것입니다. '지금 내 마음과 행동을 어떻게 조절해야 할까?'라는 질문을 스스로에게 던지며 멈추고, 숨 쉬고, 조절하고, 참는 연습은 지금의 아이들에게 꼭 필요한 배움입니다.

'스스로 자신의 마음 안에서 벌어지는 상황을 알아내고, 조절하여 표현하거나 행동하는 것.'

이것이 사회정서학습에서 말하는 자기 관리입니다. 자기 관리는 혼자서 꾹 참는 능력이 아니라, 마음이 복잡할 때 잠시 멈추고 숨을 고르며, 나 자신과 친구를 다치지 않게 행동을 선택하는 힘이자, 필요할 때 도움을 요청할 줄 아는 용기이기도 합니다.

수업과 활동

저는 아이들의 마음 안에 선한 힘이 내재되어 있다고 믿습니다. 때로는 분노로 가득 찰 때도 있고, 걱정과 근심에 휩싸일 때도 있지만, 아이들 안에는 그 감정들을 스스로 견뎌 내고 다시 회복해 낼 수 있는 회복탄력성이 분명히 존재합니다.

그래서 저는 아이들이 자신의 감정을 알아차리고 스스로를 조절하는 자기 관리 능력을 차근차근 배워 가기를 바라며, 우리 마음 안의 다양한 감정들이 등장하는 그림책《워터》를 수업 도서로 선정하였습니다. 이 책은 여섯 명의 '마음이'들이 함께하는 여행을 통해 아이들이 감정을 이해하도록 돕습니다.

아이들은 화가 나면 화에, 슬픔이 차오르면 슬픔에만 머무르는 경우가 많습니다. 감정이 흘러갈 수 있다는 사실을 알지 못한 채, 그 감정 속에 오래 붙잡혀 있는 것입니다. 그림책《워터》에 등장하는 여섯 마음이들의 행진을 따라가다 보면, 마음속에 한 가지 감정이 가득 찼을 때는 물이 흐르듯 그 감정을 흘려보내야 한다는 메시지를 만나게 됩니다.《워터》에서는 흘러간 감정은 또 다른 감정과 만나 서로를 살피고, 위로받으며, 결국 마음을 다시 따뜻하게 데워 줍니다.

그림책으로 아이들이 감정과 마음을 인식했다면, 이제 자신의 모습을 투영해 겉으로 드러내 보도록 하는 활동으로 '마음 인형 만들기'를 합니다. 인형을 만들며 "지금 나를 가장 오래 붙들고 있는 감정은 무엇일까?" "나와 가장 가까이 있는 감정은 어떤 모습일까?" 아이들에게 묻습니다. 그러면, 아이들은 자신의 그 감정을 닮은 마음 인형을 만들고, 그 인형을 통해 스스로에게 질문을 던집니다.

"걱정이 많은 소은아, 마음에 걱정이 가득 찼을 때 너는 어떤 말로 그 걱정을 흘려보낼 수 있을까?"

"친구에게 어떤 말을 들으면 마음이 조금 가벼워질까?"

놀랍게도 아이들은 이미 그 답을 알고 있었습니다. 스스로를 달래는 방법도, 옆에 있는 친구를 위로하는 말도 마음속에 가지고 있었습니다. 다만 그것을 꺼낼 용기와 계기가 필요했을 뿐입니다. 마음 인형은 아이들이 그 해답을 밖으로 꺼내 놓을 수 있도록 용기를 불어넣어 주는 훌륭한 매개체가 되었습니다.

아이들은 마음 인형을 마치 자신의 또 다른 자아처럼 대하며, 그 인형이 대신 말하고, 멈추고, 숨 쉬고, 조절하고, 참고, 흘려보내길 원했습니다. 그리고 그 과정에서 친구들의 공감을 받고 싶어 했습니다. 친구의 마음 인형에게 조심스럽게 질문하고, 위로의 말을 건네며 서로의 감정이 흘러갈 길을 함께 찾아 주었습니다.

이 수업은 자신을 지배하고 있던 가장 큰 감정을 꺼내어 바라보고, 그 감정이 안전하게 흘러갈 수 있도록 서로를 응원하고 격려하는 시간을 가지도록 구상해 진행했습니다. 이 경험이 감정에 휩쓸리지 않고 스스로를 조절해 낼 수 있는 단단한 내면의 힘으로 아이들 안에 오래 남도록 하기 위해서입니다.

《워터 Water》, 김기린 글그림, 파란자전거(2022).

활동 1. 그림책 함께 읽기

아이들은 책 표지만 보고도 금세 알아차립니다.

"영화 인사이드 아웃이랑 비슷한 내용일 것 같아요!"

이 그림책은 우리 각자 안에 있는 다양한 감정을 들여다보는 이야기입니다. 그렇다고 화, 분노, 폭발 같은 우리가 부정적으로 여기는 감정을 없애거나 고치는 이야기는 아닙니다. 오히려 어떤 감정이든 혼자 버텨내는 것이 아니라 서로 어우러질 때 비로소 자연스럽게 흘러갈 수 있음을 보여 주는 이야기입니다. 따라서 책을 읽기 전에 아이들에게 '좋은 감정과 나쁜 감정'으로 나누기보다, 모든 감정이 마음에 머물 자리가 있다는 점에 집중해 들을 수 있도록 안내해 주는 것이 중요합니다.

그림책을 읽을 때에는 여섯 마음이들의 이야기를 마치 애니메이션을 보듯, 등장인물에 따라 목소리와 표정을 살려 읽어주면 훨씬 몰입하게 됩니다. 감정의 변화가 자연스럽게 전달될수록 아이들은 각 마음이를 자신과 연결해 이해하게 됩니다.

♦ 그림책 읽기 전 대화
지금 내 마음 알아차리기(자기 인식)
"지금 우리 마음속에는 어떤 마음이가 와있을까요?"
"아침에 학교에 오면서 가장 크게 느낀 마음이는 누구였을까요?"
"기쁨이, 슬픔이, 걱정이, 화남이 중 오늘 나에게 가장 가까운 마음이는 누구일까요?"

감정은 '없애는 것'이 아니라 '머무는 것'임을 알기

"슬픔이나 걱정이 마음에 오면 꼭 빨리 사라져야 하는 걸까요?"

"마음이 복잡할 때, 그냥 가만히 있어 주는 것도 도움이 될까요?"

"울고 싶은 때, 울어도 괜찮을까요?"

혼자 버티지 않아도 된다는 경험 떠올리기(관계 기술)

"힘들 때 누군가 그냥 옆에 있어 준 적이 있나요?"

"말은 안했지만, 함께 있어서 위로가 됐던 순간이 있었나요?"

♦ 읽는 중 대화

"슬픔이와 걱정이는 왜 함께 하기로 했나요?"

"불꽃가시는 결국 미움이에게 어떤 영향을 주었나요?"

"세 친구는 얼어붙은 미움이의 몸을 녹이기 위해 어떻게 했나요?"

♦ 읽은 후 대화

"만약 내가 슬픔이라면, 누구와 함께 있고 싶을까요?"

"내 마음이가 얼어붙을 때, 나를 녹여 주는 건 무엇일까요?"

이 활동은 책의 내용을 이해하는 데서 그치지 않고, 아이들이 자신의 감정을 안전하게 떠올릴 수 있도록 마음을 여는 시간이 됩니다.

활동 2. 마음이 인형 만들기

"이 중에서 오늘 나에게 가장 가까운 마음이는 누구일까?"라고 가볍게 묻고 마음이 인형 만들기를 시작합니다. 지금 자신의 마음을 알아차리는 과정을 통해 자기 인식을 돕고, 감정은 '없애야 할 것'이 아니라 '잠시 머무를 수 있는 것'임을 자연스럽게 깨닫게 하기 위함입니다. 이후 완성된 마음이 인형을 가지고 다양한 인형극 놀이를 해 볼 예정이기 때문에, 이 단계는 특히 중요합니다.

2학년 친구들이라 혹시 몰라 《워터》 그림책에 등장하는 캐릭터 도안을 준비했으나, (도움반 학생을 제외한) 대부분의 아이들은 각자 다른 모습과 색깔의 마음이 인형을 만들어 냈습니다. 마치 저마다의 마음은 모두 다르다는 것을 스스로 증명해 내는 것처럼 말입니다.

빨대 인형은 완성하고 나면 팔, 다리, 목이 자유롭게 움직이기 때문에 종이 인형 가운데에서도 가장 역동적인 움직임을 표현할 수 있습니다. 그만큼 아이들의 흥미를 끌기에 좋고, 마음의 변화와 흐름을 놀이로 풀어내기에도 적합합니다. 더불어 이 인형은 활동 3에서 아이들의 마음을 대신 말해줄 또 하나의 목소리가 됩니다.

활동 3. 나의 마음이에게 전하는 말

완성된 마음이 인형을 품에 안고, 이 마음이가 과하게 넘칠 때는 어떻게 하면 좋을지 이야기를 나누는 단계입니다. 아무리 좋은 감정이라도 지나치면 독이 될 수 있다는 점도 함께 이야기해 줍니다.

"기쁨이가 너무 커지면 어떤 일이 생길까요?"

"분노가 너무 커지면 몸과 말은 어떻게 변할까요?"

이 같은 질문을 통해, 감정 그 자체가 문제가 아니라 조절되지 않았을 때의 결과를 생각해보게 하고 감정을 말로 다뤄보는 연습을 합니다.

"마음아, 지금은 슬픔이가 커져서 힘들구나."

"조금만 쉬었다가 다시 나와도 괜찮아."

"지금은 네가 아니라 기쁨이가 필요해."

"혼자 힘들면 친구에게 도움을 부탁해도 괜찮아."

이와 같은 문장을 역할놀이 속에 자연스럽게 넣어 봅니다. 이를 통해 자기 관리는 '혼자 참는 것'이 아니라는 메시지를 분명히 전달합니다.

마음이 인형을 통해 친구의 마음이에게

"나 지금 너무 슬퍼. 손잡아 줄래?"

"나 좀 쉬어도 될까?"와 같이 도움을 요청해 보게 하면, 아이들은 도움을 요청하는 행동을 부끄러운 것이 아닌 당당한 선택으로 경험하게 됩니다. 이러한 반복적인 연습 속에서 아이들의 자기 관리 능력은 조금씩, 그러나 분명하게 자라납니다. 또한 친구와 도움을 주고받고, 표현하는 연습을 통해 관계 기술이 커지고 자연스러워집니다.

'워터' 캐릭터 도안을 색칠해서 만든 마음이 인형

모두가 안전하게 수업에 함께할 수 있도록 하려면…

1. 활동 1에서 그림책을 읽기 전에 "이 책에는 울고 싶은 장면, 속상한 장면도 나옵니다. 말하고 싶지 않으면 말하지 않아도 괜찮아요."라고 학생들의 정서적 안전감을 확보해 주면 좋습니다.

2. 활동 3에서 발표를 듣는 친구들의 말과 태도는 무척 중요하기 때문에, 역할과 반응 태도도 명확하게 안내해 줍니다. 끼어들거나 웃거나 평가하지 않기. 더불어 "괜찮아" 혹은 "기다릴게"와 같은 말을 건네도록 합니다. 자기 관리와 함께 관계 기술도 자연스럽게 연결되어 연습이 됩니다.

3. 활동 3을 마무리하면서 정리 질문을 던지면 배움이 정돈됩니다.
"오늘 나의 마음이를 가장 잘 도와준 말은 무엇이었나요?"
"다음에 이 마음이가 다시 올 때, 나는 어떤 선택을 해 볼 수 있을까요?"와 같은 질문은 책임 있는 의사결정으로 이어지는 연결 고리 역할을 톡톡히 합니다.

수업 이야기

아이들이 살려낸 무표정이

마침내 '무표정이'가 등장했습니다. 학교에서 웃는 얼굴을 거의 본 적이 없어 늘 어둡게만 느껴지던 장훈이는, 자신이 만든 마음 인형의 이름이 '무표정이'라며 자신에게는 마음이 없다고 말했습니다. 마음이 다 죽어버렸다고도 했습니다.

마음 인형을 만드는 모습을 지켜보는 내내 가장 걱정하던 아이로,

도움반인 봄봄이보다도 더 자주 담임 선생님의 입에 오르내리던 아이였습니다. 그 발표를 듣는 순간, 마음이 몹시 아프고 저릿했습니다.

'그래, 저 마음을 다시 살려내 보자! 아이들이라면 가능하다. 아이들이 가진 힘이라면 충분할 거야!'

저는 아이들에게 이렇게 말했습니다.

"얘들아, 우리 장훈이의 마음이는 '무표정이'라고 하네. 너희도 그렇게 생각하니? 장훈이가 활짝 웃었던 기억이 있다면 모두 소환해 줄래? 우리 기억의 힘으로 장훈이의 마음이를 다시 살려 보자."

그러자 아이들은 마치 자신들이 심폐소생술사가 된 것처럼 눈을 반짝이며 손을 들기 시작했습니다.

"장훈아, 너 표정 없지 않아. 교실에서 가가볼 했을 때 너 엄청 크게 웃었어. 내가 증인이야!"

"장훈아, 지난번 급식실에서 귤 나왔을 때 기억나? 친구들이 나눠줬을 때 너 진짜 신나했잖아."

"장훈아, 너 있잖아…"

"장훈아, 너 말이야…"

아이들의 증언은 꼬리에 꼬리를 물고 이어졌습니다. 그 말들이 쌓일수록 수업의 주인공이 된 장훈이의 얼굴에도 서서히 미소가 올라왔습니다. 그리고 마침내 화룡점정의 순간이 찾아왔습니다. 도움반 아이인 봄봄이였습니다. 발표의 정확한 맥락은 잘 몰랐지만, 친구들의 칭찬 릴레이에 꼭 참여하고 싶었나 봅니다. 봄봄이는 갑자기 손을 들더니 마치 자기가 가장 좋아하는 것을 건네줘서 장훈이를 위로하고 싶다는 듯 '기쁨이’ 인형을 내밀며 말했습니다.

“장훈아, 너 고래 좋아해?”

예상치 못한 질문에 교실 안에서는 웃음이 터져 나왔습니다. 그 순간 장훈이는 함박웃음을 지으며 머리를 긁적였습니다.

“나도… 기쁨이랑 즐거움이 있었어. 그랬어.”

장훈이의 그 모습에 나는 아이들을 향해 행사의 사회자처럼 조금은 장엄하게 선언했습니다.

“여러분, 장훈이의 마음 왕국에 기쁨이와 즐거움이가 돌아왔습니다. 모두 축하해 주십시오.”

아이들은 나의 과장된 표현에 깔깔 웃으며, 장훈이를 향해 큰 박수를 보냈습니다.

그날 나는 다시 한번 확신했습니다. 아이들은 누군가의 마음을 살려 낼 수 있는 힘을 이미 가지고 있다는 것을. 교사가 가르치지 않아도, 교사가 개입하지 않아도, 아이들은 서로의 마음을 바라보고, 기억해 주고, 기다려 주며 회복의 길을 함께 만들어 낼 수 있었습니다. 사회정서학습이란 결국, 아이들 안에 이미 존재하는 이 선한 힘을 믿고 꺼내 주는 일임을 그날의 ‘무표정이’가 조용히 증명해 주었습니다.

기쁨이가 머무는 교실

우리 도움반 아이 봄봄이는 ‘기쁨이’ 인형을 만들었습니다. 이 수업 즈음에 봄봄이는 등교하면 교실 앞 게시판에 붙어 있는 얼굴 표정 자석을 늘 ‘기쁨’으로 바꿔 놓았습니다. “오늘 우리 봄봄이는 기분이 어때요?”

라고 물으면 언제나 "기뻐요."라고 대답하던 나날이어서 어쩌면 당연한 결과였는지도 모릅니다. 등교를 기다려 주는 친구들, 울어도 함께 기다려 주는 학급 분위기, 무엇을 해도 "잘한다, 잘한다." 응원해 주는 친구들 사이에서 어찌 기쁘지 않을 수 있었겠어요?

봄봄이는 뚝딱뚝딱 기쁨이 인형을 완성하더니, 자신이 만든 인형이 자랑스러웠는지 이 모둠, 저 모둠을 찾아다니며 보여 주었습니다. 그 발걸음마저도 사뿐사뿐 기쁨이 묻어 있었습니다.

친구들의 반응도 따뜻했습니다.

"어? 봄봄아, 벌써 다 만들었어? 기쁨이네. 와~ 잘 만들었다!"

친구들의 칭찬은 봄봄이를 발표 자리까지 이끌었습니다. 앞으로 나온 봄봄이는 또렷하게 말했습니다.

"내 마음 인형은 기쁨이."

원래라면 발표자가 덧붙여 말했어야 할, '너무 기쁠 때 그 감정을 어떻게 흘려보내면 좋을지'에 대한 이야기를 친구들이 봄봄이를 대신해 채워 주었습니다.

"선생님, 제가 손을 잡아주면 돼요."

"기쁜 건 그냥 둬도 되는 것 같아요."

"저도 봄봄이처럼 매일 기분이 좋았으면 좋겠어요."

기쁨이를 바라보는 다양한 마음들이 자연스럽게 흘러나왔습니다. 그때 엘라가 손을 들었습니다.

"제 마음이는 '두근이'예요. 봄봄이가 반 친구들에게 크리스마스 선물을 나눠 준다고 해서, 무엇을 줄지 기대돼서 마음이 두근거려요."

이어 또 다른 친구가 말했습니다.

"제 마음이는 '축하해'예요. 오늘이 제 생일인데 봄봄이가 생일 축하한다고 말해 줘서 기분이 정말 좋았어요."

아이들은 봄봄이로 인해 생긴 자신의 감정들을 자연스럽게 풀어 놓았습니다. 나는 이 틈을 타 조심스럽게 물었습니다.

"혹시 봄봄이 때문에 힘들거나 불편했던 적은 없었니?"

아이들은 한 치의 망설임도 없이 대답했습니다.

"없어요. 우리는 봄봄이가 우리 반이라서 너무 좋아요."

"봄봄이 덕분에 선생님이랑 수업도 하잖아요."

그 말을 들으며 나는 교실을 가득 채운 마음이들과 한 명 한 명 눈을 마주쳤습니다. 평화, 피곤이, 환상이, 무표정이, 두근이, 기쁨이, 축하, 즐거움이…. 서로 다른 마음들이 부딪히지 않고 함께 머물 수 있었던 이유는, 아이들이 이미 서로의 마음을 존중하는 방법을 알고 있었기 때문입니다.

학교와 교실에서 아이들은 진지하게 자신의 마음과 감정을 돌아보고, 살펴 볼 기회가 많지 않습니다. 게다가 솔직하게 드러내고, 친구들과 나누는 경험은 흔치 않습니다. 그래서 일년을 함께 생활하는 친구의 마음과 감정을 나누고 존중을 표현하는 수업은 충분히 가치 있고 의미 있습니다. 그날의 이 수업은 아이들을 가르치는 시간이 아니라, 아이들에게서 다시 배우고 경험하는 시간이었습니다.

7장

무섭지만 다시 해볼 수 있어!

◆ **주제:** 불안, 두려움

◆ **목표:** 무서운 마음을 인식·조절하고, 타인의 다른 표현을 이해하고 존중한다.

◆ **사회정서역량 영역** ◎(주) ○(부)

자기 인식	자기 관리	사회적 인식	관계 기술	책임 있는 의사결정
	◎	○		

◆ **1~2학년 관련 교과 및 단원**

[통합-하루] 마음의 하루(p.38). [국어 2-2-8] 나도 작가.

주제와 역량

초등 1~2학년 학생들 가운데에는 무서움과 불안을 느낄 때, 그 감정을 말로 설명하기보다 몸과 행동으로 먼저 표현하는 경우가 많습니다. 교실에서 그 마음은 종종 행동에 가려집니다. 그러다 보면 우리는 학생의 마음보다 '문제가 되는 장면'만을 이야기하게 됩니다.

하지만 조금만 멈추어 생각해 보면 그 행동의 뒤에는 무서워하는 마음, 불안이 자리하고 있습니다. 처음 해보는 일 앞에서, 실패의 기억이 떠올라서, 다시 시도해야 하는 상황에서 학생들은 저마다 다른 방식으로 두려움과 불안을 겉으로 드러냅니다. 울거나, 얼어서 말이 없어지거나, 소리를 지르거나, 자리를 뜹니다. 때로는 자신의 몸을 세게 치거나 물건을 던지는 모습으로 나타나기도 합니다. 표현은 다르지만 마음의 출발점은 비슷합니다. 불안과 무서운 느낌은 긴장과 함께 맞서거나(투쟁), 도망치거나(도피), 얼음처럼 굳게(경직) 합니다. 그래서 어린 학생들은 느낌으로는 알고 있지만, '불안'하다는 표현으로 드러내거나, 그 불안이 무엇때문인지 분명하게 인식하기 어려울 수 있습니다. 자기조절은 자신의 감정과 반응의 원천, 실체를 분명히 아는 데서 출발합니다.

자기 감정과 모습을 인식하는 것은 사회정서학습에서 말하는 자기관리 역량과 맞닿아 있습니다. 자기 관리 역량은 감정을 없애거나 참아내는 힘이 아니라 무서운 마음이 있는 상태에서도 자신을 살피고 다시 시도할 수 있는 힘입니다.

학생들은 무서움이 곧 실패를 뜻하는 것이 아니라 때로는 준비와 도움이 필요하다는 신호일 수 있음을 배워가는 것이 필요합니다. 또한 교실 안에서 무서운 마음이 서로 다른 모습으로 표현될 수 있음을 이해하는 경험은 사회적 인식을 키우는 것으로 이어집니다. 특수교육대상학생을 포함해 어떤 학생은 무서운 상황 앞에서 자주 움직이거나 질문을 반복하고, 한 번 실수했던 활동 앞에서는 쉽게 시작하지 못하는 모습을 보이기도 합니다. 이러한 행동은 규칙을 어기려거나 의지가 부족해서라기보다, 무서운 마음을 다루는 방법이 아직 익숙하지 않아 나타나는 표현일 수 있습니다. 이처럼 행동의 겉모습 너머에 있는 마음을 함께 바라보는 기회와 서로를 즉자적으로 판단하기보다 감정의 맥락에서 이해하는 활동과 경험을 통해 사회적 인식을 키울 수 있습니다.

수업과 활동

요즘은 학생들이 실패하는 장면을 보기 어려워졌다는 생각을 자주 하게 됩니다. 운동회에서도 승패는 부차적인 것이 되고, 모두 같은 점수가 되도록 마무리하고, 경쟁보다는 참여 자체에 의미를 두는 장면을 자주 만납니다. 아이가 속상해할까 봐, 지는 경험 앞에서 상처받을까 봐, 어른들이 먼저 마음을 쓰기 때문일 것입니다.

'실패의 순간을 앞서 덮어 주는 것이 정말 학생들을 돕는 일일까?' 교실에서 학생들을 만나며 이런 질문이 생겼습니다. 무서운 마음이 있어도 다시 해볼 수 있는 경험을 함께 만들어 주는 것이 더 필요한 일이지 않을까 고민하게 되었습니다.

그래서 준비한 이 수업은 무서운 마음을 없애는 데서 출발하지 않았습니다. 무서운 마음이 있는 상태에서도 다시 해볼 수 있는지, 그 가능성을 학생들과 함께 살펴보고 싶었습니다. 수업 전반은 '용감해지자'거나 '무서워하지 말자'는 말 대신 무서움을 꺼내 보고, 잠시 바라보며, 다시 한번 해볼 수 있을지 생각해 보는 흐름으로 구성했습니다.

발표를 앞두고 차례를 기다리던 순간, 처음 해보는 활동 앞에서 멈칫했던 경험, 혼자 잠을 자야 했던 시간처럼 무서운 마음은 특별한 상황이 아니라 교실 안과 일상 속에서 반복해서 찾아옵니다. 수업의 출발을 이처럼 학생들이 이미 알고 있는 장면에서 시작한 것도 같은 이유입니다.

이런 순간을 함께 떠올리며 이야기를 풀어가는 데는 그림책《떨어질까 봐 무서워》가 좋은 매개가 되었습니다. 이 그림책은 무서움이 사라진 뒤의 결과보다 넘어졌던 기억을 안은 채 다시 시도해 보기까지의 과정을 담고 있습니다. 학생들은 주인공의 마음을 따라가며 무서움이 곧 멈춤을 의미하지는 않는다는 점을 자연스럽게 느끼게 됩니다.

그림책을 펼쳐 읽다 보면 각자의 경험을 돌아보고 표현하는 시간으로 이어집니다. 누구나 이미 해본 도전도 있고, 아직은 망설이는 도전도 있다는 사실을 함께 나누게 됩니다. 모두가 같은 속도로 나아가기보다 각자 어떤 마음은 이미 준비되었고, 어떤 마음은 조금 더 기다려도 괜찮다는 메시지가 교실 안에 남습니다. 마지막에는 무서운 마음이 교실 안에서 서로 다르게 표현될 수 있다는 점을 함께 나누게 됩니다. 입을 앙다물고 조용해지는 학생도 있고, 울거나 더 크게 반응하는 학생도 있습니다. 이러한 모습은 사람마다 무서운 마음이 드러나는 여러 방식임을 이해해 보는 시간입니다. 이를 통해 학생들이 자신의 마음뿐 아니라 친구의 마음을 바라보는 시선도 함께 넓혀 가게 됩니다.

이 수업은 학생들에게 더 잘하는 방법을 가르치기 위한 것이 아니었습니다. 무서운 마음이 들어도 멈추지 않고, 자기 속도로 다시 시도해도 괜찮다는 생각을 마음에 쌓도록 이끄는 수업입니다. 그렇게 되면 이후의 학교생활에서도 다시 용기가 필요해지는 순간이면 학생들의 마음속에 떠오를 것이기 때문입니다.

《떨어질까 봐 무서워》, 댄 샌탯 글그림, 김영선 역, 위즈덤하우스(2019).

도입. 무서운 마음 알아차리기

도입은 '무서운 마음 알아차리기' 단계로, 학생들이 일상에서 느껴 본 무서운 순간을 떠올리고 그때의 감정을 말해 보는 시간입니다. 경험과 표정을 통해 걱정, 긴장, 무서움과 같은 감정을 살펴보고, 이러한 감정을 '무서운 마음'이라고 이름 붙입니다. 또한 무서운 마음이 들 때 나타나는 몸의 반응에도 주의를 기울이며, 이후 수업 활동을 위한 정서적 준비를 하고, 공감의 분위기를 만듭니다.

활동 1. 그림책으로 무서운 마음 만나기

그림책《떨어질까 봐 무서워》이야기 속에서 무서운 마음이 생기는 순간과 그 마음을 안고 다시 시도해 보는 과정을 살펴봅니다.

먼저 제목 중 '떨어질까 봐'라는 문장은 가린 상태로 그림책의 표지를 보여 줍니다. 주인공의 표정과 상황을 관찰하며 어떤 이야기가 펼쳐질지 예측해 보도록 안내합니다. 이는 학생들이 이야기의 맥락과 주인공의 마음에 자연스럽게 관심을 가질 수 있도록 합니다.

이후 제목을 보여준 뒤 그림책을 처음부터 끝까지 함께 읽습니다. 읽을 때는 주인공 험프티가 무서운 마음을 느끼면서도 다시 시도해 보는 과정에 초점을 두고 이야기를 따라가도록 합니다.

　그림책을 한 차례 읽은 뒤에는 다시 보기 활동으로 이어갑니다. 이야기를 다시 살펴보며 험프티가 무서운 마음 앞에서 왜 멈추었는지, 다시 도전하기 위해 어떤 방법을 선택했는지, 그 과정에서 어떤 변화가 있었는지를 중심으로 정리합니다.

　이 활동은 무서운 마음을 느끼는 순간 자체보다 그 마음을 안고도 다시 시도해 볼 수 있다는 것을 이야기 속에서 이해하도록 돕는 데 목적이 있습니다.

활동 2. ○○할까 봐 무서워!

　그림책의 제목을 바탕으로 '○○할까 봐 무서워'라는 문장을 만들어 보며 자신의 무서운 마음을 표현하는 활동을 합니다.

　"여러분도 무섭고 두려운 것이 있나요?"

　"실패해서 다시 도전하기 어려운 것이 있나요?"

　위와 같은 질문을 통해 학생들이 자신의 경험을 떠올릴 수 있도록 안내합니다. 학생들은 각자 자신의 경험에 맞게 제목을 바꾸어 써 봅니다.

　이 활동은 무서운 마음을 해결하거나 극복하는 데 목적을 두기보다 무서운 마음을 말로 꺼내 보고 표현해 보는 데 초점을 둡니다. 제목 바꿔 쓰기를 통해 학생들은 무서운 마음이 사람마다 다르게 존재할 수 있음을 자연스럽게 인식하도록 합니다.

활동 3. 나의 도전

활동 3에서는 알 모양으로 오린 종이를 활용하여 학생들이 자신의 경험과 마음을 정리하는 활동을 진행합니다.

먼저 각자 알 모양의 종이를 색칠한 뒤, 첫 번째 알에는 '무서웠지만 ○○을 해봤던 나'라는 문장으로 이미 시도해 본 경험을 떠올리도록 합니다. 교사는 무섭거나 두려웠지만 다시 해본 경험, 실패했지만 다시 시도해 본 경험을 생각해 볼 수 있도록 질문을 제시합니다.

이후 두 번째 알에는 '아직 무섭고 떨리지만 ○○을 해보고 싶은 나'로 앞으로 도전해 보고 싶은 마음을 불러일으키도록 합니다. 아직은 해보지 못했지만 시도해 보고 싶은 것을 떠올릴 수 있도록 안내합니다.

이 활동은 무서움을 극복하고 도전을 반드시 이루어야 한다는 의미보다 이미 해낸 도전과 아직 마음속에 남아 있는 도전 모두가 의미 있음을 함께 인정하는 데 목적이 있습니다.

마무리. 험프티 봉투로 응원과 기다림 나누기

마무리 활동으로는 무서운 마음 앞에서 다시 해낼 힘이 필요할 때 꺼내 볼 수 있도록 작은 응원 상자 '험프티 봉투'를 만듭니다. 험프티 봉투에는 앞선 활동에서 완성한 두 개의 알과 함께 초콜릿과 비타민을 넣습니다. 초콜릿과 비타민은 무서운 마음 앞에서 다시 힘을 내고, 용기를 얻는 것을 상징합니다. 이때 다시 시도할 힘이 스스로에게서 나오기도 하고, 가족이나 친구의 응원처럼 주변의 도움에서 오기도 한다는 것을 함께 안내합니다.

다음으로는 무서운 마음이 사람마다 다르게 표현될 수 있다는 것을 알려줍니다. 무서운 마음은 행동으로 드러날 수 있으며, 말이 많아지거나, 울거나, 조용해지거나, 불안을 낮추기 위해 질문을 반복하거나, 귀를 막거나, 소리를 지르는 등 표현 방식은 서로 다를 수 있음을 이해하도록 돕습니다.

마지막으로 교실에서 무서워하는 친구를 만났을 때의 태도에 대해 생각해보도록 합니다. 무서운 마음이 드러나는 친구에게 재촉하거나 자극하기보다 잠시 기다려 주는 것이 서로를 돕는 방법이 될 수 있음을 정리하며 활동을 마무리합니다. 이러한 활동을 통해 학생들이 자신의 마음을 돌보는 방법과 함께 타인의 마음을 이해하고 존중하는 태도를 키울 수 있습니다.

모두가 안전하게 수업에 함께할 수 있도록 하려면…

1. 질문에 바로 손드는 대신, '생각을 먼저' 하도록 시간을 명확히 줍니다. 이 수업은 질문이 많고 반응이 빠른 학생들이 자연스럽게 주도하게 됩니다. 그래서 교사는 질문 후 바로 답을 받기보다 "잠깐, 마음속으로 한 번 생각해 볼게요."처럼 생각할 시간과 구조를 먼저 제시합니다. 이는 말이 느린 학생이나 바로 반응하기 어려운 학생도 자신의 속도로 참여할 수 있게 돕습니다.

2. 활동 3의 '나의 도전' 돌아보기에서는 자신이 쓴 문장을 보며 짝과 이야기를 나누도록 합니다. 발표뿐만 아니라 짝 활동을 활용하여 발표가 부담스러운 학생도 안전하게 참여할 수 있어 모든 학생이 자신의 이야기를 나눌 수 있는 수업으로 만듭니다.

<h1 style="text-align:center">수업 이야기</h1>

혼자 자던 그 밤 이야기

"여러분은 언제 무서운 마음이 들었나요?"

질문이 끝나자 한 학생이 바로 손을 들었습니다.

"처음으로 혼자 방에서 잘 때요."

그 말이 나오자 교실 곳곳에서 고개를 끄덕입니다.

"불 끄면 더 무서워요."

"엄마 생각나서 잠이 안 와요."

혼자 잠을 자야 했던 순간의 경험들로 교실이 금세 바빠졌습니다.

"저도요!" "저도 해봤어요!" 하며 손이 올라오고, 친구를 보며 웃거나 자기 이야기를 덧붙이는 모습이 이어졌습니다. 혼자 자는 밤의 무서움은 설명하지 않아도 학생들이 이미 경험한 것이어서 자연스럽게 공감하게 됩니다. 그 이야기를 들으며 저 역시 어릴 적 혼자 불을 끄고 누워 유난히 무서웠던 밤의 기억이 떠올라 그때의 마음을 함께 나누게 되었습니다.

이후 표정 그림을 보며 걱정, 긴장, 무서움이라는 감정을 살펴보고, 무서운 마음이 들 때 몸이 먼저 반응하는 이야기로 이어졌습니다. 학생들은 가슴이 두근거리거나 손에 힘이 들어갔던 순간을 떠올리며, 무서움 같은 감정이 몸으로 먼저 느껴지는 마음임을 말로 표현합니다.

"심장이 빨리 뛰어요."

"손이 막 차가워져요."

이야기가 이어지며 무서운 마음은 더 이상 혼자만의 것이 아니게 되었습니다. 누군가의 말에 고개를 끄덕이고, 비슷한 경험을 덧붙이며 이야기가 이어졌습니다. 감정을 알아차리고 이름 붙이는 짧은 경험만으로도 교실의 분위기는 함께 같은 감정과 느낌을 공유하며 한결 부드러워졌습니다.

그림책 속 이야기가 나의 이야기로

그림책 《떨어질까 봐 무서워》를 함께 읽으며 학생들은 험프티의 마음을 따라갑니다. 험프티가 무서워서 멈추고, 다시 시도하지 못하는 장면에서는 교실도 잠시 고요해졌습니다.

이야기의 마지막, 험프티가 알을 깨고 날아오르는 장면이 나오자 분위기는 달라졌습니다. 학생들의 표정이 동시에 밝아지고, "와!" 하는 소리가 여기저기서 터져 나왔습니다. 화면을 바라보던 얼굴에는 긴장이 풀린 듯한 안도감과 웃음이 번졌습니다. 같은 장면을 바라보며 학생들이 비슷한 감정을 느끼고 있다는 것이 자연스럽게 전해졌습니다.

이제 그림책에서 나와 현재의 나로 집중합니다. 'ㅇㅇ할까 봐 무서워'라는 문장을 만들어 보았습니다.

"발표할 때 실수할까 봐 무서웠어요."

"태권도 심사할 때 실수할까 봐 무서웠어요."

"처음 바이킹 탈 때 떨어질까 봐 무서웠어요."

학생들은 험프티의 이야기를 자기 말로 옮기듯, 무서웠던 순간을 하나씩 이야기합니다. 아이들의 목소리에는 당시의 긴장과 불안, 시간이

지난 안도가 함께 섞여 있습니다. 교실 안 모두가 다른 친구의 경험과 그 느낌을 자기 것처럼 공유하는 이 시간은 서로 연결되어 있다는 정서적 연대와 공통의 소속감을 느끼게 합니다. 그림책 속 무서움은 각자의 경험으로 이어지며 교실 안에 여러 개의 '나의 이야기'로 살아났습니다.

무서웠지만 해봤던 나, 아직 무섭고 떨리지만 해보고 싶은 나

험프티가 알이라는 점에서 출발한 알 활동은 '무서웠지만 해봤던 나'라는 문장으로 학생들 자신의 이야기로 이어졌습니다.

"자전거 타는 게 무서웠지만 해봤던 나."

"바이킹 타는 게 무서웠지만 타봤던 나."

"앵무새가 무서웠는데 손에 올려본 나."

"강아지가 무서웠는데 만져본 나."

알 하나하나에는 무서웠지만 한 번은 해봤던 각자의 순간이 고스란히 담겨 있었습니다.

두 번째 알을 쓰는 시간에는 교실의 분위기가 조금 달라졌습니다. 이번에는 아직 해보지 못한 일을 떠올려야 했기 때문입니다. 학생들은 알을 보며, 잠시 멈춰 생각하거나 연필을 들었다 놓기를 반복했습니다.

짧은 문장이지만 앞선 알보다 쓰는데 시간이 걸렸고, 지웠다 다시 쓴 흔적도 보였습니다. 학생들은 아직 해보지 못한 일, 무섭지만 해보고 싶은 마음을 각자의 말로 적어 내려갔습니다. 초등 저학년 아이들이 도전하고 성취하고 싶은 것들을 확인하는 순간입니다.

"2학년 때는 100점 맞아보고 싶은 나."

“건담 레고를 혼자 완성해보고 싶은 나.”

“롤러코스터를 타보고 싶은 나.”

“큰 목소리로 발표해보고 싶은 나.”

무서울 때 꺼내 보세요

마무리로 ‘무서울 때 꺼내 보세요’라고 적힌 험프티 봉투를 함께 만들었습니다. 학생들은 앞서 만든 두 개의 알과 함께 초콜릿과 비타민을 봉투에 넣었습니다. 다시 해볼 힘이 필요할 때 꺼내 볼 수 있는 작은 응원이니 잘 활용하라고 격려합니다.

종이로 만든 알이었지만 그것을 다루는 학생들의 손길은 유난히 조심스러웠습니다. 손에 쥔 채 한 번 더 들여다보고, 봉투 안에서 구겨지지 않게 자리를 잡아 주는 모습도 보였습니다. 초콜릿과 비타민이 들어가자 반응은 금세 활기차졌습니다. 이것은 단순한 간식이 아니라 무서울 때 다시 힘을 떠올리자는 약속이 됩니다.

무서운 마음은 사람마다 다르게 드러날 수 있고, 교실에서 무서워하는 친구를 만났을 때는 재촉하기보다 잠시 기다려 주는 것이 도움이 될 수 있다는 말로 수업을 마무리했습니다.

무서워도 괜찮다고 말해 주는 교실

교실을 나서며 한 장면이 오래 마음에 남았습니다. 내가 자기 반에 들어왔다며 가장 먼저 반기던 우리 배움반 민준이입니다. 민준이는 맨 앞자리에 앉아 눈을 반짝이며 이야기를 들었고, 질문이 나올 때마다 손을 들어 자신의 생각을 말했습니다. 글자를 잘 모르는 부분에서는 주저하지 않고 물어보며, 색칠한 알 활동도 끝까지 스스로 해내려는 모습을 보였습니다.

민준이는 알에 이렇게 적었습니다.

"무서웠지만 자전거를 타본 나."

"줄넘기를 잘하고 싶은 나."

그 모습을 보며 이 수업이 민준이에게는 잘해야 해서 버티는 시간이 아니라, 모르면 물어보고 천천히 해도 괜찮은 시간으로 다가가고 있었음을 느꼈습니다. 무서운 마음을 없애지 않아도 괜찮고, 잘하지 않아도 괜찮다고 말해 주는 교실 안에서 민준이는 한 걸음 더 앞으로 나와 있었습니다.

이 수업이 목표로 한 것도 바로 그것이었습니다. 무서움을 없애는 것이 아니라 무서움과 함께 머무르며 다시 시도해 볼 수 있는 힘을 기르는 것, 그리고 그 마음을 서로 이해하는 교실을 만들어 가는 것이었습니다. 그날 교실에는 무서움이 사라진 아이들이 아니라 무서움을 안고도 말해 보고, 써 보고, 시도해 본 아이들이 남아 있었습니다.

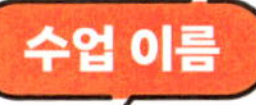

8장

끼리끼리 모여라!

◆ **주제:** 다양성과 공동체

◆ **목표:** 각자의 차이와 다양성이 모여 하나의 공동체를 이룬다는 것을 알고, 소속감을 느끼도록 한다.

◆ **사회정서역량 영역** ◎(주) ○(부)

자기 인식	자기 관리	사회적 인식	관계 기술	책임 있는 의사결정
○		◎	○	

◆ **1~2학년 관련 교과 및 단원**

[통합-사람들] 같이 해 봐요(p.24).

주제와 역량

초등 저학년은 학급 적응과 또래 관계 형성이 가장 중요한 시기입니다. 자기조절 및 의사소통 기술이 아직 미숙할 뿐만 아니라, 아직은 타인에 대한 인식과 공감보다는 자신의 감정에 충실하고, 학교생활에 적응하느라 모든 것이 자신에게 맞춰져 있습니다. 그렇기에 사회정서학습의 측면에서 학생들이 자신과 타인을 이해하는 기초 시민성 교육이 필요하고, 시작해야 하는 시점입니다. 더불어 학기 초라면 이때 형성된 관계와 또래 집단이 한 해의 학급 문화와 학습 분위기를 결정하기 때문에 서로를 이해하는 경험을 통해 긍정적인 관계 형성이 무척 중요한 때이기도 합니다.

밸런스 게임은 단순한 놀이 같지만 장점이 많습니다. 어떤 선택을 하느냐로 자신이 중요하게 생각하는 가치를 인식하게 합니다. 여러 다양한 선택들이 모이고 쌓이다 보면 '나는 이런 성향이 있구나.' '나는 이런 것을 좋아했네.'와 같이 자기 자신을 새롭게 이해하는 계기를 제공합니다. 더불어 함께하는 사람들에게서 '어, 너도?'라는 예상치 못한 공통점을 발견하며 서로의 거리를 자연스럽게 좁혀줍니다. 밸런스 게임은 또 복잡한 규칙이 없고 직관적인 게임이어서 학생들에게 가볍고 재미있는 질문 하나로 대화가 시작될 수 있다는 것을 체감하게 합니다. 선택 활동은 자연스럽게 서로의 취향과 성격을 알 수 있게 하며, 대답하는 사람마다 이유가 다 달라서 생각의 차이를 엿보는 재미도 경험하게 합니다. 특히, 깊은 대화가 어렵거나 낯가림이 있는 학생들도 부담 없이 참여할 수 있기 때문에 학급 분위기를 안정시키는 데 효과적입니다.

이런 유쾌한 선택 놀이 활동을 통해 나는 무엇을 좋아하고, 어떤 성향인지 알아보고(자기 인식), 친구의 취향과 생각도 존중하며(타인 인식), 공감하고 소통하는(관계 기술) 사회정서의 여러 핵심 역량을 키울 수 있습니다. 더불어 '나는 이 반의 중요한 구성원'이라는 소속감을 빠르게 형성하도록 돕고, '나와 같은 취향을 가진 친구 찾기' 혹은 '차이가 있어도 괜찮다'라는 경험을 통하여 다양한 친구의 모습을 받아들여서 따뜻한 학급을 만드는 데 유용합니다.

수업과 활동

밸런스 게임을 이해하고 자연스레 만들어가는 데에 그림책 《끼리끼리 코끼리》을 활용하였습니다. 《끼리끼리 코끼리》는 나와 다른 친구를 이해하고 받아들이는 과정을 다루고 있습니다.

매년 3월 첫째 주, 통합학급 적응 기간이 되면 1~2학년 통합학급에서 장애공감교육을 시작하며 저는 어김없이 《끼리끼리 코끼리》를 꺼내 듭니다. 그만큼 효과가 좋을 뿐더러 아이들의 수업 참여와 집중이 높기 때문입니다. 책 속에 등장하는 무척 사랑스러운 코끼리들과, 유튜브에 올라와 있는 신나는 율동 동요 '끼리끼리 코끼리'는 수업과 교실을 밝고 안전한 분위기로 만듭니다. 막 입학했거나, 새로운 반에서 긴장하고 있는 아이들의 마음을 자연스럽게 풀어줍니다. 아무렇지 않은 척, 큰 목소리로 액션을 취하며 율동 동요를 함께 부르다 보면 처음에는 어색해하던 아이들도 이내 깔깔 웃으며 후렴 부분을 따라 부르기 시작합니다.

이렇게 마음이 활짝 열리면 아이들은 밸런스 게임을 통해 서로를 조금씩 알아가고, 교사는 아이들의 선택, 행동 특성, 표정과 반응을 자연스럽게 눈에 담게 됩니다. '너는 저런 걸 좋아하는구나' '나는 이런 걸 좋아해'라며 천천히 관계의 첫 발을 떼는 시간이 됩니다.

서로를 알아가며 한 해의 교실 살이를 시작하기에《끼리끼리 코끼리》만큼 좋은 그림책도 드뭅니다. 이 그림책과 함께할 때 특히 시너지가 나는 활동으로 수업을 만들었습니다.

《끼리끼리 코끼리》, 허아성 글그림, 길벗어린이(2019).

활동 1. 그림책 함께 읽기

그림책《끼리끼리 코끼리》를 함께 읽으며 키가 작아도, 상아가 하나뿐이어도, 색깔이 달라도, 생김새가 달라도 모두 '끼리끼리 코끼리'임을 확인하는 단계입니다. 우리도 마음만 있다면 누구나 함께할 수 있고, 모두가 소중한 존재임을 그림책의 코끼리들을 통해 깨달을 수 있습니다.

학교에서는 다양한 국적과 인종, 개성과 학습의 출발선이 다른 친구들을 만나게 됩니다. 차이와 다양성은 알게 모르게 아이들 사이에 보이지 않는 선을 긋게 합니다. 그림책《끼리끼리 코끼리》는 그 선을 지우고 서로의 다름을 넘어 '우리는 모두 하나'라는 큰 메시지를 아이들에게 전달하기 좋습니다. 이 활동이 차별과 편견, 오해와 갈등을 넘어 연결과 이해, 공감의 시선을 배우는 첫걸음이 될 수 있습니다.

◆ 그림책 읽기 전 대화

"우리 반 친구들은 어떤 점이 서로 비슷한가요?"

"서로 어떤 점이 다를까요? 다른 점이 있어도 괜찮을까요?"

◆ 읽는 중 대화

"상아가 하나인 코끼리는 어떤 기분일까요?"

"다른 색깔의 코끼리가 처음엔 어떤 마음이었을까요?"

"다르게 생긴 코끼리를 보고 친구들이 뭐라고 말했을까요?"

"만약 네가 그 코끼리였다면 어떤 말이 듣고 싶을까요?"

◆ 읽은 후 대화

"이 책의 코끼리들은 결국 서로를 어떻게 받아들였나요?"

"서로 다르다는 건 우리에게 어떤 의미일까요?"

"'끼리끼리 코끼리'라는 말에는 어떤 마음이 담겨 있을까요?"

"우리 반도 '끼리끼리 코끼리'가 되려면 어떤 행동이 필요할까요?"

활동 2. 끼리끼리 코끼리 밸런스 게임

끼리끼리 코끼리 밸런스 게임은 부담 없이 즐길 수 있는 선택 놀이

여서, 서로의 취향과 생각을 비교하며 자기 이해와 타인 이해 능력을 향
상시킬 수 있습니다. 우선 밸런스 게임 질문을 담은 PPT를 준비합니다.
그리고 바닥에 테이프나 칼라콘 등을 이용하여 교실을 두 공간으로 나눕
니다. 장애 학생 등을 위해 그림 카드 선택지나 스티커, 손 들기 푯말 등
다양한 표현 방식도 준비하면 좋습니다.

　교사가 질문을 제시합니다. (예: "짜장면 vs 짬뽕! 더 좋아하는 쪽으로 이
동!") 학생들은 선택한 쪽으로 이동합니다. 이동이 어려운 학생은 자리
에서 손 들기·카드 고르기·표정 카드 등으로 참여가 가능합니다. 휘슬
을 불어 이동을 멈추고 선택을 한 이유를 물어봅니다. "왜 짬뽕을 선택했
어?" "둘 다 좋아한다면 어떻게 할까?" 이러한 질문을 통해 다양성과 존
중 개념을 연결해줍니다. 더불어 서로의 선택을 보고 공통점과 차이를
발견할 수 있도록 합니다. "우리 여기에 있는 사람들은 같은 걸 좋아하는
코끼리네!" "친구와 다른 선택을 했지만 그것도 멋지지!" 등으로요. 활동
후에는 "누구와 같은 선택을 해서 기뻤나요?" "새롭게 알게 된 친구의 모
습이 있나요?" 등 짧은 대화로 활동을 마무리 합니다.

밸런스게임 PPT

활동지: 나는 어떤 코끼리

활동 3. 나는 어떤 코끼리?

교사는 다양한 성격 표현을 담은 활동지를 나눠주고 지문을 천천히 읽어줍니다. 그림에는 '잘 웃는' '친구를 잘 도와주는' '조용조용한' '궁금한 게 많은'처럼 아이들이 이해하기 쉬운 성격 표현이 담겨 있습니다. 학생들은 교사의 설명을 들으며 자신을 가장 잘 나타내는 성격 표현을 찾아 ○표를 하거나 글씨 색칠을 하며 선택합니다.

이 과정은 아이들이 스스로를 성찰하고 '나는 어떤 사람인가?'를 인식하는 사회정서교육의 핵심 단계입니다. 성격(성향, 기질)을 선택하는 동안 아이들은 "나는 조용한 편이야." "나는 정리를 잘해." 라고 자연스럽게 자신을 표현할 수 있고, 말로 설명하기 어려운 학생도 그림과 색칠을 통해 참여할 수 있습니다.

활동지를 마친 후에는 발표 시간을 가집니다. 아이들은 완성한 활동지를 들고 "저는 잘 웃는 코끼리예요!" "저는 혼자 놀 때 행복한 코끼리예요."와 같이 자신을 소개합니다. 다른 친구들의 발표를 경청하며 자신과 친구의 공통점과 다른 점을 찾아보기도 합니다. 이 과정에서 "어? 나도 잘 웃는 코끼리야!" "나는 다르지만 그것도 멋지다!"와 같은 반응이 자연스럽게 나옵니다.

이 활동은 자기 인식과 타인 이해 능력을 동시에 길러주며, '나'와 '친구'의 다름을 비교·판단 하는 것이 아니라 존중과 인정의 관점으로 경험하도록 돕습니다.

TIP

모두가 안전하게 수업에 함께할 수 있도록 하려면…

1. '정답'이 없다는 것을 분명히 합니다.
   아이들이 선택을 '맞고 틀림'으로 인식하면 다수 쪽으로 쏠리거나 소외되는 학생이 발생할 수 있습니다. 그러니 활동 전에 꼭 이렇게 말해 주세요. "이 게임에는 정답도 틀린 답도 없어요. 다 다를 수 있어서 더 재미있는 놀이예요."

2. 소수의 선택을 특별하게 다뤄주세요.
   한쪽에 혼자 서게 되는 상황은 위축이나 낙인을 만들 수 있습니다. 소수 쪽도 "와, 이 선택을 한 친구들이 있네! 이것도 정말 멋지다."처럼 조명해 주세요. 필요하다면 교사도 소수 쪽으로 이동해 주고 "선생님도 사실 이쪽이야."라며 지지해 주면 좋습니다. 소수의 자리에 서 있던 학생들의 얼굴에 웃음꽃이 피어나는 것을 볼 수 있을 것입니다.

3. 활동 3은 성격을 알아보는 시간입니다. 저학년 학생들에게 '나는 어떤 성격?'이라는 질문지는 막연할 수 있기 때문에 (활동지 예시처럼) 다양한 성격유형을 찾아 체크할 수 있는 활동지를 제공하면 좋습니다.

4. 특수교육대상학생을 위해서는 학생의 강점과 선호에 따라 다양한 방식으로 선택·구성할 수 있도록 설계하면 좋습니다. 시지각 민감성이 뛰어나고 손끝 사용이 능숙한 학생에게는 색종이를 활용한 코끼리 접기 활동을 추천합니다. 다양한 색의 색종이로 코끼리를 접고, 눈·코·입을 자유롭게 꾸미며 각기 다른 모습의 코끼리를 만들어 봅니다. 완성된 코끼리들은 울타리 안에 함께 모이게 하고, 학생들과 함께 어떤 색의 코끼리가 있는지 하나씩 확인해 봅니다.
코끼리의 표정을 통해 다양성을 함께 관찰해 보는 것도 좋습니다. 활동의 난이도는 낮추더라도, 학생들은 자신이 좋아하는 색, 선호하는 감정과 표정을 인식하는 경험을 하게 됩니다. 동시에 다른 친구들의 선택과 작품을 살펴보며 색·형태·길이 등 모습의 다름을 직관적으로 이해할 수 있습니다. 이를 통해 장애학생들도 모두 같은 공동체 안에 있는 소중한 존재임을 경험하게 됩니다. 이 활동은 학생들이 자기 세계에만 머무르지 않고 주변 친구들에게 자연스럽게 관심을 가지며 타인을 바라보는 눈을 넓혀 가는 의미 있는 시간이 됩니다.

수업 이야기

나와 너를 알아가는 시간, 마음이 가까워지다

밸런스 게임 활동이 시작될 때 교실은 약간의 긴장과 어색함이 감돌았습니다. 특히 한국의 공교육 현장에 첫발을 내딛은(?) 파키스탄에서 온 학생 자인이는 굳은 표정으로 조용히 주변을 살피고 있었습니다.

"자, 첫 번째 질문입니다! 분식은 떡볶이인가, 어묵인가?"

화면에 그림과 함께 선택지가 뜨자 여기저기서 웃음이 터졌고, 아이들은 들뜬 표정으로 여기저기로 움직였습니다. 잠시 뒤, 자인이를 향해 경주가 다가와 몸짓과 손짓을 이용해 말했습니다.

"어? 너도 어묵 좋아해? 나도!"

그 순간 자인이의 굳었던 표정이 조심스럽게 풀리며 작은 미소가 떠올랐습니다. 활동이 이어질수록 자인이는 점점 더 손을 번쩍 들고 선택하며, 친구들 틈에서 환하게 웃고 있었습니다. '나와 같은 것을 좋아하는 친구가 있다는 발견'이 그의 마음을 열어준 순간이었습니다.

"둘 다 좋아하면 안 돼요?"

한 학생이 손을 들고 진지한 표정으로 물었습니다.

"선생님, 저는 초코도 좋아하고 딸기도 좋아요. 그럼 어떻게 해야 돼요?"

교실이 순간 조용해졌습니다. 나는 아이들에게 되물었습니다.

"그래, 둘 다 좋아할 수도 있지. 우리는 꼭 한 가지만 선택해야 할까? 둘 다 좋아하는 친구들은 중간에 모여서 손을 잡자."

그 말에 아이들은 고개를 갸웃하다가 이내 고개를 끄덕였습니다.

"아! 다 좋아해도 되는 거구나!"

"우리는 같은 것을 좋아할 수 있지만 다른 것도 괜찮아요."

짧은 대화였지만 다름을 인정하고 선택의 다양성을 이해하는 중요한 배움의 시간이었습니다.

발견의 순간, 함께 웃다

그 활동의 한 가운데 발달장애가 있는 여름이가 있었습니다. 언어 표현이 어려운 여름이는 언어를 수용하는 능력은 좋은 편이라 지시에 잘 따르고 평소 수업 활동에서 눈치로 조용히 참여하는 편이었는데, 일부 친구들은 "말을 잘 못하니까 잘 모른다"고 생각하고 있었습니다.

밸런스 게임에서 '짜장면 vs 짬뽕'이 제시되자, 맵고 칼칼한 음식을 좋아하는 여름이는 주저 없이 짬뽕 카드 쪽으로 움직이며 활짝 웃었습니다. 그 모습을 본 지윤이가 놀란 듯 말했습니다.

"어? 여름이도 짜장면이랑 짬뽕을 아네? 짬뽕 좋아하는구나! 나도 짬뽕 좋아해!"

아이들은 신기하다는 듯, 그러나 금세 환한 표정으로 다가갔습니다.

"엄청 빨리 고르네! 그림을 잘 알아보네!"

"여름이 그림 그리는 거 좋아하지? 지난번에 봤어!"

평소 말로 표현하지 못했던 취향과 호불호가 밸런스 게임을 통해 드러나는 순간이었습니다. 교실에는 자연스러운 감탄과 웃음이 퍼졌습니다. 게임이 계속되자 여름이는 손을 크게 흔들며 자신감을 드러내고 크게 웃기도 했습니다. 또 다른 질문이 제시되자, 정수가 먼저 손을 내밀었습니다. "같이 가자! 나도 수영 좋아해."라며 손을 잡았습니다. 친구가 손을 잡아 주자 여름이는 환하게 웃으며 함께 이동했습니다. 마음이 먹먹해지는 장면이었습니다. 어떤 지시나 교육적 설명도 없이, 아이들 스스로 만들어낸 따뜻한 배려의 교실이었습니다. 밸런스 게임을 통해 '다른 점'을 이야기하고 '닮은 점'을 발견하는 경험이 서로를 향해 손을 내밀고 맞잡게 이끌고 있었습니다.

이 시간은 사회정서학습이, 진정한 배움이 교실 안에서 꽃피는 순간이었습니다. 여름이는 '말로 표현하진 못해도 나는 분명한 취향과 감정을 가진 사람'임을 경험하며 스스로에 관한 자기 인식을 드러냈고, 동시에 친구들은 그동안 여름이를 '말을 잘 못하니까 모를 것'이라는 막연한 시선에서 벗어났습니다. 여름이 역시 자신들과 같은 선택을 하고, 같은 이유로 웃고, 같은 방향으로 움직일 수 있는 친구라는 사실을 깨닫게 되었습니다. 각자가 자신을 드러내고, 서로가 알고 이해하는 활동들을 더 많이, 더 자주 해야겠다고 생각하게 하는 수업이었습니다.

9장

수업 이름

경청과 공감의 마시멜롱 마을

◆ **주제:** 경청

◆ **목표:** 경청의 의미와 방법을 알고, 마시멜롱을 꾸며 경청과 공감을 표현한다.

◆ **사회정서역량 영역** ◎(주) ○(부)

자기 인식	자기 관리	사회적 인식	관계 기술	책임 있는 의사결정
	◎		○	

◆ **1~2학년 관련 교과 및 단원**

[국어 1-2-8] 느끼고 표현해요. [통합-상상] 행복을 주는 말을 해요(p.78).

[국어 2-1-1] 만나서 반가워요!

주제와 역량

"선생님, 이거 잘 안 돼요!"

재미있는 만들기 수업을 하던 중 낑낑대던 아이가 외칩니다. 가서 살펴보면 정작 설명한 것과 전혀 다른 모양으로 하고 있습니다.

"선생님이 이렇게 하라고 했는데 반대로 했네."

아이는 처음 듣는다는 듯 놀란 눈으로 말합니다.

"그래요?"

쉬는 시간에 블록쌓기를 하며 놀던 아이들이 티격태격합니다.

"야, 이거 여기다 놓아야 된다고 했잖아."

"언제? 못 들었는데? 그리고 내가 이건 저기다 놓자고 했잖아. 내 말 좀 제대로 들어라!"

교실 속 흔한 풍경입니다. 선생님이나 친구가 말하고 있는데 끝까지 듣지 않고 자신이 하고 싶은 말을 하는 경우, 상대방이 말하는데 보지도 않고 시선이 다른 데 가 있는 경우가 허다합니다. 그러곤 자기 말을 잘 듣지 않는다며 답답해 합니다. 갈등이 되기도 합니다. 교실에서 보이는 많은 오해와 다툼은 서로의 말을 잘 듣지 않아서 일어나는 경우가 많습니다. 잘 듣는 것만으로도 불필요한 다툼이 크게 줄어들 수 있습니다.

초등 1~2학년은 학교와 학급이라는 사회 안에서 타인을 이해하고 관계를 맺어가는 법을 기초부터 배우는 중요한 시기입니다. 그렇기 때문에 타인과 교류·소통하는 관계 기술을 제대로 배우고, 태도가 되도록 익히는 연습이 중요합니다. 관계 기술은 다른 사람과 건강하고 상호 지지

하는 관계를 맺고 유지하며, 여러 사회적 상황을 능숙하게 다루는 능력입니다. 이러한 관계 기술을 세워가는 첫걸음은 '경청'에서부터입니다. 상대방의 말을 정확히 들어야 그 사람의 상황과 원하는 것, 감정 등을 이해할 수 있습니다.

그렇다면 경청이란 과연 무엇일까요?

경청의 한자어 풀이를 찾아 보면 흥미롭습니다. 경청의 경(傾)은 기울 경으로 상대방쪽으로 몸을 기울여 집중한다는 의미라고 합니다. 경청의 청(聽)은 들을 청으로 세상의 이야기를 살펴 들으려는 왕처럼(왕 王), 귀를 열어 소리를 듣고(귀 耳), 열 개의 눈으로 보듯 상대방의 표정과 몸짓 등을 잘 살피고(열 개의 눈 十 + 目), 상대방의 마음과 하나가 되어 공감하는 것(한마음 一 + 心)이라 풀이하기도 합니다.

상대방과 잘 소통하기 위해서는 마음을 열어 상대방의 이야기에 귀를 기울이는 것에서부터 시작해야 합니다. 관계 기술의 핵심이자 시작인 경청은 사실 어른들도 의식하고 훈련하지 않으면 힘듭니다. 그렇기에 초등학교 저학년 시기부터 경청하는 태도를 배우고 내면화하는 것이 필요합니다. 상대방의 이야기에 귀 기울지 않아 벌어지는 흥미진진한 사건이 담긴 그림책 이야기를 통해 관계 기술의 기초가 되는 경청에 대해 배워 봅니다.

수업과 활동

"서생님, ○○○○ 보여줘요."

중간놀이시간, 컴퓨터 앞에 앉아 급한 업무를 처리하고 있는데 하민이가 와서 말합니다. 종종 좋아하는 만화 캐릭터를 출력해달라고 하는 하민이였습니다. 그런데 그날은 평소 익숙하게 듣던 캐릭터 이름이 아니었습니다. 말할 때 아직 발음이 부정확해서 가끔씩 하민이가 하는 말을 잘 못 알아들을 때가 있었는데, 그날은 처음 듣는 캐릭터여서 도통 이름을 정확히 알 수가 없었습니다. 저와 특수교육 실무사 선생님은 하민이가 말하는 새로운 캐릭터의 정체를 알아내기 위해 이런저런 질문을 해보았지만 도저히 알 길이 없었습니다. 그때, 특수학급에 놀러온 경진이가 눈에 띄었습니다. 경진이에게 하민이가 말하는 캐릭터가 무엇인거 같냐며 도움을 청했습니다.

경진이는 하민이에게 "차야? 로봇이야? 만화야?" 등등 앞서 저희가 했던 질문을 하면서 하민이의 말에 귀를 기울였습니다. 그렇게 한동안 질문과 답이 오가고 하민이의 말을 반복해서 듣던 경진이가 불현듯 생각난 듯 외쳤습니다.

"○○○○이야?"

그제서야 하민이는 환한 미소를 지으며 큰소리로 대답했습니다.

"응~, 마자!"

드디어 정답을 알아낸 저, 특수교육 실무사, 경진이는 환호했고, 하민이는 아주 만족스러운 얼굴로 이제 알았으니 빨리 출력해 달라며 저를 재촉했습니다.

겸청을 말할 때면 종종 이 장면이 떠오릅니다. 하민이 말의 뜻을 이해하기 위해 세 명이 둘러싸고 하민이의 표정과 몸짓과 말에 온 신경을 집중해 들었던 그 순간이 바로 상대방의 이야기에 귀 기울이는 가장 인상적인 장면으로 제게 각인된 것입니다.

특수교육대상학생 중에는 발음이 부정확해서 의사를 정확하게 전달하기 어려운 학생도 있고, 자신이 바라는 것을 울음이나 고함, 또는 다른 부적절한 몸짓으로 표현하는 학생들도 있습니다. 특수교육대상학생이 아니라도 교실에는 이와 비슷한 친구들이 하나둘은 있습니다. 교실 안에서 이 학생들이 겉으로 드러내는 말과 행동에 숨은 뜻을 헤아려 보려면 이런 경청이 필요합니다. 이지은 작가의 그림책《이파라파냐무냐무》는 나와 다른 이에 대한 편견과 오해를 풀어가는 해결책으로 경청이라는 중요한 관계 기술을 꼬마 마시멜롱을 통해 보여줍니다. 제목부터 그림과 스토리까지 호기심과 궁금증을 유발해서 아이들은 그림책과 수업에 더 몰입합니다. 이야기를 읽으며 또박또박 말할 수 없었던 털숭숭이의 입장을 헤아려 보고, 꼬마 마시멜롱이 던진 질문과 행동을 살펴보며, 경청이란 무엇일지 생각해보는 시간을 가져보고자 했습니다.

경청은 단순히 귀로 소리를 듣는 것 뿐아니라, 상대방의 얼굴을 보고 표정과 말투 몸짓을 살피며 그 마음을 헤아리는 것이라고들 합니다. 그렇게 털숭숭이의 마음을 헤아린 꼬마 마시멜롱의 경청을 통해 오해가 풀리고 이해하며 공감하게 되면서 평화가 찾아온 마시멜롱 마을처럼, 우리 교실도 그런 경청과 공감이 가득한 반이 되기를 바라며 마시멜롱 마을 만들기 활동도 해봅니다.

《이파라라냐무냐무》, 이지은, 사계절(2020).

활동 1. 그림책 읽고 이야기 나누기

《이파라파냐무냐무》 그림책은 귀여운 마시멜롱이 살고 있는 평화로운 마을의 일상을 보여주며 시작합니다. 그러던 어느날 갑자기! 무슨 뜻인지 알 수 없는 말을 온 마을이 떠나가라 외치는 거대한 털숭숭이가 나타납니다. 마시멜롱들은 털숭숭이의 외모와 목소리에 놀라 자신들을 냠냠 잡아먹을 거라 오해하고 털숭숭이를 공격합니다. 그 와중에 꼬마 마시멜롱은 털숭숭이의 이야기를 직접 들어보기로 하고 털숭숭이를 찾아갑니다. 꼬마 마시멜롱이 털숭숭이의 말을 귀 기울여 듣는 과정을 통해 그간의 오해는 샤르르 풀리고 마시멜롱 마을에 다시 평화가 찾아옵니다.

경청을 주제로 하는 수업이기에 오해와 편견이 생기는 상황과 경청을 통해 문제들이 해결되고 평화가 찾아오는 과정에 집중하며 그림책을 읽습니다. 경청의 본을 보여준 꼬마 마시멜롱의 말과 행동, 그로 인해 생긴 변화를 학생들이 주의 깊게 살펴볼 수 있도록 중요한 장면들은 대사를 추가하거나 상황을 설명해주며 그림책을 함께 읽습니다.

• '이파라파냐무냐무'는 무슨 뜻일까요? 누가 하는 말일까요?

• 마시멜롱들은 왜 털숭숭이가 자기들을 잡아먹을 거라고 생각했을까요?
• '이파라파냐무냐무'는 무슨 뜻이었나요?
• 털숭숭이는 왜 마시멜롱들이 공격해도 가만히 있었을까요?
• 다른 사람이 나의 말을 귀담아 듣지 않아 답답했던 경험이 있나요? 그때 나의 마음은 어떠했나요?
• 마시멜롱처럼 다른 사람의 말을 잘 듣지 못해 오해한 적이 있나요?
• 다른 마시멜롱들이 털숭숭이를 오해하고 공격할 때 꼬마 마시멜롱은 어떻게 했나요?
• 다른 사람이 나의 말을 귀 기울여 잘 들어주었던 적이 있나요? 그때 마음은 어떠했나요?
• 털숭숭이가 이빨이 아파서 그런 것이라는 것을 알았을 때 마시멜롱들의 마음은 어떠했을까요?
• 마시멜롱들이 털숭숭이의 상황을 이해하고 공감해주어서 털숭숭이의 마음은 어땠을까요?

활동 2. 꼬마 마시멜롱의 경청

꼬마 마시멜롱이 털숭숭이를 찾아가 직접 얼굴을 마주하고 털숭숭이의 말을 들어준 과정을 떠올려보며 경청의 의미와 경청하는 법을 알아봅니다.

1) 경청이란 무엇일지 이야기를 나눕니다.

괴로운 듯 고함치는 털숭숭이의 표정, 공격하는 마시멜롱들을 헤치지 않은 털숭숭이의 행동을 보며 어쩌면 다른 이유가 있지 않을까 생각했을 꼬마 마시멜롱의 행동을 되짚어봅니다.

2) 경청을 하면 어떤 점이 좋을지 학생들의 생각을 들어봅니다.

3) 경청을 잘하려면 어떻게 하면 좋을지 그림책 속 꼬마 마시멜롱이 했던 말과 행동을 살펴보며 알아봅니다. 눈 마주치기, 친구의 말 귀기울여 잘 듣기, 듣는 동안 고개 끄덕이기, 모르면 물어보기 등 그림 힌트를 주며 경청을 잘하는 법을 맞춰보게 하고 설명해줍니다. 교사가 하나씩 설명할 때마다 실제로 경청하는 행동을 짝꿍과 마주보며 해보도록 합니다.

4) 경청하며 친구의 이야기에 공감하는 법도 알아봅니다.

마시멜롱들이 털숭숭이의 말을 제대로 이해했을 때 '많이 아팠겠다'라고 공감하며 충치를 치료해주는 장면을 살펴봅니다. 공감하는 말과 행동으로 친구가 말할 때 반응해주기(아, 응~, 정말?, 그렇구나!), 친구가 어떤 느낌이었을지 말해주기(많이 속상했겠다, 정말 좋았겠다)를 설명해줍니다. 그밖에 공감하는 말과 행동에는 어떤 것이 있을지 이야기 나눠봅니다.

이 활동은 학생들이 그림책 속 인물들의 행동을 살펴보고 자신의 생각을 자유롭게 이야기하면서 경청의 필요성과 방법을 좀더 친숙하고 이해하기 쉽게 배울 수 있도록 접근해 봅니다.

활동 3. 경청과 공감의 마시멜롱 마을을 만들어요.

경청과 공감의 마시멜롱 마을 만들기를 해봅니다. 교실 앞에 작은 책상을 두고 그 위에 책상 크기의 인조 잔디판을 올립니다. 종이로 만든 나무 서너 개를 세워두고, 가운데 털숭숭이 인형을 둡니다.

하얀 마시멜로와 키세스 초콜릿으로 마시멜롱을 만듭니다.(마시멜로와 키세스 초콜릿으로 마시멜롱을 만들고 마을을 꾸미는 활동은 광주 극락초등학교 김진애 선생님의 수업 활동을 참고했습니다.) 수업의 주제에 맞게 마시멜로에 얼굴을 그릴 때 경청하고 공감하는 마시멜롱의 표정을 그려보도록 합니다. 어떤 상황에서 경청하고 공감하는 건지 생각해본 뒤 얼굴 표정을 그리도록 하면 좋습니다.

그림책 속 빨간 열매 대신 경청과 공감의 말과 행동이 담긴 열매를 달기로 합니다. 학생들에게 다양한 모양의 작은 메모지를 여러 장 나누어주고, 각자 실천할 수 있는 경청과 공감의 말과 행동을 메모지에 각각 하나씩 적어 나무에 붙이도록 합니다.

경청과 공감의 열매가 가득 열린 나무들이 서 있고, 활짝 웃는 털숭숭이와 함께, 경청하고 공감하는 다양한 표정의 마시멜롱들이 살아가는 마시멜롱 마을을 완성합니다.

활동 4. 경청과 공감의 마시멜롱 마을을 감상해요.

경청과 공감의 마시멜롱 마을이 완성되면 한 사람씩 나와서 자신이 만든 마시멜롱을 친구들에게 보여주며 어떤 상황에서 경청하고 공감하는 표정인지 발표합니다. 자신이 붙인 나무열매에 담긴 경청과 공감의 말과 행동도 말해줍니다. 모두의 이야기를 다 들은 후, 경청을 잘해서 평화가 찾아온 마시멜롱 마을처럼 우리도 경청을 실천해 보기로 합니다.

모두가 안전하게 수업에 함께할 수 있도록 하려면…

1. 활동 1에서 그림책을 읽고 이야기를 나눌 때 '털숭숭이는 왜 알아듣지 못하게 말했을까요?'라는 질문으로 털숭숭이가 그럴 수 밖에 없었을 이유와 나도 그럴 때가 있지 않았는지 생각해 볼 수 있도록 해주세요. 그렇게 하면 반에 발음이 부정확하거나 의사를 적절하게 표현하지 못하는 특수교육대상학생의 입장이나 마음도 자연스럽게 꺼내어 볼 수 있습니다.

2. 활동 3에서 마시멜롱 마을의 털숭숭이 인형은 검정색 수면 양말로 만들 수 있습니다. 사계절출판사의 유튜브 채널에 '털숭숭이 인형 만들기' 영상이 있습니다. 비교적 간단하게 만들 수 있으니 마시멜롱 마을에 털숭숭이 인형이 짜잔하고 놓여지는 순간 환해지는 아이들의 표정을 기대하며 꼭 한번 만들어보시길 추천합니다.

3. 영상대로 만들기 어려우면 더 간단하게 만들 수도 있습니다. 검정색 수면 양말을 발 뒤꿈치까지 자르고 그 안에 방울솜을 빵빵하게 채워 바느질로 꼬매 몸통을 만든 뒤 귀와 손은 생략하고 색지로 눈과 입만 만들어 붙여주세요. 그것만으로도 그림책 속 털숭숭이의 매력이 물씬 전해집니다.

4. 나무열매로 붙일 메모지에 경청하고 공감하는 말과 행동을 적을 때 활동 2에서 나눈 경청과 공감의 말과 행동 예시를 인쇄물로 나눠주어도 좋습니다. 예시의 내용을 참고해서 생각을 확장해 더 다양한 내용을 적을 수 있고, 특수교육대상학생을 포함하여 적절한 내용을 생각하기 어려워하는 학생들은 예시에서 마음에 드는 것을 골라 보고 적을 수 있어 도움이 됩니다.

5. 이 수업은 2차시로 진행하면 좋습니다. 만들기 활동과 발표하는 시간까지 고려하면 1차시 수업으로는 마무리하기 어려울 수 있습니다.

수업 이야기

나도 꼬마 마시멜롱

"경청이란 무엇일까요?"

아이들은 자신있게 대답합니다.

"친구의 말을 잘 듣는 거예요."

"귀 기울여 잘 듣는 거예요."

"네, 맞아요. 경청은 꼬마 마시멜롱이 털숭숭이를 찾아가 했던 것처럼 상대방의 말을 귀 기울여 들으며 마음을 헤아려 주는 것이에요. 그럼, 경청을 잘하면 어떤 점이 좋을까요?"

아이들은 자신의 경험을 떠올리며 대답합니다.

"오해를 안 해요."

"말을 잘 들어주니까 기분이 좋아요."

"내 말을 잘 들어주니까 친해져요."

아이들에게 다시 물었습니다.

"이렇게 기분도 좋아지고, 친구 사이를 좋게 해주는 경청을 잘하려면 어떻게 하면 될까요?"

그림책 장면을 다시 보여주며 생각할 시간을 주었습니다. 그후에 아이들에게 눈을 마주치는 그림, 귀 그림, 고개를 끄덕이는 그림, 물음표 그림 힌트도 줍니다. 아이들은 수업과 힌트를 연결하며 경청을 잘하기 위한 방법(눈 마주치기, 귀 기울여 잘 듣기, 고개 끄덕이기, 모르면 다시 물어보기)을 자신있게 맞췄습니다. 옆의 짝과 마주보며 경청하고 공감하는 행동도 해보았습니다. 서로를 바라보며 고개를 끄덕이는 얼굴에 웃음이 가득합니다.

어느 해에는 옆반의 특수교육대상학생 종수가 있는 통합학급에 들어가서 수업을 하게 되었습니다. 종수는 학기초 교실 바닥매트에 누워 '싫어 싫어 안 할거야'를 입에 달곤 했습니다. 수업을 하기 전 옆반 특수 선생님과 종수가 하는 말의 진정한 속뜻을 반 친구들에게 알려주면 좋겠다는 이야기를 나눈 적이 있었습니다.

그래서 그 반에서는 종수가 자주 하는 말 '싫어, 싫어. 안할거야'는 진짜로 무슨 뜻일지 종수의 마음을 헤아려 보기로 했습니다. 아이들은 "너무 힘들어?" "쉬고 싶어?" 등등 나름 종수의 입장이 되어 대답했습니다. 종수의 마음을 헤아려 본 대답에 '맞아, 그럴 수 있겠다, 친구들이 종수의 마음을 잘 이해하고 있네'라며 고개를 끄덕였습니다.

아마도 종수의 그 말은 "나도 너희처럼 잘하고 싶어, 어떻게 하는지 알려줘. 도와줘."라는 표현일 거라고 한 발 더 이해하도록 했습니다. 여러 상황에서 종수가 그런 말을 할 때 종수가 무얼 하던 상황이었는지, 잘 살펴보면 종수가 하려는 말의 속뜻을 이해할 수도 있을 거라 전해주었습니다.

학급에 의사소통에 어려움이 있는 특수교육대상학생이 있다면 털숭숭이와 꼬마 마시멜롱의 이야기를 통해 울음과 고함소리 뒤에 숨겨진 친구의 속마음을 헤아려 보는 시간을 가져보세요. 그 아이의 말과 행동에 담긴 뜻을 헤아려 보려는 시도만으로도 같은반 아이들이 그 친구를 바라보는 마음과 태도에 변화가 생길 수 있습니다.

'우끼끼끼' : 내 말을 잘 들어줘서 기분이 좋아

초록색 인조 잔디판 위에 전날 제가 정성을 들여 만든 털숭숭이 인형을 놓았습니다. 복슬복슬 털숭숭이 인형을 보는 순간 아이들이 "와~ 털숭숭이다!" "귀여워!"를 외쳤습니다. 경청과 공감의 마시멜롱 마을이 만들어집니다.

아이들 모두가 만든 다양한 표정의 마시멜롱들이 털숭숭이와 함께 어울려 있는 마시멜롱 마을이 완성되었습니다. 마을의 나무들에는 '끄덕끄덕, 그랬구나. 눈을 마주쳐요. 잘 들어줘요. 모르면 물어봐요, 말해줘서 고마워. 아, 맞아' 등 경청과 공감의 말과 행동들이 담긴 열매들이 주렁주렁 열렸습니다.

한 명씩 앞으로 나와 자신이 만든 마시멜롱이 지금 어떤 상황에서 경청하고 공감하는 표정을 짓고 있는지 발표했습니다. 아이들이 들려주는 마시멜롱들의 이야기는 그 표정만큼이나 다양합니다.

"원래는 경청을 잘 안 했는데, 연습하다 보니까 나중에는 경청을 잘하게 돼서 기분이 좋아진 마시멜롱이에요."

"친구가 속상한 이야기를 하는 걸 듣고 나도 슬퍼서 우는 거예요."

"처음에는 잘 안 들어서 오해를 했는데, 경청을 해서 '아, 그렇구나!' 하고 놀라는 표정이에요."

학생들은 활짝 웃는 마시멜롱, 울고 있는 마시멜롱, 깜짝 놀란 마시멜롱의 표정 뒤에 숨어 있는 이야기를 풀어놓았습니다.

주영이는 "엄마가 쇼핑을 하면서 내가 갖고 싶었던 리본을 사줘서 기분이 좋아요"라고 발표를 합니다. 보니 빨간 리본을 단 마시멜롱이 웃고 있습니다. 주영이도 방긋 웃고 있습니다. 경청이나 공감과 별 상관없어 보일 수도 있지만 "엄마가 장난감 사달라는 주영이의 말을 귀 기울여 들어주셨구나"라며 경청과 연결해 이야기를 풀어주었습니다. 이렇게 주제와 상관이 없어 보이는 내용도 적절하게 경청이나 공감으로 해석해서 이야기해주면 아이들이 오늘의 수업 주제를 놓치지 않을 수 있습니다.

평소에 부끄러움이 많아 수업시간에 발표를 잘 안 하던 예성이는 마시멜롱 만들기를 하면서 마음이 편안해지고 재미났던지 "말을 잘 들어줘서 기분이 좋은 거예요."라고 친구들 앞에서 작은 목소리지만 발표를 해서 박수를 받았습니다. 순간 뿌듯해하는 표정이 예성이 얼굴에 나타났습니다.

"싫어, 안 할거야"라고 자주 말하던 종수는 "이 마시멜롱은 어떤 표정인가요"라는 질문에 "우끼끼끼"라고 대답해 친구들의 깔깔깔 웃음을 터트렸습니다. "우끼끼끼가 무언가요?" 물으니 종수는 귀여운 목소리로 "웃는 거야"라고 대답했습니다. 종수의 대답을 듣고 저는 "아, 친구들이 종수의 말을 잘 들어줘서 기분이 좋아 '우끼끼끼' 웃었나봐요"라고 재해석해 주었습니다. 이처럼 때론 상황에 맞지 않는 듯한 말을 반 친구들이 이해할 수 있도록 풀어주는 교사의 역할이 필요할 때가 있습니다.

그림책 속 마시멜롱 마을이 교실에 구현되자 아이들은 애정과 관심을 가지고 바라보았습니다. 아이들은 쉬는 시간 털숭숭이와 마시멜롱들을 가지고 놀기도 하고 가만히 보기도 했습니다. 통합학급을 오고 가며 교실 한구석에 자리잡고 있는 마시멜롱 마을을 볼 때마다 제 마음에도 흐뭇한 미소가 지어졌습니다.

때론 누군가 마시멜롱이기도 하고, 털숭숭이기도 할 교실에서 아이들은 교실 한편에 있는 마시멜롱 마을을 보며 관계 기술의 핵심인 경청을 시시때때로 떠올릴 것입니다.

10장

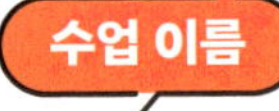

감사띠를 만들어요

◆ **주제:** 감사

◆ **목표:** 고마운 일을 생각해 보고 감사띠로 표현한다.

◆ **사회정서역량 영역** ◎ (주) ○ (부)

자기 인식	자기 관리	사회적 인식	관계 기술	책임 있는 의사결정
		○	◎	

◆ **1~2학년 관련 교과 및 단원**

  [통합-사람들] 고마운 사람들(p.46). [통합-기억] 칭찬을 나눠요(p.44).

"아이들이 같은 반인데도, 자꾸만 따로 노는 것 같아요."

교실에서 선생님들을 만나면 학생들 이야기가 끝없이 이어집니다. 선생님들은 학생들의 관계에 대한 고민이 참 많습니다. 그러다 보니 학습 방법이나 수업 활동에 관해서보다, 교실의 분위기와 아이들의 관계를 어떻게 만들어 가야 할지에 관한 이야기가 더 많이 오갑니다.

"아이들이 '우리 반'이라고 느낄 수 있게 해주고 싶은데, 어떻게 해야 할까요?"

"같이 하면 더 즐거울 수도 있다는 걸, 아이들이 스스로 알게 해 주려면 어떻게 하면 될까요?

관계는 가르친다고 바로 생기지 않고, 기다린다고 저절로 좋아지지도 않기 때문에, 교실 안에서 어떻게 관계 기술을 길러 줄 것인가를 고민하게 됩니다. 이러한 고민에서 제가 찾은 것은 '감사'를 관계 기술과 연결해 가르치는 것이었습니다.

감사는 관계 기술을 기르는 데 중요한 역할을 합니다. 감사는 아이가 자신의 긍정적인 경험을 '혼자 해낸 것'이 아니라, '누군가의 도움과 배려 속에서 이루어진 것'으로 바라보게 합니다. 이러한 경험을 통해 아이들은 관계를 경쟁이나 비교가 아닌, 서로에게 힘이 되는 연결로 인식하게 됩니다. 감사는 관계 기술을 세워 가는 중요한 출발점이 될 수 있습니다.

수업과 활동

학기 초부터 '우정이 싹트는 교실' 수업에서는 서로의 강점을 발견하고, 다양한 감정을 이해하며, 함께 협력하는 경험들을 차곡차곡 쌓아 왔습니다. 앞선 수업에서 경청하고 공감하는 법을 다뤘다면, 이제 그 위에 상대에 대한 존중과 그 마음을 명시적으로 표현하는 과정으로 나아갑니다. '감사'를 다루는 활동은 자연스럽게 다정한 관계를 쌓아가는 단계로 나아가게 합니다. 아이들이 관계 속에서 느끼는 따뜻함을 구체적인 언어로 표현해 보며, 어찌 보면 뻔해 보일 수도 있는 작은 말들이 학급 안에서 어떤 힘을 가지는지 직접 경험하는 시간이 됩니다.

누군가에게 고마웠던 순간을 떠올리고 말이나 글, 혹은 그림으로 표현해 보는 과정은 아이들이 타인의 마음을 상상하게 하고, 학급 안의 긍정적인 상호작용을 부드럽게 이끌어냅니다. 이는 관계 기술을 한층 더 단단하게 만들어 줍니다.

우리는 자칫 사람들을 '돕는 사람'과 '도움을 받는 사람'으로 쉽게 나누어 생각합니다. 그러다 보니 특수교육대상학생은 당연스레 '도움을 받는 사람'으로만 인식됩니다. 하지만 누구도 도움을 받기만 하며 살아가는 사람은 없습니다.

통합학급 학생들과 대화를 나누다 보면 특수교육대상학생을 동생처럼 여기거나, 도움을 받아야만 하는 사람으로 생각하는 모습을 종종 만나게 됩니다. 그럴 때 저는 이렇게 질문을 던져 보곤 합니다.

"우리가 한별이에게 고마운 건 뭐가 있을까?"

그러면 곧 이런 대답을 듣게 됩니다.

"한별이는 우리가 도와주는데요?"

이 말에는 특수교육대상학생을 '도와주어야 하는 사람'으로 자연스럽게 인식해 온 아이들의 익숙한 시선이 담겨 있습니다.

이런 인식을 어떻게 바꿀 수 있을까, 서로가 도움을 주고받는 관계라는 것을 어떻게 가르칠 수 있을까, 고민하다《누구나 잘하는 게 있어》라는 그림책이 떠올랐습니다. 초등 1~2학년 아이들은 아직 도움의 형태가 다양하다는 것, 보이지 않는 기여가 있을 수 있다는 사실을 충분히 경험해 보지 못했습니다. 그래서 그림책을 매개로 아이들과 사람은 누구나 도움을 주고받으며 살아가고, 도움을 받기만 하는 사람은 없다는 이야기를 함께 생각해봅니다. 우리가 너무 익숙해서 미처 살피지 못했던 장면에 대해서도 아이들과 함께 나눌 수 있었습니다.

그 후 학생들의 대답이 조금씩 달라지기 시작했습니다.

"한별이가 제 연필을 주워줬어요."

"수업 시간에 대답을 열심히 하는 한별이 덕분에 저도 더 열심히 하게 돼요."

아이들은 한별이가 도움을 받기만 하는 존재가 아니라, 학급 안에서 도움을 주는 순간들도 있다는 것을 발견해 가고 있었습니다.

이처럼 감사를 배우고, 떠올리고, 표현해 보는 과정을 통해 아이들은 서로 다른 성향과 특성을 지닌 친구들이 서로에게 도움을 줄 수 있다는 사실을 자연스럽게 경험하게 됩니다. 이 과정은 곧 다양성을 이해하고 받아들이는 태도로도 이어집니다.

이러한 이유로 감사에 관한 그림책을 매개로 한 수업 활동을 구상하게 되었습니다. 감사는 거창한 일이 아니라, 하루하루를 살아가며 서로에게 건네는 작은 친절을 알아보는 데서 시작됩니다.

《고마워 고마워요 고맙습니다》를 통해 아이들이 지나쳤던 따뜻한 경험을 다시 발견할 수 있기를 바랐습니다.

한 걸음 더 나아가 감사띠처럼 눈에 보이는 결과물로 남는 활동을 통해 아이들이 교실 안에서 서로가 얼마나 많은 도움을 주고받고 있는지를 돌아보게 하고, 자기 자신 또한 누군가에게 소중한 존재임을 깨닫게 합니다.

'우정이 싹트는 교실'이 꿈꾸는 다정한 관계는 바로 이런 작은 말과 마음에서 자랍니다. 그래서 수업에서는 아이들이 일상 속 고마운 순간을 발견하고, 그 마음을 표현하는 기쁨을 경험하도록 만들었습니다.

《고마워 고마워요 고맙습니다》, 일레인 비커스, 책읽는곰(2023).

활 동 소 개 ·····

활동 1. 그림책 함께 읽기

그림책 《고마워 고마워요 고맙습니다》를 함께 읽는 시간은 아이들이 일상 속에서 스쳐 지나갔던 고마운 순간들을 다시 바라보게 하는 활동입니다. 책 속 주인공이 하루 동안 만나는 다양한 상황과 사람, 사물에게 고마운 마음을 전하듯, 아이들도 자신이 받은 작은 도움과 친절을 떠올려 볼 수 있도록 합니다. 그림책을 매개로 고마움의 의미를 자연스럽게 느끼고, 자신의 언어로 표현해 보는 경험은 아이들의 마음을 따뜻하게 열어주며, 서로를 바라보는 시선을 한층 부드럽게 만들어 줍니다.

활동 2. 고마운 마음에 대해 이야기 나누기

그림책으로 한껏 몽글몽글해진 마음을 학생들 자신의 이야기로 가져옵니다. 그림책에서 주인공이 고마워하는 모습을 살펴본 학생들에게 질문합니다.

"가까운 곳에서부터 고마운 것들을 찾아볼까요?"

학생들은 의외로 "선생님~고마운 적이 없어요." "생각이 안 나요." 합니다. 고마운 마음은 잘 발견되지 않는 마음입니다. 그냥 스쳐지나가기 쉽습니다. 게다가 아직 초등 저학년이라 고마운 상황과 장면을 충분히 담아 두지 않아서 쉽게 표현하기 어려워합니다. 하지만 몇 명의 학생들이 손을 들고 말하기 시작하면 여기저기서 이야깃거리가 쏟아집니다. 어떤 경우에는 모든 학생들이 한 번씩 다 돌아가며 고마운 마음을 두 가지 정도씩 말해보기로 할 때도 있습니다. 손을 들고 발표할 때보다는 모두가 하나 이상씩은 말해보자라고 했을 때가 더 좋았습니다. 몇 가지 구체적인 질문을 던져주거나, 교사가 자신의 이야기를 먼저 풀어놓으면 학생들의 이야기를 퍼올리는 마중물이 됩니다.

◆ 대화 2

학생 저는 고마운 게 없어요.

교사 갑자기 생각하려니 생각이 안 나는구나. 고마운 마음은 갑자기 떠올리기 쉽지 않을 수 있어요. 가까운 곳에서부터 고마운 것들을 찾아봐요. 우리 교실에서 고마웠던 일은 무엇이 있을까요?

교사 선생님은 ○반 친구들에게 고마워요. 그림책 읽을 때 선생님의 이야기를 잘 들어준 ○○이에게 고마워요. 여러분을 만날 수 있게 시간을 내어주신 ○○ 선생님께도 고맙습니다.

학생들

"어! 저도 생각나는 거 있어요. 공부를 가르쳐주는 선생님께 고마워요."

"○○이가 나랑 축구해줬어요. ○○이한테 고마워요."

"짝꿍이 연필을 주워줬어요. 고마워요."

"○○이랑 놀아서 고마워요."

활동 3. 감사띠 만들기

그림책도 읽고, 이야기도 나누었다면 이제는 고마운 마음을 눈에 보이도록 표현해봅니다. 감사띠를 만드는 활동입니다. 알록달록 예쁜 색종이를 한 장씩 나눠주고, 가위, 풀, 연필을 준비하도록 합니다. 색종이를 4등분으로 나누고, 각각의 조각에 고마운 내용들을 적을 수 있도록 안내합니다. 글을 쓰기 어려워하는 다양한 학습자들을 위해 고마운 친구의 이름만 써도 괜찮다고, 그리고 어려우면 손을 들어 달라고 합니다. 교사

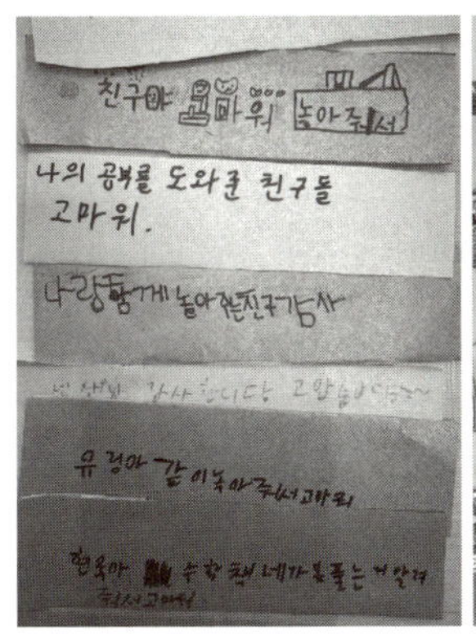
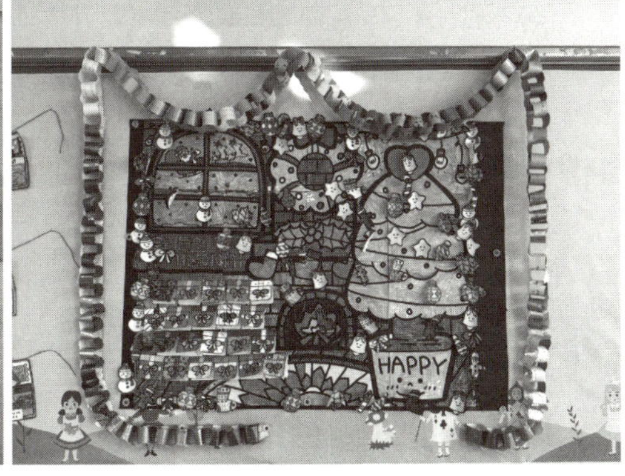

는 학생들 사이를 다니며 내용을 떠올리기 어려워하거나, 글을 쓰기 어려워하는 학생들을 지원합니다.

모두가 안전하게 수업에 함께할 수 있도록 하려면…

1. 감사띠를 만들 때 반짝거리거나 예쁜 무늬가 있는 색종이를 활용하면 아이들이 더 즐겁게 참여할 수 있습니다.

2. 수업 이후로도 감사띠를 더 이어갈 수 있도록 해서 감사하는 마음을 꾸준히 떠올리는 연습을 하게 할 수도 있습니다. 이렇게 완성한 감사띠는 다음 수업이나 한 달 후, 또는 학기 말에 아이들과 풀어서 읽어보며 사회정서수업의 마무리 활동으로 연결해 볼 수도 있습니다.

3. 감사띠를 완성하고 교실의 창문이나 문, 칠판 위쪽에 전시해두고 반 친구들이 표현한 감사 내용을 떠올려 보도록 할 수 있습니다.

4. 감사는 특수교육대상학생에게 다소 추상적으로 느껴질 수도 있습니다. 사진이나 그림 카드처럼 눈에 보이는 장면을 제시하여 학생이 실제로 겪었던 작은 도움과 친절을 떠올릴 수 있도록 돕습니다. 이때 교사가 먼저 "선생님은 오늘 ○○이가 문을 열어줘서 고마웠어."와 같이 말해주는 것이 도움이 됩니다.

5. 소근육 사용이 어렵거나, 한글 해득이 되지 않아서 글쓰기가 어려운 학생이 있다면 그림 고르기, 스티커 붙이기, 교사가 대신 적어주기 등의 다양한 표현 방식을 제시합니다. 선택권을 넓혀 주면 활동에 대한 부담이 줄어들고, 학생은 '스스로 참여했다'는 느낌을 가질 수 있습니다.

수업 이야기

고마워라는 말, 어떻게 건네야 할까

한 교실에서 함께하는 학생 수가 줄어들면서 좋아진 점도 있지만, 아쉬운 점도 있습니다. 교실에서 자연스럽게 다정한 말을 듣거나 전할 기회가 예전보다 줄었다는 것입니다. 며칠씩 아파 결석하고 돌아왔을 때 "괜찮아?"라고 물어줄 친구가 적어졌고, 생일날 "축하해"라는 말을 들을 기회도 예전만큼 많지 않습니다. 그러다 보니 고마운 마음을 전하는 일도, 그 말을 듣는 일도 아이들에게는 점점 어색한 일이 되어 가는 듯합니다. 가끔은 고마운 마음을 장난처럼 던지는 친구들이 있습니다.

고마운 마음에 대해 이야기 나누는 시간이었는데, 그 반에 다리를 다쳐 깁스를 한 친구가 있었습니다. 한 친구가 "○○야, 아파서 고마워~" 합니다. 옆의 친구도 장난스런 목소리로 말합니다 "○○이가 다쳐서 고마워요."

잠시 아이들의 이야기를 멈추었습니다. "친구가 아픈 건 그 친구에게는 슬픈 일인데, 내가 고맙다고 말하면 친구의 마음이 불편해질 수 있어요. 장난으로 한 말이라도 친구의 마음을 아프게 한다면 그건 장난이 아니에요. 고마운 말은 말하는 사람도, 듣는 사람도 힘이 나고 다정해지는 말이에요."

이어서 제가 다정한 사람이 될 수 있었던 이유는 제 주변에 다정한 사람이 많았기 때문이라고 저의 이야기도 들려줬습니다. "선생님은 수줍음이 많아서 발표할 때면 얼굴이 빨개지고, 앞에서 말하는 걸 어려워했어요. 그런데 선생님을 놀리는 친구들보다 '괜찮아.' '너는 할 수 있어.' '넌 반드시 해낼 거야.' '내가 네 옆에 있어.'라고 말해주는 친구들이 더 많았어요. 그래서 친구들 앞에서 편안하게 말하고 여러분을 가르칠 수 있는 선생님이 될 수 있었어요. 여러분 주변에도 다정한 사람이 많았으면 좋겠어요. 그리고 여러분도 서로에게 그런 사람이 되어주세요."

다정함은 말에서 시작됩니다

저의 말을 가만히 듣고 있던 구름이가 조용히 손을 들고 물었습니다. "그거 선생님 마음이 선생님한테 해주는 말 아니에요? 진짜로 선생님 친구들이 해준 말이에요?" 구름이의 질문은 단순한 궁금증이라기보다, 정말 그런 말을 들을 수 있는지 확인하고 싶은 마음에 던지는 질문처럼 느껴졌습니다. 아마도 힘든 시간을 지나고 있던 구름이는 다정한 말을 많이 듣고 싶었지만, 지금은 충분히 듣지 못하고 있었던 것인지도 모릅니다.

잠시 생각한 후 저는 이렇게 말해주었습니다. "정말로 선생님 곁에는 다정한 말을 건네주는 친구가 많았어요. 하지만 내가 나에게 해주는 말도 소중해요. 자기 자신에게 좋은 말을 해주려면, 먼저 누군가에게서 그런 말을 들어본 경험이 필요해요. 그래서 선생님은 우리가 서로에게 다정한 말을 건네는 사람이 될 때, 우리도 조금씩 자기 자신에게 다정해질 수 있다고 생각해요." 그 순간 교실 분위기가 따뜻해진 것을 느낄 수 있었습니다. 교실에 있던 아이들이 말없이 듣고 있었지만, 다정한 말이 친구에게 힘이 될 수 있다는 것을 느끼고 있었습니다.

"선생님! 저 짝꿍한테 고마운 거 있어요."

"저도 있어요. 말해도 돼요?"

"저는 철우(특수교육대상학생)랑 축구했는데, 그래서 좋았어요."

고마운 마음을 전하는 다정한 말을 다함께 나누면서 칠판에 아이들이 이야기한 내용들을 적어둡니다. 칠판에 학생들과 나눈 이야기들을 적어두면 내용을 기억하기도 수월하고, 혹 한글 학습이 느린 학생들이나 자신의 마음을 표현하는 것이 어려운 친구들은 보고 따라 쓰며 활동에 참여할 수 있습니다.

감사띠를 만들며 아이들은 색종이를 잘라 연필로 꾹꾹 눌러 담아 고마운 마음을 적습니다. 그리고 자리에서 일어나 돌아가며 고마운 마음을 읽습니다. 친구의 이름을 부르고 "고마워."라고 말하는 순간, 이름이 불려진 친구도, 이름을 부른 친구도 얼굴에 환한 미소가 떠오릅니다. 자신이 무심코 했던 행동이 누군가를 기쁘게 할 수 있다는 것, 고맙다는 말을 건네는 그 순간 친구와 자기의 관계가 조금 더 가까워진다는 것을 아이들은 느끼고 있었습니다.

감사띠를 만들어요

각자가 만든 감사띠를 이어보는 활동이 시작되자, 아이들은 마음을 적어 넣은 작은 종이 고리를 가지고 앞으로 나옵니다. 감사띠를 연결하다가 "길이가 선생님의 키를 넘었네~" 하면 아이들이 "우와~" 하면서 즐거워합니다. 처음엔 "생각이 안 나요~" 하던 친구들도 "저 한 장 더 써도 돼요?" 합니다.

그 중에 한 아이가 눈에 들어왔습니다. 주영이는 한글이 낯설어 쓰는 것에 자신이 없어 했습니다. 다른 친구들이 4장의 종이 조각에 고마운 마음을 쓰고 고리를 연결하러 다니느라 분주할 때 아무것도 하지 않고 조용히 앉아만 있었습니다. 다가가 "보고 쓸 수 있게 적어줄까?" 하니 '엄마에게 고마워요'를 써달라고 합니다. 교실 안에서의 고마운 일을 쓰는 시간이었지만, 어렵게 말을 꺼낸 친구가 무안할까 봐 얼른 써 줍니다. 한 장에 그렇게 따라 쓰고 고리를 이어본 주영이는 어느샌가 종이 조각에 빼곡히 감사 내용을 적어서 들고 왔습니다. 주영이가 어떻게 이렇게나 많이 썼을까, 하는 마음에 기특하고 궁금했는데 담임 선생님께서 주영이와 이야기를 나누며 쓸 수 있도록 알려주셨던 것이었습니다. 주영이는 신나 하며 고마운 마음을 담은 종이 조각을 들고 나와서 감사띠에 연결합니다. 역시 교사들이 힘을 모으니 모두가 수업에 참여할 수 있도록 도울 수 있습니다.

연결한 고리가 제 키를 넘길 만큼 길어지니 아이들이 어느 정도인지 재보고 싶다고 합니다. 당겨서 끊어지지 않도록 주의하라고 한 후에 원하는 친구들이 나와서 양 끝을 잡고 줄의 길이를 재보도록 합니다. 우리 반이 협력해서 고마운 마음을 모으니 이렇게 길어졌다고, 우리 반에 고마운 일들이 이렇게나 많다고 말해주었습니다.

관계를 세우는 말의 힘

수업을 마무리하며 참여하고 나서의 마음은 어떤지 물었습니다. 아이들은 싱글벙글 웃는 얼굴로 대답합니다. 고마움을 떠올리고 표현하면 다들 얼굴이 밝아집니다. 감사의 강력한 힘입니다. "뿌듯해요."라는 말이 가장 많았습니다. 어떤 아이는 "고마운 마음을 말하는 게 부끄러웠는데, 말하고 나니까 뿌듯해요."라고 까닭도 덧붙여 주었습니다. 마지막 순간에 밝은 미소가 밴 아이들의 얼굴을 둘러 보니 제 마음도 따뜻해졌습니다.

수업이 끝난 뒤 담임 선생님과 대화를 나눴습니다. 아이들이 말을 예쁘게 하지 못해 고민이 많았는데, 지금 우리 반에 꼭 필요한 수업이었다며 고맙다는 인사를 전해주셨습니다. 그 말이 제게도 감사의 순간으로 남았습니다.

감사를 표현하는 일은 타인을 존중하고 칭찬하는 것이니, 서로의 관계를 부드럽고 가깝게 만드는 훌륭한 사회적 기술입니다. 이번 수업을 통해 학생들이 일상 속에서 고마운 순간을 발견해내고, 그 마음을 표현하는 기쁨을 조금씩, 그러나 분명하게 배웠을 것이라고 믿습니다.

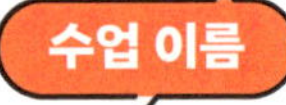

누군가를 기쁘게 해주고 싶나요?

◆ **주제:** 기쁨

◆ **목표:** 내가 할 수 있는 작은 친절로 누군가를 기쁘게 해 본다.

◆ **사회정서역량 영역** ◎(주) ○(부)

자기 인식	자기 관리	사회적 인식	관계 기술	책임 있는 의사결정
○		○	◎	

◆ **1~2학년 관련 교과 및 단원**

[국어 1-2-1] 기분을 말해요. [통합-하루] 실천하는 하루(p.54).

[통합-인물] 우리 반 인물(p.20).

주제와 역량

우리는 일상 속에서 누군가를 기쁘게 하고 싶은 순간이 있습니다. 고마운 마음을 전하고 싶을 때, 소중한 사람의 미소를 보고 싶을 때라면 더욱 그렇습니다. 아이들 역시 마찬가지입니다. 사탕을 옆 친구와 나누며 서로 미소를 건네고, 선생님이나 부모님을 도와드리며 기분 좋게 해주고 싶어 합니다. "잘했어"라는 말을 들으면 뿌듯해 합니다. 이처럼 누군가를 기쁘게 하고 싶은 마음은 일상적인 관계 속에서 자연스럽게 생겨나는 감정이며, 타인과 좋은 관계로 연결되고자 하는 출발점입니다.

이러한 마음이 실제 행동으로 이어지기 위해서는 타인의 감정과 상황을 살피고, 그에 맞는 행동을 선택하는 힘이 필요합니다. 사회정서학습에서 말하는 사회적 인식과 관계 기술은 바로 이 과정을 가능하게 하는 핵심 역량입니다. 특히 누군가를 기쁘게 하려는 행동은 단순한 친절을 넘어, 상대의 마음을 이해하고 관계를 긍정적으로 이어가는 힘으로 작용합니다.

일반적으로 학생들은 성장 과정에서 함께하는 친구나 어른의 표정과 말투에 따라 감정이 달라질 수 있음을 조금씩 알아차립니다. 자신의 작은 말 한마디, 행동 하나가 다른 사람의 기분을 바꿀 수 있고, 또 기쁘게 할 수 있다는 것을 경험을 통해 자연스럽게 쌓아 갑니다. 이러한 경험들은 공감 능력과 자기효능감을 발달시키는 중요한 기반이 됩니다.

특수교육대상학생들은 발달 특성으로 인해 성장 과정에서 성인이나 또래로부터 도움을 받는 경험이 상대적으로 많아 스스로 누군가를 기쁘게 하거나, 도움을 주는 경험의 기회가 제한되어 있습니다. 그렇다 보니 관계 속에서 주체적으로 행동해 보는 경험이 부족해집니다. 또 도움을 받는 역할에만 머무를 경우 자기효능감, 관계의 상호성, 사회적 역할에 대한 인식이 충분히 형성되기 어렵게 됩니다.

누군가에게 기쁨을 주는 활동은 자신의 존재감, 기여감, 공동체 내에서라면 소속감, 그래서 스스로 가치 있다는 자존감 등 내면에 다층적인 힘을 키우는 매우 유익한 계기가 됩니다. 또한 사회정서학습에서 말하는 건강한 관계 형성은 나 또한 누군가에게 도움이 될 수 있으며, 필요할 때는 도움을 요청할 수 있는 존재라는 인식에서 출발합니다. 친절을 실천하는 반복적인 경험은 학급 공동체 안에 상호 존중과 배려의 문화를 형성하고, 구성원으로서의 소속감과 유대감을 강화합니다. 이러한 긍정적인 관계 경험은 통합학급에서는 특수교육대상학생의 또래 관계 안정과 학교생활 적응에 든든한 기반이 됩니다.

수업과 활동

게리 채프먼의 '5가지 사랑의 언어'*이론은 사람마다 사랑과 배려를 표현하는 방식도, 사랑받고 있다고 느끼는 방식도 다르다고 이야기합니다. 이 이론을 접하며 문득 이런 질문이 떠올랐습니다.

---

* 채프먼(Gary Chapman)은 《5가지 사랑의 언어》에서 개인마다 사랑을 표현하고 인식하는 방식이 다르며, 이를 '인정하는 말, 함께하는 시간, 선물, 봉사, 신체적 접촉'의 다섯 범주로 설명하였다.

'아이들은 과연 언제 사랑을 느낄까?'

몇 년 전 감정 수업과 연계한 국어수업에서 아이들에게 "언제 내가 기뻤는지"를 물었던 적이 있습니다. 아이들의 대답은 장난감을 받았을 때, 놀이동산에 갔을 때, 치킨을 먹었을 때 등 모두 누군가로부터 무언가를 '받았던 순간'에 머물러 있었습니다. 질문을 바꿔 보았습니다.

"그럼, 나를 기쁘게 해 준 사람을 위해 나는 어떤 일을 해 본 적이 있을까?"

교실은 잠시 조용해졌습니다.

"사랑해요라고 말해주기" "안아주기" 같은 이야기를 덧붙였지만, 아이들의 표정은 크게 달라지지 않았습니다. 그때 알게 되었습니다. 아이들은 사랑을 '받는 경험'에는 익숙하지만, 사랑을 전하거나 '표현하는 것'에는 낯설다는 것을.

당시 아이들은 경제적·정서적으로 비교적 안정적인 환경에서 자라고 있었음에도 불구하고, 감사나 배려를 행동으로 표현해 본 경험은 많지 않았습니다. 발달적 특성으로 표현이 서툴 수는 있지만, 만약 표현의 필요성 자체를 배우지 못했다면 문제가 아닐까 하는 생각이 들었습니다.

이듬해, 특수학급을 포함한 7학급 규모의 작은 학교로 전근 후, 처음으로 한 학급에 3명의 특수교육대상학생이 포함된 통합학급을 만나게 되었습니다. 또래들은 입학 이후 5학년까지 함께 생활하면서 특수교육대상학생의 특성을 잘 알고 있었지만, 관계는 지쳐 보였습니다. 모둠활동이 시작되면 교사의 요청이 없어도 준비물부터 정리까지 모든 일이 자연스럽게 또래의 몫이 되었습니다. 특수교육대상학생은 가만히 앉아 있기만 했습니다. 겉으로 보기에는 배려였습니다. 그러나 조금 더 들여다보니 특수교육대상학생들은 '도움을 받는 역할'에 익숙해져 있었습니다. 스스로 할 수 있는 일조차 나서서 하지 못하고 있었습니다.

특수학급에서 그 아이들과 함께 이야기를 나누었습니다.

"학급 친구들을 위해 우리가 할 수 있는 일에는 뭐가 있을까?" 처음에는 아무 말도 나오지 않았습니다. 한 번도 스스로를 '돕는 사람'으로 생각해 본 적이 없었기 때문입니다. 그래서 아주 작은 예부터 꺼냈습니다. 지우개 빌려주기, 인사하기, 준비물 챙기기입니다. 아이들은 하나씩 고개를 끄덕이며 할 수 있는 일을 찾아 나갔습니다.

한 달쯤 지났을 무렵, 교실 분위기에 작은 변화가 생겼습니다.

"와~ 현우 이런 모습 처음 본다!"

늘 친구가 가져온 매직을 가지고 손장난만을 치던 현우가 매직통을 들고 모둠에 놓았을 때, 한 친구가 놀란 듯 말했습니다. 사실 현우에게 그 일은 충분히 가능한 일이었지만, 그동안 아무도 기대하지 않았을 뿐이었습니다. 비록 소소한 일이지만, 현우가 '아무것도 못하는 친구'가 아니라 '작은 역할을 해내는 친구'로 보이기 시작했다는 점에서 의미가 있었습니다.

아이들에게 필요한 것은 더 많은 도움이 아니라, 누군가를 기쁘게 할 수 있는 존재가 되는 경험입니다. 이러한 깨달음을 바탕으로, 통합학급에서 모든 학생이 관계의 주체로 설 수 있도록 돕기 위해 사회정서수업을 설계했습니다.

《누군가를 기쁘게 해 주고 싶나요?》, 도미니카 립니에브스카, 정윤 번역,
키즈엠(2019).

활동 1. 기쁨을 느꼈던 경험 나누기

수업의 시작은 학생들의 경험에서 출발합니다. 누군가를 기쁘게 해 주기 전에, 내가 언제 어떤 상황에서 '기쁨'이라는 감정을 느꼈는지를 먼저 떠올려 보게 합니다. 학생들은 각자의 경험을 나누며 기쁨에도 공통점과 차이가 있음을 발견합니다. 저학년 학생들의 경우, 대부분은 누군가로부터 받았던 기쁨을 이야기합니다.

활동 2. 내가 할 수 있는 일 찾아보기

그림책을 읽으며, 나를 기쁘게 해 준 사람을 떠올리고 그를 위해 내가 할 수 있는 행동에는 무엇이 있을지 생각해 봅니다. 학생들은 가족과 친구를 떠올리며 실천 가능한 친절한 행동을 한 가지씩 선택해 학급 트리에 붙입니다. 학급 트리는 아이들이 무엇을 실천해야 할지 떠오르지 않을 때 참고할 수 있는 시각적 자료로, 스스로 할 수 있는 행동을 다시 찾아볼 수 있도록 돕는 역할을 합니다.

활동 3. '기쁨 트리' 만들기

학생들은 둥근 색종이, 아이스크림 막대, 꾸미기 재료를 이용해 나만의 트리를 만듭니다. 본 수업의 목적은 미술 활동 자체가 아니므로, 트리는 누구나 쉽고 간단하게 만들 수 있도록 구성합니다. 특수교육대상학생도 간단한 도움을 받으면 충분히 완성할 수 있는 수준으로 합니다. 트리가 완성된 후에는 학생들과 함께 트리의 이름을 정해 보았습니다. 실천 트리, 행복 트리, 기쁨 트리 등 다양한 의견이 나왔는데, 그중 가장 많은 공감을 얻은 '기쁨 트리'로 이름을 정했습니다.

트리 만들기 참고 영상

활동 4. '기쁨 트리' 꾸미기

이 수업은 활동 다음 날부터 일주일 동안, 매일 정해진 시간에 자신이 실천한 행동에 대해 이야기를 나눕니다. 아직 실천하지 못한 학생의 경우에는 등교 시 친구들과 인사를 나누었는지를 함께 확인하거나, 그 자리에서 '인사하기'를 한 뒤 트리에 스티커를 붙였습니다. 꾸준한 반복을 통해 몸에 익숙해지도록 하려면, 확인하는 자리에서라도 작은 행동을 직접 해 보는 경험이 필요했습니다. 일주일 간의 이러한 과정을 통해 점차 자신만의 실천 경험을 쌓아가게 됩니다. 이렇게 일주일 동안 이야기를 나누면서 나만의 '기쁨 트리'가 점점 반짝거리는 스티커로 예쁘게 꾸며지게 됩니다.

모두가 안전하게 수업에 함께할 수 있도록 하려면…

1. 이 수업은 학기 말에 실시되어 크리스마스라는 계절적 특성을 반영해 '트리' 형태로 운영하였으나, 학기 초에 적용할 경우 크리스마스트리 대신 '친절 나무'로 구성하여 활용할 수 있습니다.
   (※ 'Kindness Tree' 키워드로 검색하면 다양한 예시 이미지를 참고할 수 있습니다.)

2. 사회정서수업에서는 저학년 학생들의 경우 조작활동이 집중도와 흥미를 높이는 데 도움이 되어 자주 활용됩니다. 다만 수업 목표를 돕는 부수적인 활동이라 하더라도, 특수교육대상학생들이 따라 하기 어려운 요소를 무리하게 포함하기보다는 아이들이 도움 없이도 해낼 수 있는 수준의 활동을 선택하는 것이 중요한 부분이라 생각합니다.

3. 본 수업은 2차시로 진행했는데, 이후 이어지는 실천 이야기 나눔 활동은 학급의 여건에 따라 하루에 한 번 또는 일주일에 한 번 등 유연하게 운영할 수 있습니다. 중요한 것은 지속적인 경험과 반복을 통해 행동이 자연스러워지도록 돕는 것입니다.

4. 특수교육대상학생의 경우, 가정의 협조가 가능하다면 사전에 학부모와 연계하여 수업의 목적을 안내하고 가정에서 실천해 볼 기회를 제공하면 더욱 효과적입니다. 만약 가정에서의 협조가 어려운 상황이라면, 학급에서 친구들에게 즉석에서 실천할 수 있는 행동을 미리 함께 정해 실천할 수 있도록 합니다. 이는 특수교육대상학생뿐만 아니라 일반 학생 모두에게도 적용할 수 있습니다. 또한 통합학급에서의 이야기 나눔 활동 전에 특수학급에서 먼저 친절한 행동을 실천해 본 뒤 그 경험을 통합학급에서 공유하는 것도 효과적인 방법입니다.

수업 이야기

기쁨 트리를 만들고 난 다음 날, 약속한 시간에 통합학급 교실로 들어섰습니다. 이 수업은 생각에서 멈추지 않고 실천으로 이어져야 했기에, 일주일 동안 매일 짧게라도 아이들과 이야기를 나누기로 했습니다.

"선생님은 왜 또 왔어요?"

"오늘 또 뭐 해요?"

지난 수업 시간에 설명을 했지만, 아이들은 교실에 들어서는 저를 의아한 표정으로 쳐다보았습니다.

"오늘은 어제 만든 기쁨트리에 우리가 실천한 일을 이야기하고, 예쁜 스티커를 붙여서 더 반짝반짝 빛나게 할 거예요."

아이들은 처음 듣는 이야기인 듯 고개를 갸웃했습니다. 하지만 몇 년간 통합학급 수업을 하며 배운 것이 있다면, 아이들의 즉각적인 반응을 기대하기보다 서서히 스며드는 변화를 믿는 일이었습니다.

"선생님이 먼저 할게요."

저는 어젯밤 아들에게 해 준 따뜻한 말을 예시로 보이며 '선생님'이라고 적힌 기쁨트리에 하트 스티커 하나를 붙였습니다.

"이번에는 영진이가 한번 나와볼까요?"

처음 이름이 불린 영진이는 몸이 잔뜩 굳은 채 앞으로 나왔습니다.

"어제나 오늘 아침에 누군가를 기쁘게 한 일이 있었을까요?"

"없는데요."

영진이의 대답은 예상했던 반응 중 하나라서 특별히 당황스럽지는 않았습니다. 이런 순간을 대비해 저학년 아이들에게 맞는 '아주 작은 미션'을 준비해 두었기 때문입니다.

"그럼, 영진이는 오늘 아침 학교에 와서 친구들에게 인사했을까요?"

"아니요."

"그럼 지금 우리 같이 해볼까요? 기쁨 트리 목록에 '인사하기'도 있어요."

영진이는 어떻게 해야 할지 몰라 나를 바라봤습니다.

"손을 들고… '안녕' 해볼까요?"

영진이는 조심스럽게 손을 들었습니다. 그 순간, 몇몇 아이들이 손을 들어 흔들며 "안녕" 하고 응답해 주었습니다. 이 상황은 예상하지 못했던 장면이었습니다. 그 모습이 너무 예뻤습니다.

그날 이후, 특별히 실천한 일이 없는 아이들은 자연스럽게 '인사'를 했고, 아이들은 그 인사에 당연하다는 듯 응답해 주었습니다.

사실 '인사하기'라는 미션은 우리 반 수현이를 떠올리며 준비한 활동이었습니다. 2학기 시작과 함께 전학 온 수현이는 부정확한 조음 때문에 말을 아끼는 아이였습니다. 낯선 환경에 적응이 느렸고, 전학 첫날 하루 종일 눈물을 흘렸습니다. 친구에게 먼저 다가가지 못한 채 교실 한 켠에서 아이들을 그저 바라만 보았습니다. 더구나 2학년임에도 한글을 알지 못해, 수업 시간마다 친구의 도움을 받아야 했습니다. 수업 방해 행동은 없었지만, 학급 안에서 맡은 역할도, 드러나는 기여도 없이 조용히 머물러 있는 모습이 안타까웠습니다.

'우정이 싹트는 교실' 수업을 통해, 수현이도 무엇인가를 표현하고 참여하는 경험을 하길 바랐습니다. 인사는 말이 필요하지만, 손을 흔드는 동작만으로도 충분히 마음을 전할 수 있어 수현이는 부담 없이 손을 흔들어 인사할 수 있었습니다.

첫 번째 수업이 끝나고 나흘째 되던 날, 늘 조용히 이야기하던 고은이가 손을 들었습니다.

"친구가 지나갈 때 길을 비켜준 것도 기쁘게 한 거예요?"

"그럼요. 친구를 배려한 행동은 아주 멋진 친절이에요."

고은이는 어제 있었던 일을 조심스럽지만 또렷하게 이야기했습니다.

"엄마가 해 준 밥을 맛있게 먹었어요."

그날 이후 아이들의 이야기는 점점 다양해졌습니다.

그리고 마지막 날, 늘 "한 게 없어요"라고 말하던 준성이가 처음으로 이야기를 꺼냈습니다.

"엄마한테 '다녀오겠습니다'라고 인사했어요."

나는 반사적으로 박수를 쳤고, 아이들은 잠시 놀란 얼굴로 나를 바라보았습니다.

"준성이는 친구들 이야기를 잘 듣고 있었나 봐요. 그동안 들은 이야기 속에서 자기가 할 수 있는 행동을 찾아 실천했어요. 선생님은 이 이야기가 정말 기뻐요."

준성이는 우리 반 수현이만큼이나 늘 많은 배려가 필요한 아이였습니다. 매일 새로운 것을 배우는 수업 속에서는 준성이의 변화가 쉽게 드러나지 않았습니다. 하지만 반복되는 이야기 나눔의 시간 속에서, 준성이는 자신만의 속도로 의미 있는 변화를 분명히 보여주고 있었습니다. 교사로서 보람을 느끼는 순간은, 아마 이런 장면이 아닐까 싶습니다.

수업의 마지막, 우리는 서로에게 인사를 건네며 마무리했습니다. 인사가 어색하던 아이들도 이제는 자연스럽게 손을 흔들었고, 그 인사에는 언제나 따뜻한 응답이 따라왔습니다. 서로의 작은 행동에 마음이 움직이고, 관계의 온도가 달라지는 순간이었습니다.

관계 기술은 거창한 표현이나 특별한 행동에서 시작되지 않습니다. 상대의 마음을 살피고, 내가 할 수 있는 작은 행동을 선택하며, 그 행동이 다시 관계로 되돌아오는 경험의 반복 속에서 자랍니다. 인사하기, 길을 비켜주기, 고마움을 표현하기와 같은 사소한 실천은 아이들로 하여금 관계의 주체로서 행동할 수 있다는 자신감을 키워 주고, 도움을 주고받는 상호적인 관계를 가능하게 합니다. 이러한 경험이 쌓일 때, 교실은 단순히 함께 있는 공간을 넘어, 서로의 존재를 기쁘게 만드는 공동체로 성장하게 됩니다.

12장

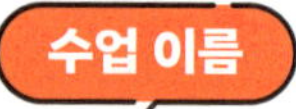

손으로 마음을 나눠요

◆ **주제:** 함께 놀기

◆ **목표:** 손을 활용한 놀이 활동에 참여하며, 함께하는 즐거움을 경험한다.

◆ **사회정서역량 영역** ◎(주) ○(부)

자기 인식	자기 관리	사회적 인식	관계 기술	책임 있는 의사결정
○			◎	

◆ **1~2학년 관련 교과 및 단원**

[통합-학교] 따라하기 놀이(p.96).

주제와 역량

초등 저학년 교실에서는 사소한 접촉에도 놀라거나, 의도 없는 스침을 불편하게 받아들이는 학생들이 더러 있습니다. 이 학생들은 친밀해지기보다는 거리를 유지하려는 모습을 보입니다. 교실에서 친구와 함께하는 활동을 어색해 하는 모습도 보입니다. 이는 학생들이 예민해서라기보다는, 다른 사람과 가까워지며 관계를 맺어 가는 경험이 충분하지 않았기 때문일 수 있습니다. 코로나 시기를 지나며 다른 사람과 거리를 두는 생활과 문화가 익숙해졌기 때문이기도 합니다. 한동안 우리는 "떨어져 있어야 안전하다"는 말을 자주 들었고, 학생들은 그 시간을 통과하며 자라났습니다. 자연스럽게 다가가기보다는 한 발 물러서는 것이 익숙해졌고, 함께 모이기보다는 각자의 공간을 지키는 데 더 편안함을 느끼게 되었습니다. 이러한 변화는 개인의 성향이라기보다 사회적 환경의 변화로 이해할 수 있습니다.

하지만 교실은 여전히 함께 생활하고, 함께 배우며, 함께 움직여야 하는 공간입니다. 줄을 서야 하고, 친구들과 맞춰가며 다양한 놀이 활동을 해야 하는 장면들이 반복됩니다. 학생들은 아직 '함께하는 것'을 어색하다고 여기고 있는데, 학교생활은 다시 '함께'를 요구합니다.

켈리 하딩의 《다정함의 과학》에서는 인사를 나눌 때 가벼운 하이파이브나 악수와 같은 사소한 신체적 접촉이 관계 형성에 긍정적인 영향을 준다고 합니다. 관계를 시작하고, 이어 가는 작은 행동들이 사람 사이의 거리를 좁혀줄 수 있다는 것입니다.

그래서 수업을 통해 관계 기술 역량을 쌓는 연습을 해야 합니다. 친구와 함께하는 상황에서 어떻게 시작하고, 언제 기다리며, 어떤 방식으로 조율할 수 있는지를 배울 수 있는 수업이 필요했습니다.

수업과 활동

"선생님~ ○○이가 밀었어요."

"아닌데요? ○○이가 저를 때렸는데요."

학기가 시작되고 시간이 조금 흐르면 어색함이 풀어지는 대신 작은 다툼이 하나둘 생기기 시작합니다. 이러한 장면들을 가만히 들여다보면 학생들이 아직 친구와 함께하는 거리와 속도를 충분히 가늠하는 경험을 해보지 못해서 생기는 경우가 많습니다. 그래서 초등 1~2학년 시기의 학생들에게, 말로 관계를 설명하기보다 즐거운 놀이 활동을 통해 친구와 친해지는 방법을 알려주고 싶었습니다.

쉽고 자연스러운 함께하는 놀이 활동을 고민하다 손을 활용한 놀이 활동이 떠올랐습니다. 손 놀이는 특별한 준비 없이도 친구와 함께 시작할 수 있고, 가위바위보와 같은 간단한 손 놀이는 자연스럽게 차례를 지키고, 서로의 반응을 살피는 경험으로 이어질 수 있습니다.

손은 도움을 건네거나 함께하자는 신호를 보내는 데 사용될 수 있고, 저학년 학생들도 손을 이용해 어렵지 않게 다양한 놀이 활동을 할 수 있습니다. 교실에서 손을 활용한 놀이는 관계의 거리를 다시 살펴보고,

서로의 속도를 맞추는 연습으로 자연스럽게 연결될 수 있습니다.

손을 주제로 한 그림책은 다양한데, 그중 《손손손》은 제가 생각하는 수업의 방향과 잘 맞았습니다. 이 책은 손으로 할 수 있는 여러 가지 동작을 그림과 함께 제시하고 있어, 책을 읽으며 직접 따라 해보기 좋습니다. 읽기와 활동이 분리되지 않고 함께 이루어질 수 있어서 관계 기술을 몸의 경험으로 익히기에 적절했습니다.

이 그림책에서는 손이 할 수 있는 특별한 일로 수어와 점자 읽기를 소개하고 있습니다. 이는 손이 다른 사람과 소통하고 세상을 이해하는 중요한 역할을 한다는 점을 자연스럽게 알려 줍니다. 통합학급에서는 서로 다른 방식으로 느끼고 표현하는 학생들이 함께 생활하는 만큼, 손을 통해 다양한 소통 방식을 생각해 보는 경험도 관계 기술 역량을 넓히는 데 의미가 있습니다.

손 놀이 과정에서 서로를 살피고, 기다리고, 조절하며 함께하는 경험을 쌓아 가며, 교실 안의 관계가 조금 더 안정적으로 이어지기를 기대했습니다.

《손손손》, 하마다 게이코, 한영 번역, 미세기(2010).

활동 1. 손으로 놀이하기

수업의 시작에서는 손이 할 수 있는 일에 대해 간단히 이야기를 나눈 뒤, 손을 활용한 짧고 쉬운 놀이 활동을 함께 합니다. 가위바위보로 시작해, 주먹·가위·보로 모양을 만들어 보는 등 간단한 손 놀이를 합니다.

이 활동의 목적은 놀이를 통해 교실의 분위기를 부드럽게 열고, 학생들이 '함께하는 것'을 부담 없이 느끼도록 돕는 데 있습니다. 관계를 설명하기보다, 손을 사용해 자연스럽게 같은 활동을 해 보며 서로의 반응을 살피고 기다리는 경험을 쌓는 시간입니다.

◆ **손으로 할 수 있는 놀이 예시**
- 선생님을 이겨라 가위, 바위, 보
- 주먹, 가위, 보, 무얼 만들까?
- 손뼉 패턴 따라 하기(교사가 제시해주는 간단한 패턴 따라 하기)

활동 2. 그림책으로 만나는 손 이야기

그림책《손손손》을 함께 읽으며 손이 할 수 있는 다양한 일을 살펴봅니다. 책에는 손으로 할 수 있는 동작들이 그림으로 제시되어 있어, 읽는 중간중간 자연스럽게 따라 해 볼 수 있습니다.

학생들은 책 속에서 조금 전 자신들이 했던 손 놀이를 발견하기도 하고, 손의 쓰임을 새롭게 알게 되기도 합니다. '손은 이야기도 해요'라는

장면에서는 잠시 읽기를 멈추고, 손으로 말을 전하는 수어에 대해 짧게
안내합니다.

활동 3. 내 손이 할 수 있는 아름다운 일

그림책의 마지막 장면에 손은 어쩌면 '마음이 드나드는 문'일지 모
른다는 이야기가 나옵니다. 이를 활동으로 연결해, 활동지에 자신의 손
을 본 떠 그리고, 손으로 할 수 있는 기분 좋은 일, 친구에게 도움이 되는
일을 떠올려 표현하도록 합니다. 이는 앞선 놀이 활동과 그림책 읽기를
바탕으로, 자신의 경험을 정리하고 의미를 붙이는 시간입니다. 학생들
은 누군가를 도와주는 손, 기다려 주는 손, 다른 사람을 안아 주는 손, 인
사하는 손을 떠올립니다. 이러한 표현활동을 통해 학생들은 자신의 손
이 교실 안 관계에서 어떤 역할을 할 수 있는지 생각해 볼 수 있습니다.

활동을 마친 뒤에는 완성한 작품을 교실 앞에 붙이고, 모둠별로 서
로의 작품을 감상하며 짧게 이야기를 나눕니다.

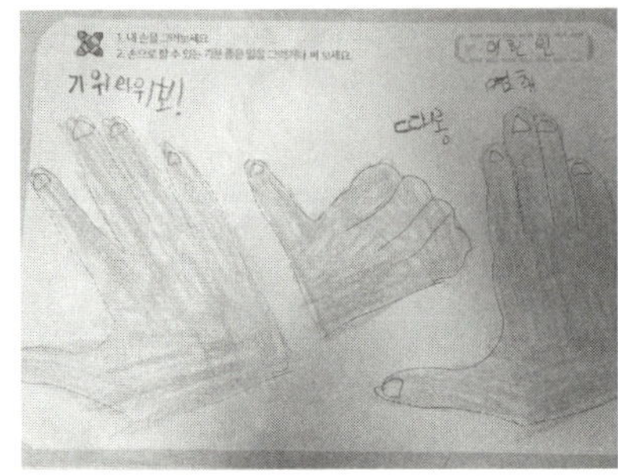
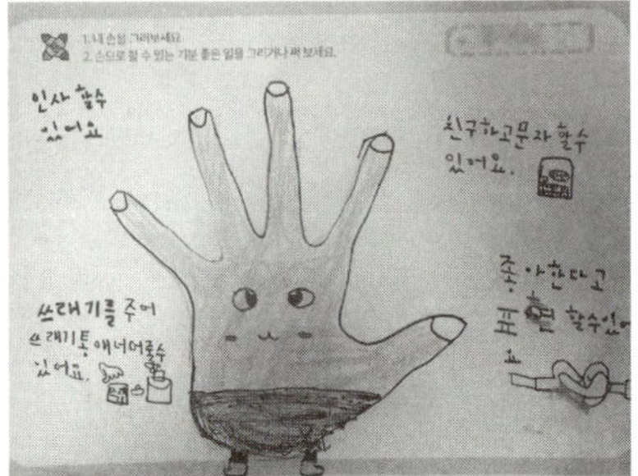

모두가 안전하게 수업에 함께할 수 있도록 하려면…

1. 가위바위보는 단순한 놀이처럼 보이지만, 실제로는 손 모양 인식, 언어 이해, 타이밍 맞추기, 상대 바라보기 등 여러 요소가 동시에 요구되는 활동입니다. 특히 특수교육대상학생이나 배움의 속도가 느린 저학년 학생들과 함께할 때는, 활동을 한 번에 진행하기보다 작은 단계로 나누어 안내하고 차근차근 쌓아 가는 방식이 도움이 됩니다. 단계적 접근은 모든 학생이 가위바위보 놀이에 안정적으로 참여할 수 있도록 돕습니다.

(1단계) 가위·바위·보 모양을 하나씩 따라 만들어 보기

(2단계) "가위, 바위, 보" 말을 들으며 손 모양 바꾸기

(3단계) 상대를 보며 같은 속도로 동시에 내보기

(4단계) 이기고 지는 것보다 함께 해보는 경험에 초점 두기

2. 손 놀이 활동을 할 때에는 설명만으로 이해하기 어려운 학생들도 함께 참여할 수 있도록 진행 방식을 구조화하는 것이 중요합니다. 특수교육대상학생이나 다양한 학습자를 고려할 때, 활동은 말로 설명하고 시작하기보다 눈으로 보여 주고, 함께 해 보고, 맡겨 보는 흐름으로 설계하는 것이 효과적입니다. 먼저 교사가 손동작을 천천히 시범으로 보여 주며 활동의 전체 모습을 제시합니다. 이후 학생들은 교사와 함께 같은 동작을 따라 해 보며 손의 움직임과 속도를 몸으로

익힙니다. 충분히 익숙해진 뒤에 짝이나 소그룹으로 활동을 확장합니다. 이러한 방식은 활동의 부담을 낮추고, 학생들이 규칙이나 순서를 머리로 이해하는 것과 함께 몸으로 경험할 수 있도록 돕습니다.

3. 다양한 손 놀이 활동을 하다보면 시간이 훌쩍 지나갑니다. 학생들이 충분히 손 놀이를 통해 친해지고, 관계를 조절하는 경험을 해 볼 수 있도록 하기 위해서 2차시 정도의 수업으로 설계하는 것도 좋습니다.

4. 제가 교재로 사용한 《손손손》은 현재 절판입니다. 따라서, 도서관에서 구하거나, 《손은 말해요》《주먹 가위 보 무얼 만들까?》《무엇이든 할 수 있는 손 손 손》 등과 같은 다른 책을 활용할 수 있습니다.

<u>수업 이야기</u>

손으로 함께 놀아요

"○○에 들어갈 말은 뭘까요?"

'○○ 손'이라는 화면을 보여주며 수업을 시작합니다.

"좋은 손이요." "힘센 손이요." "멋진 손!"

아이들의 이야기가 오가다 잦아들 즈음, 오늘의 주제는 '예쁜 손'이라고 알려주었습니다. 오늘은 예쁜 손으로 재미있는 놀이를 많이 해 볼 거라고 하자 아이들의 눈빛이 밝아집니다.

첫 놀이는 손으로 할 수 있는 가장 대표적인 놀이, 가위바위보입니다. '함께하는 즐거움'을 경험하는 것이 목표인 만큼, 활동은 천천히 시작합니다. 먼저 가위·바위·보 손 모양을 하나씩 보여주며 따라 만들어 보고, 구호에 맞춰 동시에 손을 내는 연습을 합니다.

연습을 하다 보니 여기저기서 목소리가 들립니다.

"선생님~ 정수가 자꾸 손 바꿔요."

"선생님~ 유리가 늦게 냈어요."

이때를 놓치지 않고 수업과 활동의 목표를 알려줍니다. "우리가 지금 가위바위보를 하는 건 이기고 지는 게 아니라, 다 같이 즐겁게 노는 게 목표야. 아직 연습 중이니까 천천히 해도 괜찮아. 친구들이 연습할 수 있게 조금만 기다려 줄까?"

아이들은 고개를 끄덕이며 다시 손을 준비합니다.

어느 정도 연습이 되고 '선생님을 이겨라' 가위바위보로 이어지면, 아이들은 손을 번쩍 들고 모두가 선생님의 손에 온통 집중합니다.

"가위! 바위! 보!"

"우와!" "아~ 아깝다!"

단순한 가위바위보에 '선생님을 이겨라'라는 말이 더해지면 교실은 금세 웃음소리로 가득 찹니다.

"주먹 가위 보~ 무얼 만들까?"

다음으로 주먹, 가위, 보로 모양을 만드는 놀이가 이어지면, 노래에 맞춰 달팽이가 되고, 나비가 되고, 이름 모를 동물들이 두 손 위에서 탄생합니다. 제가 한두 번 시범을 보이자, 아이들은 기다렸다는 듯 각자의 상상력을 꺼내 놓습니다.

"이건 리본이에요."

"이건 고양이에요."

교실 곳곳에서 자신이 만든 모양을 자랑하는 목소리가 들립니다.

이제 손가락으로 등에 글자를 써 보고 맞히는 놀이입니다. 특수교육 대상학생인 하늘이를 교실 앞으로 불러 제가 함께 시범을 보입니다. 하늘이가 긴장하지 않도록, 처음에는 한글 대신 숫자 1부터 5까지만 사용하기로 합니다.

"1부터 5까지 중에서 선생님이 쓰는 수를 맞혀 볼까?"

제가 조심스럽게 등에 숫자를 쓰자, 지켜보는 친구들도 숨을 죽인 채 하늘이의 반응을 기다립니다. 하늘이는 잠시 생각하다가 조심스럽게 말합니다.

"3이요?"

"우와~ 잘한다."

"나도 해 보고 싶어요."

몇 차례 학생들을 불러 시범을 보인 뒤에는 짝을 지어 서로의 등에 숫자를 써 보고 맞히는 활동으로 이어집니다. 아이들은 약속대로 손에 힘을 주지 않고 조심스럽게 움직이며, 짝꿍의 등에 자신이 생각한 숫자를 씁니다. 익숙한 숫자 범위 안에서 시작한 덕분에, 글자를 잘 모르거나 어려워하는 학생들도 부담 없이 놀이에 참여할 수 있었습니다. 서로 등에 쓰고 맞추는 학생들의 얼굴에는 미소가 떠오릅니다.

손은 이야기도 해

놀이를 마무리한 뒤에는 그림책을 함께 읽었습니다. 학생들은 그림책 속에서 조금 전 함께했던 놀이를 발견하기도 하고, 처음 보는 손 놀이를 찾아내기도 합니다.

《손손손》은 책의 아래에 쪽수를 손가락으로 표현해 두어, 학생들과 함께 숫자를 손으로 표현해 보는 활동을 해 볼 수도 있습니다. 이때, 10까지는 혼자서 표현할 수 있지만, 10이 넘는 수는 친구와 함께 표현해야 합니다. 이런 소소한 즐거움을 찾아내며 그림책을 읽어갑니다.

"손은 이야기도 해. 말 한 마디 한 마디를 손 모양으로 말하지. 이걸 '수화'라고 해."라는 장면에서는 잠시 멈추고 이야기를 나누었습니다. 예전에는 '수화'라는 표현을 사용했지만, 지금은 '수어'라고 부른다는 것도 함께 알려주었습니다. 그러자 한 학생이

"어! 저 알아요. 예전에 인사하기에서 배웠어요." 하며 '안녕하세요'를 수어로 직접 보여 주었습니다.

"우와, 대단한걸. 그걸 기억하고 있었구나. 멋지네." 했더니 여기저기에서 기억이 난다며 수어로 인사를 나눕니다. 수어에 대해 관심이 높아진 이 순간, 그림책에 나온 수어 표현을 하나 더 배워 보기로 했습니다.

"오늘은 수어 표현을 하나 더 배워보자. 책에 나온 것처럼 '나랑 같이 놀자'를 수어로 이렇게 말해."

학생들은 손 모양을 하나하나 따라 하며 '나랑 같이 놀자'를 수어로 표현해 보았습니다. 말 대신 손으로 마음을 전하는 이 짧은 활동을 통해, 손이 놀이를 넘어 친구에게 다가가고, 함께하자는 마음을 전하는 도구가 될 수 있다는 점을 자연스럽게 경험하는 시간이 되었습니다.

내 손이 할 수 있는 아름다운 일은…

이후 '내 손이 할 수 있는 아름다운 일'을 주제로 활동지를 나누어 주었습니다. 학생들은 자신의 손을 연필로 따라 그린 뒤, 손으로 할 수 있는 일들을 글이나 그림으로 표현해 봅니다. 활동지 위에는 아이들 각자의 경험과 마음이 하나씩 올라옵니다.

"최고라고 말해 주는 거요."

"친구한테 문자 보내기요."

"인사하기, 악수하기, 하트 만들기."

"눈사람 만들기요."

"넘어진 친구 일으켜 주기요."

아이들이 표현한 내용을 보니, 막연히 '좋은 일'을 떠올리기보다 자신이 실제로 경험해 본 즐거운 장면을 하나씩 꺼내어 손의 역할로 연결하고 있었습니다. 손으로 해 보았던 놀이, 친구와 주고받았던 인사, 누군가를 도왔던 작은 경험들이 아이들 각자의 활동지 안에 담겨 있었습니다. 관계 기술 역량이 설명이나 규칙을 통해 자라는 것이 아니라, 직접 경험하고 몸으로 느낀 장면에서 서서히 자라난다는 사실을 다시 한번 확인하게 되었습니다.

활동을 마무리하며 완성한 작품들을 칠판에 붙이고, 모둠별로 앞으로 나와 서로의 작품을 감상했습니다. 친구의 작품을 보며 고개를 끄덕이거나, "나도 그거 해봤어." 하고 이야기를 나누는 모습도 보였습니다. 아이들에게는 손이 마음을 전하고 관계를 이어 주는 도구가 되는 경험으로 남기를 바라며 수업을 마무리했습니다.

13장

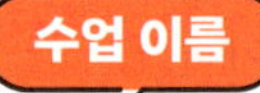

함께라면
천하무적

◆ **주제:** 함께

◆ **목표:** '함께'의 가치를 알아보고, 함께하는 즐거움을 경험한다.

◆ **사회정서역량 영역** ◎(주) ○(부)

자기 인식	자기 관리	사회적 인식	관계 기술	책임 있는 의사결정
			◎	

◆ **1~2학년 관련 교과 및 단원**

[통합-학교] 어깨동무 내동무(p.124.) [통합-마을] 과일 술래잡기(p.68).

[통합-세계] 다 같이 한 걸음(p.64).

주제와 역량

"저는 차라리 혼자 노는 게 편해요."

"친구들이랑 같이 놀면 귀찮아요."

통합학급 수업 지원을 들어가 보면 유난히 다른 친구들과 함께하는 것을 어려워하는 학생들이 눈에 띕니다. 어떤 학생들은 쉬는 시간에도, 점심 시간에도 친구와 함께하기보다는 혼자 있는 것을 더 편안해 합니다. 반대로 친구들과 놀기만 하면 갈등을 일으키는 학생들도 있습니다. 초등 1~2학년 교실에는 자기가 울거나, 다른 친구를 울리는 친구들이 각 반에 적어도 두세 명은 있는 것 같습니다. 친구와 어울려서 노는 것을 좋아하면서도 막상 같이 놀려고 하면 의견이 맞지 않거나, 규칙을 지키지 않아 서로 다투는 모습을 보이고, 이런 경험이 반복되면 친구들과 노는 것은 피곤한 일이라며 혼자서 노는 것이 더 편하다는 학생들도 있습니다.

친구들과 함께 놀면서 규칙을 익히고, 갈등을 자연스럽게 해결하는 것을 배워야 한다고 어른들은 말하지만, 요즘에는 가정에서도 함께 놀 형제자매가 없고, 놀이터에 나가도 함께 놀 또래 친구가 별로 없이 자란 아이들이 많습니다. 그래서 친구들과 자연스럽게 어울리면서 사이좋게 지내는 행동을 습득하기란 어른들이 당연하게 생각하는 것만큼 쉬운 일이 아닙니다. 어쩌면 요즘 아이들의 세계를 살펴보고 사회성 단계를 다시 재조정하는 것이 필요하지 않을까 생각하게 됩니다.

혼자서 노는 것이 편하다는 학생들을 살펴보면 놀이의 규칙을 잘 모르는 경우, 자신의 영역을 침범당하는 것을 싫어하는 경우, 갑자기 상황이 변화되는 놀이의 예측 불가능성을 힘들어 하는 경우, 자신이 주도해서 놀이를 이끌어 가고 싶은 욕구가 큰 경우 등 다양한 유형을 관찰할 수 있습니다.

친구들과 어울려 즐거움을 경험하면서 자연스럽게 관계 기술을 익히는 것은 초등학교 시절의 중요한 발달 과업임에도, 차라리 혼자 노는 게 편하다는 학생들에게, 함께하는 즐거움을 경험하도록 하는 방법에는 무엇이 있을까, 친구와 어울리는 기술이 부족한 학생들도 즐겁게 참여할 수 있는 수업은 어떻게 만들 수 있을까 고민했습니다.

다양한 유형과 성향, 수준을 가진 아이들을 위해 놀이를 단계별로 구조화하여 누구나 즐겁게 참여하는 활동을 만들면 좋겠다고 생각했습니다. 혼자 있는 것도 편하지만, 친구들과 함께하는 것도 재미있다는 경험을 하면서 관계 기술을 익히는 것이 이 수업의 목표입니다.

수업과 활동

통합학급 아이들과 '우정이 싹트는 교실' 수업을 진행하다 보면 아이들이 제일 좋아하는 수업은 친구들과 함께 몸으로 어우러지는 활동입니다. 자연스럽게 몸을 쓰는 활동을 통해 혼자서 노는 것도 즐겁지만, 함께하면 더 즐겁게 놀 수 있다는 것을 직접 경험하는 시간을 만들고 싶었습니다.

《함께라면 천하무적》그림책은 '함께'를 당연하다는 듯 강조하지 않습니다. 혼자 하는 것은 나쁜 것이고 함께하는 것만 좋은 것이라는 일방적인 메시지가 아니라, 혼자여도 좋지만 함께여도 좋은 점들을 편안하고 자연스럽게 보여줍니다. 친구들과 잘 어울리지 못하는 학생들도, 친구와 어울려 노는 것을 좋아하는 학생도 모두 자신의 모습을 돌아보며 읽을 수 있습니다. 그래서 아이들과《함께라면 천하무적》그림책을 읽어보고 간단한 놀이를 통해 '함께하는 즐거움'을 경험해 보는 수업을 만들었습니다.

40분이라는 한정된 시간 동안 그림책을 읽고 나면 시간이 충분하지 않은 상태에서 어떤 놀이를 할까 고민하다가, 규칙이 비교적 간단하고 앉아서도 할 수 있는 놀이인 '무궁화꽃이 피었습니다'를 선택하였습니다. 특수교육대상학생이 포함되어 있는 통합학급이라면 놀이를 설계할 때, 규칙은 간단하고 반복이 가능하고, 난이도를 단계별로 조절하여 지루하지 않도록 하면 놀이 기술이 부족한 학생들을 포함하여 누구나 즐겁게 참여할 수 있습니다.

《함께하면 천하무적》, 에밀리 샤즈랑, 아망딘 피우, 김윤진 역,
파란자전거(2024).

도입.

본 수업으로 들어가기 전에 학생들과 수업 주제에 대해 알아보는 활동을 합니다. 아이들과 수업 주제를 나누는 것은 자칫 수업이 재미있는 활동으로만 기억되지 않고, 활동의 의미를 새기는 데 중요합니다. 칠판에 '○○○○ ○○○'을 경험하는 수업을 하겠다고 제시하고 초성 힌트, 또는 한 글자 힌트 등을 주며 학생들과 '함께하는 즐거움'이라는 주제를 채워갑니다.

활동 1. '함께라면 천하무적' 그림책 읽고 이야기 나누기

《함께라면 천하무적》그림책은 혼자여서 좋은 점과 바로 뒷장에 함께라서 더 좋은 점이 하나의 세트처럼 구성되어 있습니다. '혼자라면 비밀이 쌓이지만 함께라면 추억이 쌓여요.' '혼자라면 다 차지할 수 있어요. 함께라면 따뜻해요.' '혼자라면 더 많이 갖겠죠. 함께라면 더 좋은 시간을 보낼 수 있어요.'와 같이 한 장 한 장 넘겨가며 볼 수 있는 그림책입니다. 위의 문장에서 '추억' '따뜻해요'와 같은 단어를 가리고 학생들의 생각을 물어보며 함께 읽으면 더 집중하며 참여합니다.

♦ **그림책 읽기 전 대화**
"혼자서 하는 것보다 함께하면 더 좋은 것들에는 어떤 것이 있을까요?"

"친구나 가족과 함께해서 즐거웠던 경험을 이야기해 볼까요?"

"친구들과 함께 놀아서 즐거웠던 경험을 말해 볼까요?"

"나 혼자 하기 힘든 일을 누가 도와줘서 잘 해결한 경험이 있나요?"

"혼자서 다 먹으면 맘껏 먹어서 좋겠지만, 다른 사람들과 나누어 먹으면 어떤 점이 좋을까요?"

"함께해서 눈부시게 빛났던 경험이 있나요?"

"세상에 나밖에 없다면 어떤 느낌일까요?"

"이 책에서 나온 장면 말고 함께하면 좋았던 것에는 무엇이 있나요?"

"나는 평소에 다른 사람과 함께하는 것을 좋아하는 편인가요?"

"우리 반 친구들과 함께해 보고 싶은 것이 있나요?"

활동 2. 어떤 놀이를 할까요?

함께하는 즐거움을 경험할 놀이의 이름을 맞추는 활동입니다. 놀이의 이름을 맞추기 위한 힌트는 '함께'의 가치를 다시 한번 기억해 보는 문장으로 하면 좋습니다.

첫 번째 힌트: 혼자서 할 수 없습니다.

두 번째 힌트: 사람이 많을수록 더 재미있습니다.

세 번째 힌트: 아마 친구들과 한 번쯤은 해 봤을 놀이입니다.

네 번째 힌트: ○○○○이 ○○○○○.

활동 3. 함께 놀아요.(단계별로 하는 무궁화꽃이 피었습니다.)

1단계: '얼음!' 무궁화꽃이 피었습니다

1단계는 자기 자리에 앉아서 자유롭게 몸을 움직이다가 '무궁화꽃이 피었습니다'라는 말이 끝날 때 '얼음!' 하며 멈추는 것입니다. 반 친구들 전체가 5회를 성공하면 2단계로 넘어갑니다. 이때 술래는 교사가 하여 시간을 늘렸다 줄였다 하면서 재미를 더합니다.

2단계: 자기 자리에 서서 하는 무궁화꽃이 피었습니다

2단계는 자기 자리에 서서 자유롭게 몸을 움직이다가 '무궁화꽃이 피었습니다'라는 말이 끝날 때 '얼음' 하며 멈춥니다. 반 친구들 전체가 5회를 성공하면 3단계로 넘어갑니다. 이번에도 술래는 교사가 하면서 시간을 늘렸다 줄였다 하면서 재미를 더합니다.

3단계: 다섯 가지 포즈 무궁화꽃이 피었습니다.

3단계도 자기 자리에 서서 하지만 세 번 모두 다른 포즈를 합니다. 4단계를 위한 빌드업 활동이기도 합니다. 3단계를 하기 전에 교사가 다양한 포즈의 예를 들어주면서 시범을 보이면 혼자서 생각하기 어려워하는 학생들도 즐겁게 참여할 수 있습니다.

4단계: 친구 따라 하기 무궁화꽃이 피었습니다.

4단계도 자기 자리에서 서서 합니다. 교사가 학생의 이름을 넣어서 "○○이 꽃이 피었습니다"라고 이야기하면 학생들은 이름이 불린 친구의 포즈를 보고 따라 합니다. 보통은 3단계까지 하면 40분의 시간이 다 되어 갑니다. 그러면 1차시를 추가하여 교육과정과 연계하여 따로 시간을 내어 서로가 서로를 바라보고 충분히 따라 하며 즐길 수 있는 기회를 주는 것도 좋았습니다.

모두가 안전하게 수업에 함께할 수 있도록 하려면…

1. 혼자 노는 것을 좋아하는 학생도 있을 수 있으므로 자칫 혼자 있는 것이 나쁜 것처럼 느껴지지 않도록 합니다. 혼자서 하면 이런 점이 좋지만 함께하면 이런 것도 경험할 수 있다는 분위기로 책을 읽습니다. 학급에서 함께했던 추억이 있다면 적절하게 예로 들면서 읽으면 아이들이 좀 더 자신의 일로 받아들이며 참여합니다.

2. 활동 3을 할 때 각 단계별로 충분히 연습이 되어야 놀이가 서툰 학생도 4단계까지 즐겁게 참여할 수 있습니다. '무궁화꽃이 피었습니다'는 술래의 말이 끝나는 것과 동시에 멈추는 것이므로, 1단계를 충분히 연습하면 누구나 즐겁게 참여할 수 있습니다. 학생들이 규칙을 제대로 인지하고 있는지 보기 위해, 1단계 활동을 하기 전에 3번 정도 연습을 하면서 잘 따라오고 있는지 확인하는 것이 좋습니다. 단계와 횟수는 학생들의 상황에 따라 자유롭게 조절합니다.

3. 전체 진행을 특수교사가 할 때는 학생들의 이름을 잘 모를 수 있으므로 미리 학생 명렬표를 출력하여 칠판에 붙여놓고 합니다. 4단계 '친구 따라 하기 무궁화꽃이 피었습니다' 활동의 술래를 통합학급 담임교사가 진행하는 협력교수의 형태로 수업을 구성해도 좋습니다.

수업 이야기

아! 맞다! 나도 그런 적이 있어요

학생들에게 자신의 경험을 떠올려보게 하는 수업을 한다면 반은 성공한 수업입니다. 그것도 조용한 아이, 앞장서서 주도하는 것을 좋아하는 아이, 소극적인 아이, 생각하는 것에 익숙하지 않는 아이 등 다양한 성향의 학생들이 어디선가 자신의 모습을 발견하고 이야기할 수 있는 요소가 있다면 더할 나위 없습니다.

그림책에는 혼자서 벽화를 그리다가 친구들과 같이 그리는 모습, 혼자서 등교하다가 친구들을 만나서 같이 등교하는 모습, 개미 한 마리가 낑낑대며 양식을 나르다가 친구 개미들이 나타나서 일사분란하게 먹이를 나르는 모습, 한 송이 꽃을 감상하는 아이와 넓은 꽃밭에 어우러진 꽃을 감상하는 모습 등 누구나 한 번쯤은 경험했을 장면들이 펼쳐집니다. 이런 장면을 함께 읽으면, 아이들은 자신의 경험을 떠올리며 이야기에 함께합니다.

"혼자서 등교하다가 친구의 뒷모습을 보면 뛰어가게 돼요."

"맞아요! 저도 오늘 ○○이랑 우연히 만났는데 반가웠어요."

"개미는 사이가 좋은 것 같아요. 지난번에 개미들이 함께 과자를 옮기는 것을 봤는데 신기했어요."

"나도 본 적 있는데."

"할머니랑 무슨 꽃 축제를 갔는데 진짜 예뻤어요."

자신의 함께했던 추억을 떠올리며 웃음 짓는 아이들을 보면 저도 저절로 흐뭇한 마음이 듭니다. 이렇게 각자 가족, 친구들과 함께했던 경험을 나누다 보면 학생들은 자연스럽게 생각보다 일상 속에서 함께하는 일이 많다는 것을 알게 됩니다.

함께하면 천하무적

"혼자서는 못 할 것 같았는데 함께해서 가능했던 일이 있었나요? 어떤 것이 있을까요?"

"피구요."

"축구요."

"송편 빚기요."

"이사요."

"달리기 시합이요."

"태권도 대련이요."

"가위바위보요."

"참, 묵찌빠도 같이 해야 해요."

학생들이 말하는 것을 쓰다 보면 칠판이 한가득 채워집니다. 하나 가득 채워진 칠판을 보면서 학생들에게 "우리는 생각보다 많은 것들을 함께하고 있네요. 함께하면 즐거운 일들이 참 많군요." 하면 학생들도 다들 자신이 생각했던 것보다 훨씬 많다는 것에 놀라는 분위기입니다. 이는 우리들 모두는 함께 무언가를 하고, 나누고, 놀면서 즐거움을 느끼고 있다는 생각으로 자연스레 연결됩니다.

오늘은 함께해서 즐거웠어요

"친구들과 함께하는 것이 힘들어요. 제가 좀 까다롭거든요. 저는 아이들이 규칙을 지키지 않으면서 큰 소리를 내면 화가 나요. 그렇게 놀 거면 안 노는 게 낫다고 생각해요."라고 말하던 학생이 있었습니다. 그런데 수업을 마치고 우리 반 정우의 하교 지도를 하려고 복도에 서 있었는데, 나에게 인사하며 다가와 살짝 시크한 말투로 "오늘은 함께해서 즐거웠어요." 하며 짧게 건넸습니다. 간단한 놀이와 수업이지만, 작은 경험이 함께로 이끄는 씨앗이 되고 있다는 생각을 갖게 했습니다. 혼자 있는 것이 편한 아이들에게 함께하는 경험이 마냥 즐거운 것은 아닐 수 있습니다. 어쩌면 피곤한 일일 수도 있습니다. 다른 사람들과 조율해야 하는 일이고, 조율을 한다는 것은 다른 사람에게도 관심을 기울여야 한다는 뜻이니까요.

왜 교사가 술래를 하지요?

선생님들은 모두 알고 계시지만, 학생들 모두가 놀이 규칙에 익숙해질 때까지는 교사가 술래를 하는 것이 필요합니다. 그래야 놀이의 난이도와 속도, 강약을 조절할 수 있어서 놀이 참여 수준에 차이가 있는 학생들 모두가 즐겁게 참여할 수 있도록 이끌 수 있습니다. 만약 특수교육대상학생 중에 '얼음!' 하며 멈추는 것을 잘 하지 못하는 학생이 있다면 교사는 "무궁화꽃이피었습니~~~~~다. 멈춰! 얼음!"처럼 언어적인 힌트와 함께 그 학생을 바라보며 손짓으로 힌트를 줄 수도 있습니다. 조금 변형하여 4단계 '친구 따라 하기' 전 단계로 '선생님 따라 하기'를 넣어 학생이 잘 따라오는지, 규칙을 인지하고 있는지 확인하는 과정을 가질 수도 있습니다. 이렇게 한 단계 한 단계 차곡차곡 쌓아가다 보면 놀이가 서툰 아이들도 즐겁게 참여할 수 있습니다.

요즘은 외로운 아이들이 참 많습니다. 게다가 학교에서도 학폭이라던지, 여러 교육이 강화된 탓에 접촉을 줄이라고 강조하는 분위기여서 아이들 사이에 점점 자연스런 터치가 줄어 이를 통한 교감이 형성되기 어렵습니다. 타인과의 (물리적, 신체적인 것들을 포함해) 접촉이 줄면 아이들은 자신의 몸에 갖히게 됩니다. 그러다 보면 점점 혼자인 것에 익숙해지고, 타인과의 경계를 자연스럽게 넘나들지 못하게 됩니다. 그렇기 때문에 교실에서는 안전한 환경과 설계를 통해 좋은 관계, 혼자를 넘어 (물리적, 심리적) 관계망을 늘려나갈 필요가 있습니다. 아이들이 더 이상 외롭게 자라지 않도록.

함께하는 작은 경험이 차곡차곡 쌓이고 자라 즐거움의 꽃이 피고, 누구와도 기꺼이 함께하는 아이들로 자라면 좋겠습니다.

진심을 담은 사과

◆ **주제**: 사과

◆ **목표**: 사과로 친구를 존중하고 관계를 회복한다.

◆ **사회정서역량 영역** ◎(주) ○(부)

자기 인식	자기 관리	사회적 인식	관계 기술	책임 있는 의사결정
			◎	

◆ **1~2학년 관련 교과 및 단원**

　[국어 1-2-1] 기분을 말해요. [국어 2-1-7] 마음을 담아서 말해요.

주제와 역량

"얼른 가서 ○○이랑 서로 사과해."

"미안해!"

"……." 뭐라 답이 없습니다.

교실에서 흔히 볼 수 있는 장면입니다. 분명 사과는 한 것 같은데, 상황이 깔끔하게 정리되지 않은 느낌입니다. 사과를 시킨 사람도, 한 학생도, 받은 학생도 모두 어딘가 찝찝함을 안고 그 순간이 지나갑니다.

'사과'는 관계를 회복하는 기본적이면서도 가장 중요한 기술입니다. 단순히 말 한마디가 아니라 자신의 행동을 돌아보고, 상대의 감정을 이해하며, 관계를 다시 연결하려는 적극적인 의사표현이기 때문입니다. 하지만 제대로 사과를 표현하기는 쉽지 않습니다. 사과에는 상대의 감정에 공감하는 태도가 담겨 있어야 하기 때문입니다.

사과의 말 속에는 자신의 행동이나 말로 상대가 속상하거나 불편했을 수 있음을 인정하는 내용이 포함되어야 합니다. 그래야 비로소 사과가 진심으로 전달됩니다. 누군가가 시켜서 하게 되면 효과가 반감되고, 사과에 변명이나 책임 회피가 들어가면 찝찝함이 남아 오히려 갈등이 깊어지게 됩니다. 그러면 그날 하루 종일 묘한 긴장 속에 있게 됩니다.

사회정서학습에서 관계 기술 영역은 타인과 건강한 관계를 맺고, 유지하는 데 필요한 능력을 기르는 데 초점을 둡니다. 관계 기술로서 사과는 자신의 책임을 받아들이는 용기를 필요로 합니다. 더 나아가 진정한 사과는 행동의 변화를 약속하는 데까지 이어져야 합니다. "미안해"라는 말로 끝나는 것이 아니라 같은 실수를 반복하지 않겠다는 다짐이 포함될 때 친구 사이의 관계는 잘 회복될 수 있습니다. 그래서 용기와 약속이 담긴 사과를 하려면 연습과 훈련이 필요합니다. 사과를 배우고 연습하는 일은 관계 기술 학습의 핵심이라 할 수 있습니다. 이러한 배움은 공동체 안에서 협력하고 배려하는 시민으로 성장하는 데 중요한 밑거름이 됩니다.

진심을 담아 사과하는 법을 제대로 배울 기회가 있어야 합니다. 그래서 '사과'를 수업의 주제와 활동으로 잡았습니다. 이 수업을 통해 학생들은 갈등 상황 속에서도 관계를 존중하는 사과를 연습하고, 학생들은 자신의 행동이 서로에게 어떤 영향을 미치는지 배우게 됩니다.

수업과 활동

'화를 표현하는 방법, 화를 다스리는 방법을 어려서부터 잘 배웠더라면 이렇게 화를 꼬라지(성깔의 지역 방언)처럼 함부로 내지 않았을 텐데….'

아이들에게 감정을 가르치며 문득 제 자신에게 이런 생각이 들었습니다. 감정에 대한 수업이 붐이었던 때가 있었습니다. 감정을 나타내는 단어를 배우고, 특히 '화'에 대한 감정을 바라볼 때 짜증도, 불안함도, 불편함도 다 화로 표현될 수 있다는 사실이 새로웠습니다. 더 놀라웠던 것은 그 화를 표현하는 방식이 내 부모의 모습을 그대로 답습하고 있다는 깨달음이었습니다. 청소년기에 부모와의 갈등 속에서 '나는 저러지 말아야지!'라고 다짐했던 모습이, 성인이 된 나에게서 고스란히 비쳐보였을 때의 씁쓸함이 아직 기억에 남아 있습니다. 내 아이들에게는, 우리 학생들에게는 화나 분노 같은 감정을 인식하고 표현하는 법을 제대로 가르쳐야겠다고 생각했습니다.

사회에서 다양한 관계를 맺고, 갖가지 상황을 겪다 보면 자신의 뜻과 달리 누군가에게 상처를 주거나 마음을 상하게 할 때가 있습니다. 이럴 때 제대로 된 사과를 하면 오히려 관계를 더 강화하게도 만듭니다. 좋은 사과를 태도로 익히도록 가르쳐야 하는 이유입니다. 그런 의미에서 저는 '미안해'라는 단어가 지닌 무게감과 책임감을 학생들에게 조금 더 깊이, 감정과 순서를 담아 체계적으로 풀어주고 싶었습니다.

말은 의사 표현의 주요 수단입니다. 그중에서도 '미안해'라는 말만큼 상대에게 다가가는 무게가 사람마다 다른 단어가 또 있을까요? 무심코 '미안해'라고 내뱉는 학생, 사과할 분명한 이유가 없음에도 습관처럼 남발하는 학생에게 미안하단 말은 참 가볍습니다. 반면 사과를 아껴가며 표현하는 학생에게는 쉽게 입을 떼지 못할 만큼 자존심이란 무게를 가지고 있습니다. 하지만 학교, 공동체 속에서는 각자의 무게감보다는 진심이 잘 전달되었으면 좋겠습니다.

'미안해'라는 말이 진심을 발휘할 때, 그것은 공동체 내에서 갈등을 녹여내는 마법의 힘을 가집니다. 누군가가 용기를 내어 진심으로 사과했을 때, 그 사과를 받아들일 수 있는 교실 분위기가 만들어진다면 학생들은 갈등 상황 속에서도 서로를 존중하며 문제나 갈등을 풀어나갈 수 있을 것입니다.

《사과는 이렇게 하는 거야》, 데이비드 라로셸, 마이크 우누트카,
이다랑 역, 블루밍제이(2023).

활동 1. 사과를 해 본적 있나요?

수업을 풀어갈 책은 《사과는 이렇게 하는 거야》입니다. 먼저 책 표지
에 대해 이야기를 나누며 학생들의 호기심을 불러일으킵니다. 이 책은
내용은 진지한데 비해, 그림은 가볍고 재미있어서 학생들이 좋아합니다.
사과는 굉장히 힘든 일이지만, 사과를 하면 하는 사람도, 받는 사람도 기
분이 좋아지는 것을 따뜻하고 위트있게 설명해 주는 그림책입니다. 책을
읽으며 사과의 경험을 나눕니다.

"사과를 해 본 적 있는 친구?"

"사과를 받아 본 적 있어요?"

학생들이 다양한 경험을 이야기합니다.

활동 2. 사과는 어떻게 하지?

"그렇다면 사과는 어떻게 해야 할까요?"

우리가 직접 역할극을 해보자고 제안합니다. 형식적이고 뻔한 사과
와, 친구의 마음을 헤아리고 자신의 잘못을 인정하는 말이 담긴 사과를

비교해 보는 상황극입니다. 같은 상황의 사과지만, 어떻게 말하느냐에 따라 상대방의 마음이 얼마나 달라지는지를 몸소 느껴보는 활동입니다.

역할극 대본 예시

상황 1.

-철수: (친구의 연필을 빌린다고 말하지 않고 허락 없이 그냥 가져간다.)

-성재: 야! 내 거 말도 없이 가져가면 어떡해?

-철수: (대충~) 미안해

-성재: 진심으로 말해야지!

-철수: (감정 없지만 조금 더 진지하게) 미안해~

역할극 후, 배우로 참여한 친구들에게 인터뷰를 합니다.

"(성재역 친구에게) 철수의 말과 태도에 대해 어떤 기분이 들어요?"

"(철수역 친구에게) 성재의 말과 태도에 대해 어떤 기분이 들었나요?"

"(관중역 친구들에게) 이 역할극을 보고 어떤 생각이 들었나요?"

상황 2.

-철수: (친구의 연필을 빌린다고 말하지 않고 허락 없이 그냥 가져간다.)

-성재: 야! 내 거 말도 없이 가져가면 어떡해?

-철수: 아, 니 물건을 함부로 사용해서 미안해. 급해서 그랬어. 다음부터는 빌려도 되는지 물어볼게. 내 사과를 받아줄래?

-성재: 그래.

앞서와 같은 방식으로 학생들에게 직접 어떤 사과가 마음에 다가오는지 인터뷰를 진행합니다.

"(성재역 친구에게) 철수의 말과 태도에 대해 어떤 기분이 들어요?"

"(철수역 친구에게) 성재의 말과 태도에 대해 어떤 기분이 들었나요?"

"(관중역 친구들에게) 이 역할극을 보고 어떤 생각이 들었나요? 여러분들은 어떤 사과를 받고 싶은가요?"

활동 3. 3단계 인사약!

친구들의 역할극을 보고, 진심으로 사과하려면 어떤 말이 필요할지 학급 전체 학생들과 이야기를 나눕니다. 학생들의 생각을 듣고, 그 이야기를 바탕으로 학급긍정훈육에서 제시한 '인사약' 3단계를 살펴봅니다.

1단계 : **인**정하기 "내 장난이 지나쳐서 너를 화나게 했구나."

2단계 : **사**과하기 "정말 미안해, 진심으로 사과할게!"

3단계 : **약**속(해결)하기 "그리고 다시는 심한 장난을 치지 않을게."

학생들은 두 명씩 짝을 지어, 실제 상황을 상정하여 '인사약' 단계로 사과를 연습합니다. 한 번 연습한 뒤에는 짝을 바꾸어 다시 하며, 교실 전체가 참여할 수 있도록 합니다. 연습을 위해 실수 상황의 예(발 밟기, 뛰어가다가 부딪치기, 블록(장난감) 엎어뜨리기, 공책 찢기, 친구 책상에 물 엎지르기 등)를 보여줍니다.

1. 무작위로 짝 만나기
2. 하이파이브하며 인사하기- '안녕? 나는 ○○○이야.'
3. 가위바위보- 이긴사람: 실수한 친구 역할, 진사람: 피해 본 친구 역할
4, <실수 상황의 예>에서 상황을 정하고, '인사약' 단계로 사과해 본다.
5. '인사약'을 다 한 후, 하이파이브로 인사하고 새로운 짝과 다시 1번부터 한다.

모두가 안전하게 수업에 함께할 수 있도록 하려면…

1. 역할극에서 '솔직한 느낌'을 묻습니다. "누가 연기 잘했어?"보다는 "이 말 들으니까 기분이 어땠어?" "나라면 이 사과를 받고 싶을까?" 하고 느낌을 묻는 질문이 효과적입니다. 다만, 특수교육대상학생처럼 느낌을 묻는 질문을 어려워하는 친구에게는 "앞에 나와서 역할극을 한 친구에게 하이파이브를 해 줄 수 있을까요?" "앞에 나온 친구들에게 잘 해줘서 고맙다고 박수를 쳐 줄 수 있을까요?"와 같은 간단한 행동으로 인터뷰를 대신할 수 있습니다.

2. "우리는 아직 연습 중이고, 완벽하게 하지 않아도 괜찮아."라고 학생들에게 말해 줍니다. 사과해야 하는 것을 알지만, 익숙하지 않아서, 부끄럽고 민망하다고 생각해서, 사과를 두려워해 도망치지 않도록 합니다. 교실은 '함께 연습하는 가장 안전한 공간'이라는 메시지를 전달해 주세요.

3. 활동 3에서 인사약 연습하러 돌아다니더라도 반드시 두 명이 짝꿍이 되어야 합니다. 만약 특수교육대상학생이 자연스럽게 포함되지 않으면, 교사는 학생들 사이에 자연스럽게 끼어들어 특수교육대상학생과 한 팀이 되어 반 친구들과 하이파이브도 해보고, 가위바위보도 할 수 있도록 합니다. 시범을 보일 때 특수교육대상학생을 앞으로 불러 함께하는 것도 하나의 방법입니다. 그 과정 속에서,

특수교육대상학생도 우리 반 친구라는 사실을 말없이, 그러나 분명하게 느끼게
해 줄 수 있습니다.

수업 이야기

사과를 해 본 적 있나요?

책 표지를 보면 뾰루퉁한 표정의 부엉이 앞에 비버가 보입니다. 비
버는 무언가 잘못한 듯 안절부절한 모습이고, 부엉이 집이 조금 망가진
것처럼 보입니다. 아이들은 이런 장면을 참 잘 읽어냅니다.

"비버가 부엉이 집을 갉아 먹었어요."

"부엉이 집이 부서졌어요."

표지 그림만으로도 상황을 정확히 짚어냅니다.

"사과를 해 보거나, 받아 본 적 있는 친구들 있나요? 어떤 상황이었
어요?"

이 질문에 가장 많이 나온 대답은 "장난치다가 실수했을 때요!"였습
니다. 그러나 저마다 상황과 내용은 조금씩 다릅니다.

"장난치다가 물 같은 거를 엎질렀어요!"

"장난치다가 친구 필통을 떨어 뜨렸어요."

"장난으로 했는데 친구가 화를 냈을 때요!"

다음으로 많이 나온 이야기는 오해와 관련된 상황이었습니다.

"내가 안 했는데 친구들이 나보고 했다고 했을 때요."

"친구들이 모르고 내 거를 썼거나 떨어뜨렸을 때요."

간혹 가족 간의 갈등도 등장합니다.

"엄마가 내 말 안듣고 나한테 잘못했다고 했을 때요."

사과를 '받았던' 경험의 핵심은 대부분 비슷했습니다.

"친구가 내 맘을 속상하게 했을 때요!"

학생들의 이야기를 듣다 보면, '내가 한 행동은 장난이었지만, 상대방이 한 행동은 왜 이렇게 내 마음을 속상하게 하는 걸까?' 하는 생각이 듭니다. 그래서 사과는 생각보다 훨씬 어려운 일이라는 사실을 다시금 실감하게 됩니다.

"그렇다면 이런 경우 있었나요?"라는 질문과 함께 몇 가지 형식적이고 뻔한 사과의 예시를 보여주었습니다.

- (웃으며) 미~~~안.
- (대충) 기분 상했다면 미안.
- (변명) 미안해. 그런데 어쩔 수 없었어.
- (시켜서) 선생님이 너한테 사과하래.

이런 사과는 교실에서 흔히 볼 수 있습니다. 사과를 하긴 했지만, 받은 친구는 마음이 덜 풀리고, 사과한 친구에게는 "안 했어"라고 말하기 애매한 상황이 됩니다. 1~2학년 아이들이더라도 이런 불편한 경험은 다 있습니다. 그리고 그때의 그 불편한 감정을 이렇게 말합니다.

"기분이 찝찝해요."

"사과를 안 받은 거 같아요."

사과는 어떻게 하지?

1~2학년 학생들은 대부분 칠판 앞에 나와 보고 싶어 하니, 역할극 지원할 친구를 구하는 일은 어렵지 않습니다. 역할극을 하겠다고 자진해서 앞으로 나오긴 했지만, 부끄러움에 웃음이 나오는 지원자들의 모습에 교실 여기저기서 '크큭' 웃음이 새어 나옵니다. 그 웃음을 진정시키기 위해 앞에 나온 친구들에게 먼저 역할극 대본을 읽을 시간을 주고, 자리에 있는 친구들에게 부탁했습니다.

"앞에 나온 배우들이 몰입할 수 있도록 여러분은 관중이라 생각하고 매너 있게 봐 주세요. 연극이 끝나면 기자가 와서 인터뷰를 할 거예요."

기자가 온다는 말 때문인지, '관중 역할'을 맡아서인지, 아이들은 서툰 연기에도 끝까지 진지하게 집중해 주었습니다. 그 모습만으로도 감동입니다.

상황 1 역할극이 끝난 뒤, 배우 역할을 한 친구에게 물었습니다.

"미안하다는 말을 듣고 기분이 어땠나요?"

"별로 안 미안해 한 거 같았어요. 그래서 좀 화났어요!"

2학년이어서 대본에 적힌 말을 그대로 읽었을 뿐일 거라 생각했는데, 학생은 자신이 느낀 감정을 또렷하게 표현했습니다. 예상하지 못한 솔직한 대답에, 내심 대견했습니다.

이번에는 관중에게 마이크를 넘겼습니다. 인터뷰하는 기자가 비록 선생님이지만, 정말 기자가 온 것처럼 아이들이 인터뷰에 응해줍니다.

"앞에서 한 친구들을 보고 어떤 생각이 들었나요?"

"기분이 안 좋았을 것 같아요!"

"둘이 더 싸우게 될 것 같아서 조마조마했어요."

학생들이 스스로 느끼고 판단해 내놓은 답은 제가 설명하려 애썼던 말보다 훨씬 깊고 정확했습니다. 그 모습을 보며 마음속에서 조용히 뿌듯함이 올라왔습니다.

이어서 상황 2 역할극을 진행했습니다. 마찬가지로 역할극이 끝나고 인터뷰를 했습니다. 사과를 받은 친구에게 "사과를 듣고 기분이 어땠나요?" 묻자, "이유를 설명해주니까 이해가 되고, 화는 안났어요!"라고 했습니다.

관중인 다른 친구들에게 마이크를 넘겼습니다.

"안녕하세요? 방금 본 장면을 보고 어떤 생각이 들었나요?"

"사과를 받아 주고 싶단 생각이 들었어요!"

"… 사이가 더 좋아질 것 같았어요"

평소 발표를 거의 하지 않는, 반에서 아주 조용한 아이의 목소리였습니다. 그 아이는 늘 말수가 적어, 교사도, 친구들도 쉽게 기대를 걸지 않았던 학생이었습니다. 그런데 인터뷰 형식으로 마이크를 내밀자, 이렇게 또렷한 생각을 꺼내 보인 것입니다.

솔직히, 인터뷰 속 아이들의 대답을 듣고 놀랐습니다. 교사의 어떤 개입이 없었는데도, 상황 1에서는 '둘이 더 싸우게 될 것 같다'고 느끼고, 상황 2에서는 '더 친해질 것 같다'고 느꼈다는 점이 학생들의 말 속에 고스란히 담겨 있었기 때문입니다. 그 표현만으로도 이 수업이 학생들의 마음에 잘 닿고 있음을 느낄 수 있어 안심이 되었습니다.

조용한 아이의 이야기를 통해 접근하는 방식을 조금만 달리하면, 참여가 어려워 보이던 아이들도 충분히 자신의 생각을 표현할 수 있다는 사실을 알 수 있었습니다. 자신의 생각을 말하는 데 익숙하지 않은 특수교육대상학생에게도 인터뷰를 청했습니다.

"역할극 한 친구들은 어땠나요? 부끄러워했나요, 아니면 씩씩하게 했나요?"

"씩씩하게 했어요!"

"그럼 박수 한 번 보내주세요!"

"와~"

그 짧은 대답과 박수 소리 덕분에 교실의 공기는 한층 더 밝아졌습니다. 아이들 사이에 흐르던 긴장도 어느새 웃음과 응원의 공기로 바뀌는 게 느껴졌습니다.

사과의 힘을 얻는 인사약!!

역할극 지원자는 아니지만 자신도 하고 싶어서 엉덩이가 들썩들썩하는 친구들도 있고, 부끄러워서 앞에서는 못 하지만 자기도 해보고 싶은 친구도 있습니다. 교실은 언제나 이렇게 저마다 다른 색깔을 가진 아이들이 모여 있습니다. 그래서 모두가 부담 없이 참여할 수 있도록, 게임 형식으로 '인사약' 방법을 여러 친구들과 해 보았습니다. 상황을 고르는 데 시간이 걸릴 것 같아, 몇 가지 상황의 예시도 제시하였습니다.

게임이 시작되자 학생들은 이 친구, 저 친구 만나면서 인사를 합니다. 특수교육대상학생을 피해다니던 학생들도, 모두 돌아가며 짝꿍을 이루는 방식이다 보니 자연스럽게 함께 참여합니다. 처음에는 말이 잘 나오지 않고, 어색해하던 친구들도 두세 명 만나 보니 저절로 나옵니다. 친구들을 한 번씩 다 만나고 신나게 게임을 마친 후 자리에 앉았습니다. 흥분된 마음에 들뜬 친구들이 보입니다.

수업을 마무리하려는데 저보다 더 신나 자기 이야기를 쉴 새 없이 하는 친구가 눈에 들어옵니다. 살짝 미소띤 얼굴로 말을 건넵니다. "어~ 선생님이 수업을 마무리하려는데, 선생님을 존중하지 않고, 경청해주지 않아서 지금 선생님 속상한데? 속상한 선생님에게 정훈이가 사과를 해 주면 기분이 풀릴 수 있을 것 같아. 마침 오늘 인사약 방법을 배웠으니까 친구들에게 사과는 이렇게 하는 거야! 하고 한 번 보여 줄 수 있을까?" 정훈이는 잠깐 민망해 하는 듯했지만 일어서서 인사약 방법으로 사과를 했습니다. 그러자 흐트러진 수업 분위기도 다시 돌아오고, 오늘의 주제에 대한 이야기로 마무리할 수 있었습니다.

"여러분은 어떤 사과를 받고 싶나요."라는 질문에 학생들은 이렇게 답했습니다.

"진심이 담긴 사과요."

"뭐 때문에 그랬는지도 말해주면 좋겠어요."

"다음엔 안 그런다고 해야 돼요."

"그럼 다음에 사과할 일 있을 때, 여러분들이 듣고 싶은 사과를 할 수 있겠죠? 사과하려면 용기가 필요해요. 그 용기를 인사약이 줄 거예요. 꼭 인사약 먹고 사과해 봅시다."

　　그렇게 인사약은 학생들에게 사과할 수 있는 힘을 주는 작지만 강한 마법의 약이 되었습니다.

　　이 수업의 목적은 아이들에게 '사과를 잘하는 법'을 가르치는 데 있지 않습니다. 갈등을 없애는 것이 아니라, 갈등 속에서도 관계를 지키는 방법을 연습하게 하는 데 있습니다. 사회정서역량 중 관계 기술은 타인의 감정을 이해하고, 자신의 책임을 받아들이며, 관계를 회복하려는 용기에서 자랍니다. 인사약 활동을 통해 아이들은 말 한마디가 관계를 무너뜨릴 수도, 다시 이어 줄 수도 있다는 경험을 몸으로 배웠습니다. 이 작은 연습들이 쌓여, 아이들이 앞으로 살아가며 만날 수많은 관계 속에서 서로를 존중하며 연결되는 힘이 되기를 기대해 봅니다.

15장

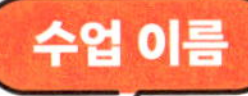

다정한
말 선물

◆ **주제:** 말

◆ **목표:** 친구의 마음을 생각하며 말을 고르고 선물한다.

◆ **사회정서역량 영역** ◎(주) ○(부)

자기 인식	자기 관리	사회적 인식	관계 기술	책임 있는 의사결정
	○		◎	

◆ **1~2학년 관련 교과 및 단원**

[통합-상상] 행복을 주는 말을 해요(p.78).

[통합-기억] 우리 반 시상식(p.46).

주제와 역량

"안녕?" "같이 놀래?" "미안해." "고마워."

등교해서 하교할 때까지 교실은 와글와글 아이들의 말로 가득합니다. 아이들은 말을 주고받으며 서로 관계를 맺어갑니다. 이때 상황에 맞고 다정한 말은 관계를 이어주지만, 거칠거나 상대를 아프게 하는 말은 관계를 멀어지게 합니다.

《다정한 사람이 이긴다》에서 작가 이해인은 말이 '관계의 문을 두드리는 손'이라고 표현합니다. 두드리는 방식에 따라 문이 열리기도 하고, 잠기기도 하며, 말 속에 관심을 담고 말투 속에 존중을 담을 때 관계가 살아난다고 말합니다. 그만큼 말은 관계에서 매우 중요한 역할을 합니다.

초등 저학년 학생들에게 말은 아직 다듬어 가는 중인 의사소통의 도구입니다. 학생들은 무심코 말을 던지기도 하고, 마음보다 앞서 말이 튀어나오기도 합니다. 그래서 이 시기의 교실에서는 말에 대해 생각해 보고, 어떻게 다뤄야 하는지 이해하는 수업이 필요합니다. 수업을 통해 말은 아무렇게나 던지는 것이 아니라, 상대에게 소중하게 건네는 것이라는 걸 알아가야 합니다. 상대의 마음을 떠올리고, 상황에 어울리는 말을 고르며, 관계 안에서 말을 주고받는 연습은 사회정서학습에서 관계 기술 역량을 기르는 중요한 과정입니다.

'우정이 싹트는 교실' 수업이 어느 정도 이어졌을 때, 학생들에게 무언가를 선물하고 싶다는 생각이 들었습니다. 예쁜 아이들에게 어떤 선물이 좋을지 고민하던 중,《너에게 주는 말 선물》이라는 제목이 눈에 들어왔습니다.

'말도 선물이 될 수 있구나' 생각하며 그림책의 내용을 살펴보았습니다. 그림책에는 처음 만났을 때 건네는 인사말인 '안녕'부터 '고마워' '미안해' '사랑해' '축하해'까지 상황에 어울리는 말이 담겨 있었습니다. 짧고 익숙한 말들이지만, 그 말이 어떤 마음으로, 어떤 상황에서 건네질 때 선물이 되는지가 잘 드러나 있었습니다.

학생들이 상황과 상대의 마음을 살피며 말을 건넬 수 있다면, 평소 아무렇지 않게 오가던 말도 충분히 선물이 될 수 있겠다는 생각이 들었습니다. 책 속에는 모두 열다섯 가지 말이 소개되어 있었는데, 그중 '같이 할까?'라는 말에서 제 눈이 멈추었습니다.

'맞아! 이 말은 우리 반 학생들이 너무 좋아할 말이지.'

특수학급 학생들 가운데에는 친구들과 어울리고 싶은 마음은 크지만, 관계를 어떻게 시작해야 할지 몰라 주변을 맴도는 아이들이 있습니다. 그런 아이들에게 누군가 "같이 할까?"라고 말을 건넨다면, 그 한마디는 선물이 될 수 있겠다는 생각이 들었습니다.

관계 기술 역량을 떠올리면 우리는 흔히 '예쁜 말' '바른 말'을 먼저 생각하게 됩니다. 하지만 교실에서 만나는 아이들이 주고받는 말은 언제나 바르고 고운 말만 있는 것은 아닙니다. 학생들은 말을 주고받으며 친구가 되기도 하고, 다투기도 하며 관계를 배워 갑니다.

이 수업에서는 이미 교과 시간을 통해 배운 말을 다시 가르치기보다, 말을 건네기 전 잠시 친구를 바라보고, 그 마음을 떠올려 보는 경험을 만들어 주고 싶었습니다. 그렇게 말이 관계 안에서 건네질 때, 말은 단순한 의사소통의 수단을 넘어 누군가에게 전해지는 '선물'이 될 수 있음을 학생들이 느끼기를 바랐습니다.

《너에게 주는 말 선물》, 이라일라 글, 서영 그림, 파스텔하우스(2021).

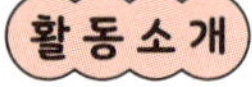 **활 동 소 개** ···

활동 1. 그림책 함께 읽기

수업은 그림책을 읽는 것으로 시작합니다. 그림책 읽기는 표지에서부터 시작합니다. 제목을 가려두고 그림만 보며 어떤 제목일지 떠올려보도록 합니다.

그림책《너에게 주는 말 선물》을 펼치면 왼쪽에는 상황이, 오른쪽에는 그 상황에 어울리는 말이 제시되어 있습니다. 책을 읽으며 (오른쪽에 있는 말을 가린 채) 왼쪽 페이지에 제시된 상황만을 먼저 보여 주고, 어떤 말이 어울릴지 맞혀 보며 읽어 나갑니다.

이 과정에서 학생들은 말이 어렵고 특별한 것이 아니라, 아주 쉬운 말일지라도 상황에 맞게 건네질 때 사람들의 마음을 따뜻하게 하고, 서로를 더 가까이 이어줄 수 있다는 것을 자연스럽게 느낄 수 있습니다.

활동 2. 서로에게 말 선물 하기

그림책을 함께 읽은 뒤, 학생들은 이제 말을 서로에게 직접 선물해 보는 경험을 해보도록 합니다. 학생들에게 말 선물 활동지를 나누어 줍니다. 활동지는 리본과 테두리가 그려져 마치 속이 비어 있는 선물 상자처럼 보입니다. 상자 안에 예쁜 말을 쓰거나 스티커를 붙여 말을 선물할 수 있도록 구성되어 있습니다.

이 활동은 활동지를 옆으로 돌려가며 이어지기 때문에, 교실의 대열은 학생들이 서로 마주볼 수 있도록 모둠 형태로 구성합니다. 모둠은 구성원이 너무 적거나 많지 않도록 2~3모둠 정도로 나눕니다. 학생들은 활동지에 자신의 이름을 먼저 쓴 뒤, 모둠 안에서 한 칸씩 이동하며 활동지를 돌려 주고, 친구에게 선물하고 싶은 말을 직접 쓰거나, 스티커 같은 제공된 자료 중에 골라 붙입니다. 모둠 안에서 모든 친구들에게 말을 선물받아 자신의 이름이 적힌 활동지를 다시 받으면 마무리됩니다.

활동 3. 내가 받은 말 선물 발표하기

학생들은 자신이 받은 말 선물을 찬찬히 읽어보도록 합니다. 그리고 자신이 받은 말 중에 가장 마음에 드는 말을 골라 표시합니다. 그리고 그

말이 왜 좋았는지, 그런 말을 들었을 때 어떤 기분이 들 것 같은지를 생
각하며 이야기 나눠봅니다.

모두가 안전하게 수업에 함께할 수 있도록 하려면…

1. 말 선물은 직접 써 줄 수도 있지만, 스티커로 준비하면 장난스럽거나 상처가 될
   수 있는 말을 예방할 수 있고, 저학년 학생들의 경우 쓰는 데 드는 시간이 적어
   활동의 흐름이 끊어지지 않습니다. 또한 한글 쓰기가 아직 어려운 학생들도 긴
   장하지 않고 활동에 자연스럽게 참여할 수 있습니다.

2. 글 읽기에 어려움이 있는 학생을 위해 말 스티커를 제공할 때에 이미지를 함께
   넣거나, 그림 중심의 스티커를 줄 수도 있습니다.

3. 말 선물을 서로에게 선물한 후에 내가 듣고 싶은 말이 있는지 이야기 나누고, 듣
   고 싶은 말을 친구들이 함께 해 주는 활동도 해 볼 수 있습니다.

수업 이야기

서린이의 말 선물

특수교육대상학생인 서린이는 말이 없습니다. 친구들이 호기심 어
린 눈으로 다가와 인사를 건네고 이름을 물어도, 서린이의 목소리를 듣
는 일은 쉽지 않습니다.

"안녕?"

“……”

“이름이 뭐야?”

“……”

잠시 망설이던 한 아이가 묻습니다.

“선생님, 얘는 왜 말을 안 해요?”

“인사하려면 용기가 필요할 때도 있어. 서린이는 아직 그 용기를 준비하는 중이래. 조금만 기다려 주면 서린이도 인사할 수 있을 거야.”

조용하고 무심한 듯 보이는 서린이지만, 친구들에게 관심이 없는 것은 아닙니다. 가끔 친구들과 운동장 놀이터에서 함께 미끄럼틀을 탈 때 서린이의 표정을 보면 알 수 있습니다. 서린이도 친구들과 어울리고 싶고, 다가가고 싶어 한다는 것을요.

하지만 인사를 건네도, 질문을 해도 대답이 돌아오지 않는 시간이 반복되자 아이들은 점점 머쓱해집니다. 그리고 어느새 서린이는 아이들 눈에 잘 띄지 않는, ‘보이지 않는 아이’가 되어 갑니다.

이 수업을 준비하며 도움반에서 서린이와 그림책을 읽던 중이었습니다. 천천히, 하지만 또렷하게 그림책을 읽는 서린이의 목소리를 들으며 통합반 친구들에게 들려주면 좋겠다고 생각했습니다.

책을 읽어주는 역할을 하게 할까 생각하다, 오히려 그림책 마지막 장에 나오는 질문, ‘너도 누군가에게 선물하고 싶은 말이 있니?’에 대한 대답으로 서린이의 말을 넣으면 훨씬 효과가 있겠다 싶었습니다.

“서린아, 친구들한테 말 선물해 볼까?”

“……”

"어렵지 않아. 선생님이랑 같이 천천히 읽으면 돼."

"…… 좋아"

"좋아? 그럼, 같이 읽어보자."

며칠 동안 함께 연습해 녹음한 서린이의 목소리를 자료에 담았습니다. 그리고 수업이 시작되었습니다.

화면에 질문이 뜹니다.

"너도 누군가에게 선물하고 싶은 말이 있니?"

스피커에서 서린이의 목소리가 나옵니다.

"안녕, 고마워, 괜찮아, 사랑해, 축하해, 같이 할까, 행복해."

"어? 이거 누구 목소리지?"

"서린인가?"

"맞아요. 서린이가 친구들에게 말 선물을 하고 싶다고 해서 준비했어요."

"오~ 서린이 목소리 처음 들어봐."

"신기하다." "반가워."

학생들은 화면과 서린이를 번갈아 바라봅니다. 자신의 목소리가 교실에 울리자 서린이는 조금 쑥스러운 듯 웃습니다. 개구쟁이 같은 미소가 얼굴에 슬며시 올라옵니다.

성급한 마음에 외치는 아이도 있습니다.

"야! 말해 봐!"

이때는 교사가 안내해 줍니다.

"사람마다 말을 꺼내는 속도가 달라요. 선물은 달라고 하는 게 아니라, 고마운 마음으로 받는 거예요. 우리 서린이가 다음 선물을 준비해서 줄 때까지 기다려 줄 수 있을까?"

"네~"

여전히 말을 꺼내는 데 시간이 많이 걸리는 서린이지만, 아이들 마음속에서 서린이는 더 이상 '보이지 않는 아이'가 아니었습니다. 말 선물을 건네며 자신의 속도로 관계에 참여한 친구로 기억되기 시작했습니다, 그리고 친구들 역시 기다림과 존중으로 관계를 이어 가는 법을 배우는 중이었습니다.

가장 마음에 드는 말은…

이제 서로에게 말 선물을 나눌 차례입니다. 아이들은 서로 마주보고 앉아 활동지를 돌립니다. 말이 적힌 스티커를 하나씩 읽고, 친구에게 주고 싶은 말을 골라 붙입니다. 장난으로 붙이거나 앞 친구가 붙인 말과 똑같은 스티커를 고르려는 학생들도 더러 있습니다. 그럴 때마다 각자가 친구에게 주고 싶은 말을 고르는 거라고 다시 한번 안내합니다.

자신의 활동지를 돌려받은 학생들은 친구들이 선물한 말들을 하나씩 찬찬히 읽어 봅니다. 이때는 학생들이 선물받은 말들을 마음에 담을 수 있도록 시간을 충분히 갖습니다. 학생들은 그중에서 가장 마음에 드는 말 하나에 동그라미를 칩니다.

자신의 이름이 적힌 활동지를 들고 말 선물을 읽어가던 아이들의 조용한 목소리들이 들립니다. 자신이 받은 말 선물이 꽤 마음에 드는 눈치입니다. 친구들과 큰 다툼이 있는 반은 아니지만, 그래도 막상 다른 친구들이 붙여준 말 선물이 쑥스러운 듯합니다. "어? 나는 안 그런데…."라고 말하면서도 종욱이의 얼굴에는 미소가 번집니다.

"이제 가장 마음에 드는 말을 하나씩 골라 표시하고, 이야기 나눠볼까요? 어떤 말이 가장 마음에 드는지, 그리고 이유가 뭔지 말해주세요."

차례차례 이야기를 나눕니다.

"저는 '유머감각이 뛰어나네'가 좋아요. 저는 재미있는 사람이 되고 싶어요."

"'넌 할 수 있어'가 좋아요."

"'참 긍정적이구나'요."

"'힘내!'요."

"'최고'요."

"'아자아자 파이팅!'이요."

"'넌 참 소중한 사람이야'란 말이 좋아요."

"'재능이 참 많네!'요."

"'마음이 참 따뜻하구나'."

"'넌 특별한 사람이야'란 말이 맘에 들어요."

"저는 먹는 게 좋아요. 그래서 '우리 맛있는 거 먹으러 가자'란 말이 젤 좋아요." 지훈이의 말에 교실이 한바탕 웃음으로 채워집니다.

학습에 어려움이 있어 발표가 쉽지 않은 민석이 차례가 되었습니다. 담임 선생님의 도움으로 말을 골라 발표합니다.

"저는 '수고 많았어. 토닥'이 젤 좋아요."

민석이는 한글 해득에 어려움이 있어 난독센터에 다니고 있고, 방과 후 보충수업도 받고 있습니다. 읽기와 쓰기를 열심히 따라가 보지만, 그 과정이 늘 쉽지만은 않습니다. 민석이의 이 말에는 게을러서 배우지 않은 것이 아니라, 자신의 최선을 다해 배우려 노력하고 있다는 마음이 담겨 보였습니다.

도움반 학생인 지민이는 '그럴 수 있지'를 골라 동그라미 쳐 두고, 발표 대신 패스권을 사용했습니다. 발표는 하지 않았지만, 지민이가 고른 말 선물을 보며, 무심한 듯 보이는 지민이도 교실 안에서 다른 친구들과 함께 최선을 다해 참여하고 생활하고 있음이 느껴졌습니다.

저마다 고르는 말은 다르지만, 그 말 속에는 아이들이 스스로에게 바라는 모습, 누군가에게 지금 가장 듣고 싶은 마음이 담겨 있었습니다.

말 선물을 쌓아가기를

이 수업은 '예쁘게 말하는 법'을 배우는 시간이 아니라, 친구의 마음을 떠올리며 어떤 말을 건넬지 선택해 보는 수업이었습니다. 친구의 마음을 생각하며 말을 주고받는 과정에서 말이 선물이 될 수도 있음을 경험했습니다. 사회정서역량은 한 시간의 수업으로 길러지지 않겠지만, 이 수업을 통해 경험한 말의 힘을 기억하며, 말을 선물로 건네는 경험이 꾸준히 쌓여가길 바라는 마음입니다.

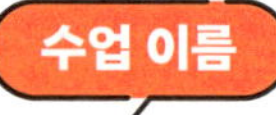

우리는 모두 용감해

◆ **주제:** 용기

◆ **목표:** 나의 용감한 선택이 모두에게 도움이 될 수 있다는 것을 안다.

◆ **사회정서역량 영역** ◎(주) ○(부)

자기 인식	자기 관리	사회적 인식	관계 기술	책임 있는 의사결정
		○		◎

◆ **1~2학년 관련 교과 및 단원**

[국어 1-2-7] 무엇이 중요할까요. [국어 2-1-3] 겪은 일을 나타내요.

주제와 역량

사회정서학습의 여러 역량 중에서 '책임 있는 의사결정'은 초등학교 1-2학년 학생들에게 어떻게 가르쳐야 할지 어렵게 느껴집니다. 이 시기의 학생들은 발달 단계 상 자기중심적 사고를 하고, 결과나 장기적인 영향을 생각하기보다는 현재 상황에서 자신에게 좋은 것으로, 그것도 즉각적인 결과가 나오는 것을 선택하기 때문입니다. 이는 발달 특성에 따른 것도 있으나, 오늘날 초등학생들이 디지털미디어에 많이 노출되면서 즉각적인 반응과 만족을 추구하는 경향이 큰 것도 이유입니다. 이러한 특성들을 보니 '책임 있는 의사결정'이 더욱 중요한 도전 과제임을 새삼 느끼게 됩니다.

입학 후 초등 1~2학년은 학교 및 학급의 규칙을 익히고, 다양한 친구들과 생활하면서 타인의 입장이나 공동체 의식을 배워나가는 데 많은 시일이 걸립니다. 그렇기 때문에 오히려 이 시기가 바로 좋은 씨앗을 뿌리는 적기가 될 수 있습니다. 학교라는 사회에서 관계를 맺기 시작하는 단계인 만큼 사회적 욕구도 생기기 때문입니다. 그래서 아이들이 공동체 안에서, 그리고 타인과의 여러 관계에서 자신이 어떻게 해야 할 것인지 판단하고, 선택하는 기준을 만드는 데 긍정적인 영향을 주는 수업이 필요하다고 생각했습니다. 이때 그 기준이 단순히 '규칙을 지켜야 한다'거나 '어른들의 말을 잘 듣는 것'으로 인식되기보다 초등 저학년에 맞춰 '모두를 위한 용감한 선택'을 하는 방향으로 잡았습니다.

누구에게나 처음은 있습니다. 새로운 도전은 두렵지만, 일단 해보면 그 다음에는 이미 해본 것이 됩니다. 해봤다는 것만으로도 좋은 성취 경험이 됩니다. 매일 하는 크고 작은 일이나 선택에도 조금씩 용기가 필요합니다. 선택 앞에서 때때로 두근거림을 느끼기도 하고 때론 잠깐 멈칫도 하지만, 그 순간 어떤 선택을 하느냐에 따라 결과는 달라집니다.

사회적 관계에서 좋은 선택은 의도하지 않았지만 실천한 행동이 우리 반 친구들에게, 그리고 공동체에 도움이 되었다는 것을 알아차리는 것부터 시작합니다. 서로의 좋은 선택을 인정하면서 '나도 해보고 싶다'라는 마음이 드는 것이 바로 그 시기의 학생들에게 '책임 있는 의사결정의 출발점'이 될 수 있습니다. 용기 있는 선택을 가르치는 이 수업은 학생들에게 생각해보는 힘, 알아차리는 힘, 다시 시도해보고자 하는 힘을 키우는 데 목적이 있습니다.

수업과 활동

초등학교 입학을 앞둔 자녀의 학부모님들을 만나면 늘 걱정이 많습니다. 또래 아이들과 학교생활을 잘 할 수 있을까? 놀림은 받지 않을까? 고민합니다. 장애가 있거나 다른 독특한 특성이나 어려움을 안고 있는 아이의 부모님들은 무척 긴장하고 불안해 합니다. 그런 학부모님들에게 제가 항상 하는 이야기가 있습니다.

"아이들은 어른들이 생각하는 것보다 용감합니다."

모든 아이들은 학교가 처음이기에 낯설어합니다. 그럼에도 불구하고 적응하기 위해 끊임없는 관찰을 합니다. 처음 하는 것들도 용기를 내어 도전하고, 실수를 하면서 배워나갑니다.

1학년 신입생 준한이는 낯선 공간과 익숙하지 않은 사람들이 많이 모여 있는 곳을 싫어하는 아이였습니다. 입학식 날 강당에 들어오지 못해 울던 준한이는 입학 후 매일 아침 교실에 들어가는 것부터 씨름해야만 했습니다. 하루하루 지나면서 교실에 들어오는 것은 점차 빨라졌습니다. 그러나 여러 공간 중에서 강당을 제일 힘들어했습니다, 친구들이 체육 수업을 할 때 강당 안이 잘 보이는 문 앞에 의자를 놓고 앉아 수업을 지켜만 본 적도 있었습니다. 그러다 한 발짝 들어갔다 나오기도 했고, 아이들과 우르르 잘 들어갔다 화들짝 놀라서 나온 때도 있었습니다. 한 학기가 지나면서 이제는 울면서도 들어가는 준한이를 보며, 이를 지켜본 친구들과 선생님들은 큰 박수와 함성을 보냈습니다. 그 소리에 놀라 더 큰 울음을 터트리긴 했지만, 그날의 기억은 잊을 수가 없습니다. 그 시간을 선생님과 친구들이 모두 함께 기다려주고, 준한이가 용기내도록 손을 잡고 이끌어주고, 교실과 공동체가 안전하다고 믿어본 준한이의 용기가 있었기에 가능했던 일이기 때문입니다.

매 순간 두렵지만 용기를 내어 한 발을 내딛고, 용감하게 그 과정을 헤쳐 나가는 아이들의 모습들을 보면서 저 또한 많이 배우게 됩니다. 신입생들을 상담할 때마다 학생들의 크고 작은 어려움들을 듣게 되면 예전에는 걱정부터 앞섰지만, 이제는 '그럼 어떻게 해볼 수 있을까?'라는 생각으로 바뀌게 되었습니다.

《용감하다는 건》그림책은 자신이 무언가에 도전하고 참아내는 것과 더불어, 누군가를 도와주고 배려하는 모든 것이 용감하다고 말해줍니다. 순전히 자신을 위해서 했을지라도 그 행동이 다른 이들에게도 좋은 영향을 주기도 한다는 것을 알게 되면, 이제 무언가를 하기 전에 자신과 다른 사람들을 생각하면서 어떤 행동과 선택이 좋을지를 고민하고 결정하게 됩니다. 자기만 잘하려는 생각보다 친구를 기다려주고, 도와주고, 실수를 인정하며 격려해주는 용기는 지금 아이들에게 매우 필요한 것이어서, 이 책이 아이들에게 용기와 선택을 심어주기에 좋았습니다.

그림책을 통해 용기에 대해 좀 더 가깝게 다가갔다면, 자신이 용기 낸 순간들과 친구들이 용기낸 순간들을 생각해보고, 다시 한번 용기내어 한 발자국 내딛어보자는 의미로 용기를 선포하는 자리를 마련했습니다. 자신과 친구의 도전, 용기를 응원하는 자리이기도 합니다.

《용감하다는 건》, 도미니카 립니에브스카, 김은재 역, 키즈엠(2022).

도입. 용감하다는건 무엇일까?

먼저 그림책을 보기 전에 학생들이 생각하는 용감한 것을 자유롭게 이야기해 보는 시간을 가집니다. 용감하다는 것을 정의하고 정답을 알려주기보다는 학생들의 생각이 충분히 드러날 수 있도록 기다려줍니다. 용감한 생각과 행동, 실천들을 다양한 관점에서 생각할 수 있도록 용기를 5가지 정도로 풀어주었습니다.

- 도전하는 것
- 사과하는 것
- 지켜주는 것
- 도와주고 배려하는 것
- 싫어하는 행동을 하지 않는 것

활동 1. 그림책 읽고 이야기 나누기

그림책《용감하다는 건》을 함께 읽으며 용기의 의미를 탐색합니다.

책에서는 멋지고 대단한 행동이 아니어도 일상 속에서 작은 선택들이 용감한 행동이고, 그것들을 통해 나뿐만 아니라 친구와 공동체에까지 변화를 줄 수 있음을 보여줍니다. 이 그림책을 통해 용감한 것은 대단한 무언가를 꼭 해야 하는 것이 아니라, 우리의 매일의 선택과 작은 실천 속에서 자라난다는 메시지를 학생들은 쉽게 이해할 수 있습니다.

책의 내용을 학생들 자신의 경험과 이야기로 연결하기 위한 장치로 세 가지 동작을 마련했습니다. 이 그림책에 나온 것처럼 아이들도 용기를 낼 수 있다면 양손을 불끈 쥐기, 작지만 용기를 내어보겠다고 생각이 들면 한 손을 불끈 쥐기, 아직은 용기가 좀 더 필요하니 나에게 용기를 달라는 의미는 엄지척으로 합니다.

"용감하다는 건 무엇일까요?" "용감하다는 건 어떤 모습일까요?" 질문을 하며 첫 장을 펼칩니다. 책 속에는 누군가를 도와주는 것, 도움을 요청하는 것, 잘 참고 기다리는 것, 자신의 기분을 말하는 것, 잘못했을 때 솔직히 말하는 것, 새로운 음식을 먹거나 무서웠던 일에 도전하는 것 등의 다양한 용감한 행동이 등장합니다. 각 장면에서 "하나, 둘, 셋" 하면 아이들은 위 세 가지 동작 중 하나를 합니다.

책의 마지막에 '용감하다는 건 사람마다 다를 수 있고, 우리는 매일 용감해지기 위해 노력하고 있다'는 메시지를 통해 용기는 매일의 선택이고 일상속에서 가능한 것임을 다시 한번 확인합니다.

활동 2. 모두를 위한 용감한 발자국

그림책의 이야기들을 자기의 이야기, 친구들을 향한 시선으로 옮기는 활동입니다. 발바닥 모양 2개가 있는 활동지에 자신이 한 용감한 행동과 친구가 한 용감한 행동을 관찰하여 쓰도록 합니다.

"나는 ________을 해봤어."

"나는 ____가 ________걸 봤어."

자신에서 더 나아가 친구로, 그리고 모두로 확장해 생각해보도록 예시를 들어주면 좋습니다. 종이접기를 도와달라고 한 친구를 도와준 경험, 친구에게 사과한 경험, 전학 온 친구에게 먼저 다가가 놀자고 한 경험 등을 예시로 들면 다양하게 떠올려 써보도록 도울 수 있습니다. 교실에서 친구들을 관찰한 장면들을 써보면서 다양한 교실 장면들이 다시 살아납니다.

♦ 나는 ________을 해봤어

"친구가 아플 때 같이 보건실에 가줬어."

"교실 쓰레기를 줍고 청소를 했어."

"급식 시간에 친구를 기다려줬어."

"분리수거를 잘하고 일회용품을 적게 썼어."

"엘리베이터에서 만난 어른에게 인사를 했어."

"내가 좋아하는 음식이나 간식을 양보했어."

♦ 나는 ____가 ________걸 봤어

"친구의 물건을 주워주거나 찾아주는 걸 봤어."

"친구에게 사과하는 걸 봤어."

"친구가 아플 때 위로하는 걸 봤어."

"종이접기를 도와주는 친구를 봤어."

"함께 가자고 기다려주는 걸 봤어."

"교실을 깨끗하게 청소하고 정리하는 걸 봤어."

활동 3. 용감을 외쳐보자!

활동 2에서 쓴 용감한 발자국 활동지들을 교실 바닥에 늘어놓고 서로의 용감한 실천과 행동들을 볼 수 있는 시간을 갖습니다. 그 중 '이 친구처럼 나도 해보고 싶다'라고 자신의 마음에 드는 것을 하나 선택합니다. 차례가 되면 자신이 선택한 용감한 발자국을 들고 둥글게 앉은 가운데 무대(훌라우프나 원마커)로 나와 용감하게 발표합니다. 발표를 마치면 친구들은 박수 두 번과 엄지척을 하며 "○○야 용감해"라고 외쳐줍니다. 이를 통해 혼자의 다짐이 아닌 함께 지켜보는 약속이 되도록 합니다.

이후 자신의 실천을 다시금 적어보는 활동을 추가로 할 수 있습니다. 매일 용감하기 위해 노력하고 있는 자신의 다짐과 목표를 구체적으로 쓰거나 그림을 그릴 수 있도록 활동지를 주어도 좋습니다. 이 수업은 용기를 아는 것에서 멈추지 않고 교실 안에서, 실제 생활 속에서 선택과 행동을 통해 책임 있는 의사결정을 경험하도록 도와줍니다.

모두가 안전하게 수업에 함께할 수 있도록 하려면…

1. 용감함을 나타내는 출발점을 '나'부터 시작하여 점차 친구와 공동체를 위한 용기로 나아가게 합니다. 자신의 이야기를 충분히 하고 나누면서 존중을 받은 경험을 통해 공동체로 시선이 옮겨질 수 있습니다. 다양한 그림 상징으로 공동체를 위한 용감한 행동의 예시를 주어 아이들이 경험을 말할 수 있도록 돕습니다.

2. 용감한 무대에 나와 이야기하기를 어려워하는 친구들이 있을 수 있습니다. 그런 경우 그림 상징을 활용하여 고르기, 교사와 함께 읽기, 친구들이 함께 읽어주

기 등 다양한 선택지로 참여할 수 있음을 보여줍니다. 자신이 선택하고 노력하여 시도한 것도 용감한 행동이라고 이야기해 준다면 다음 기회에 좀 더 용기를 낼 수 있을 것입니다.

3. 특수교육대상학생의 경우 사전에 구조화가 중요합니다. 미리 특수학급에서 비슷한 활동을 해보거나 용감한 발자국을 써본 후 참여해도 좋습니다. 예시를 주고 선택해 써보기를 할 수 있습니다. 어떤 것을 할지 선택하고 참여하는 것도 용기를 내어 하고 있음을 상기시키는 것도 좋습니다.

수업 이야기

우린 모두 저마다의 모습으로 용감해지고 있었구나!

"누군가를 도와주는 거예요."

"하지 말하야 하는 행동을 참고 안 하는 것이요."

"잘못을 알고 사과를 하는 거요."

"어려운 것에 도전하는 것이요."

초등학교 저학년이라 조금은 허무맹랑한 이야기가 나오지 않을까 했는데, 진지한 얼굴로 손을 들고 발표하는 학생들을 보니 제가 너무 아이들을 얕봤나 싶었습니다. 아이들은 용감하다는 것을 자신의 작은 실천부터 남을 배려하고 이해하는 것까지 연결해서 이해하고 있었습니다.

"용감하다는건 안 먹어본 음식을 먹어보는 거예요. 친구들도 이런 경험이 있나요? 자, 그럼 동작을 해볼까요? 하나, 둘, 셋." 아이들은 엄지척을 하거나 한 손 또는 양손을 불끈 쥐는 동작을 했습니다.

"겁나는 일을 해보는 것도 용기예요. 여러분도 그런가요? 하나, 둘, 셋."

아이들은 자신의 경험을 떠올리며, 때로는 쑥쓰러운 듯 동작을 작게, 때로는 보란 듯 크게 동작을 하기도 했습니다. 그 가운데 저는 한 아이에게로 계속 눈이 갔습니다. 2년간 통합학급에서 만난 세은이입니다. 세은이는 학교에서는 전혀 말을 하지 않았습니다. 세은이 오빠가 특수학급 학생이라 가끔 엄마와 통화를 할 때면 전화기 너머로 쩌렁쩌렁 울리던 세은이의 목소리를 학교에선 들을 수 없었습니다. 1학년 때 특수학급에 다니던 인우에게 관심을 가졌던 세은이는 인우와 놀 때면 웃곤 했습니다. 그러다 말을 걸면 순간 다시 웃음기를 싹 빼고 고개를 돌렸습니다. 그런 세은이도 2학년이 되었고 통합학급에서 또 만나게 되었습니다. 여전히 학교에서는 말을 하진 않지만, 활동에 참여하는 부분이 늘고 있었습니다. 세은이의 동작이 크진 않았지만, 내용에 따라 고민하고 동작을 바꿔가면서 참여를 하고 있었습니다. 마지막 정리활동으로 '용감하기 위해 매일 노력하는 약속 그림 그리기'를 할 때는 친구를 도와주는 그림을 그리고 있었습니다. '세은이가 정말 많은 용기 내고 있구나' 하는 생각이 들면서 응원해주고 싶었습니다. '세은아! 친구를 도와주고 싶구나. 멋지다. 너의 용기를 응원해.'

난 해봤어! 그리고 내가 봤어!

아이들은 자신이 얼마나 용감하고 용기있는지 보여주고 싶어하고,

이야기하고 싶어합니다. 자기가 어려운 것, 힘든 것들을 용감하게 도전한 이야기를 말하고 싶어 하는 것이 보입니다. 그런데 갑자기 용감한 행동은 스스로를 발전시킨 용감한 행동보다는, 다른 사람이나 우리 반, 공동체에게 좋은 영향을 미친 것으로 생각해야 한다고 하니 표정들이 알쏭달쏭해졌습니다. 아이들에게도 고민의 시간이 필요했습니다. 그러다 누군가 먼저 이야기를 꺼냅니다.

"나는 인준이가 비행기 접기를 할 때 어려워해서 같이 접어줬어."

"나는 인준이가 담임 선생님께 예쁘게 존댓말을 하는 걸 봤어."

"나는 인준이가 친구에게 사과하는 것을 봤어."

"나는 인준이가 친구에게 땡큐라고 말하는 것을 봤어."

갑자기 너도나도 인준이를 주인공으로 이야기합니다. 반 친구들이 때로는 동생처럼 귀여워하면서도 재미있어하는 인준이는 엉뚱발랄한 친구입니다. 영어, 비행기, 종이접기, 엄마, 맛있는 것을 아주 좋아하고 잘 웃다가도 금세 폭풍처럼 울기도 하여 어디로 튈지 모르는 매력을 가졌습니다. 1학년 때는 선생님들에게도 예삿말을 쓰는 경우가 많았는데, 2학년이 되고는 존댓말을 잘 쓰게 되었습니다. "미안해" "고마워"라는 말을 쓰면 큰일이 나는 것처럼 울고 떼쓰던 인준이가 달라져서 "사랑해"와 "땡큐"를 입에 달고 살았습니다. 그런 인준이의 변화를 통합학급 친구들도 함께 알아봤습니다. 1학년 때보다, 2학년 1학기보다, 많이 성장했지만 혹시나 매일 떼쓰고 우는 친구로 비춰지지 않을까 내심 걱정했는데, 아이들도 인준이의 성장과 발전을 알아주고 있었습니다.

공룡을 잘 그리는 유진이도 담임 선생님의 도움을 받아 무언가를 열심히 썼습니다. '나는 멋진 공룡을 그려서 친구들을 즐겁게 해줬어.' '나는 급식실에서 줄을 설 때 양보하는 하림이를 봤어.'라고 썼습니다.

마지막으로 아이들이 쓴 용감한 발바닥을 교실 바닥에 깔아두고 서로의 것을 자세히 보는 시간입니다. 친구가 쓴 것을 보면서 자신도 도전하고 싶고 용기를 내어보고 싶은 용감한 행동을 골라보았습니다. 용감한 발바닥들 가운데는 화려한 리본들로 장식한 훌라후프를 두고 '용감한 무대'라고 이름 지었습니다.

"많은 친구들 앞에 서서 이야기하는 것은 용기가 필요합니다. 용감한 무대에 나오는 것만으로도 우리 친구들은 대단한 용기를 낸 거예요. 이번에는 좀 더 용기를 내어 친구들 앞에서 용기 있는 행동을 발표해 보는 자리입니다."

누군가는 용기를 내어 나오는데도 시간이 걸리기도 했고, 어떤 친구는 쑥스러워 하며 나왔지만 용감한 무대에 서자 언제 그랬냐는 듯 씩씩하게 발표하기도 했습니다.

기훈이는 용감한 무대에 나와서 발표를 하기 위해 유진이의 발바닥을 골랐습니다.

"유진이는 공룡을 엄청 잘 그리는데 나도 유진이처럼 잘하고 좋아하는 일들을 통해 사람들을 행복하게 해주고 싶어요."

용감한 무대를 둘러앉은 친구들은 유진이를 보면서 웃었습니다.

"용감해 기훈아."

유진이의 생각과 기훈이의 용기있는 선언을 모두가 격려해주었습니다. 이 수업을 통해 '용감하다는 것'을 정의하는데 그치지 않고 실천으로 이어갈 수 있도록 돕고 싶었는데, 기훈이를 보니 소기의 목표를 달성하는 느낌이었습니다.

우리 모두 용기를 배우는 시간

"선생님도 수업을 할 때마다 실수하면 안 된다고 생각하고 걱정했는데, 오늘은 실수를 인정하면서 솔직하게 이야기하기로 용기를 냈어요. 선생님의 이 용기가 우리 친구들에게는 어떤 도움이 됐을까요?"

교사로서 저도 아이들 앞에서 용기를 냈다고 알려주었습니다.

"저도 실수해도 부끄러워하지 말고 선생님처럼 말해야겠다는 생각을 했어요."

아이들과 수업을 하면서 용감하다는 것은 특별한 누군가의 이야기가 아니라, 자신의 마음을 잘 들여다보고 나와 모두를 위해 행동을 선택하는 순간에 있다는 것을 알게 되었습니다. 친구들 앞에 나와 발표하는 것, 응원의 말을 건네는 것도 모두 용감한 순간이었습니다. 그리고 그 용기는 서로의 관계 속에서 어떤 선택을 해야 할지 생각하는 힘이 되었습니다. 아이들이 계속 마주하게 될 수많은 선택의 순간에 자신과 친구를 함께 생각해 책임 있는 의사결정을 하기를 바라는 마음입니다.

17장

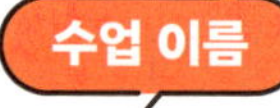

다람쥐 팝콘

◆ **주제:** 선택

◆ **목표:** 갈등 상황에서 내 마음과 친구 마음을 함께 생각하며 좋은 선택을 해본다.

◆ **사회정서역량 영역** ◎ (주) ○ (부)

자기 인식	자기 관리	사회적 인식	관계 기술	책임 있는 의사결정
○		○		◎

◆ **1~2학년 관련 교과 및 단원**

[통합-기억] 그때 그랬더라면(p.42).

주제와 역량

"핑크! 핑크!"

"핑크는 내 거야! 내가 핑크 할 거야!"

통합학급 미술 시간, 모둠별로 색종이를 함께 나누어 사용합니다. 색종이 봉투에는 여러 색이 한 장씩 들어 있었고, 그 중 영주가 가장 좋아하는 분홍색을 다른 친구가 먼저 집었습니다. 그 순간 영주의 감정이 격해집니다.

담임 선생님이 차분하게 설명합니다.

"영주야, 오늘은 같이 나눠 쓰기로 했잖아. 분홍 말고도 예쁜 색이 많아."

그러나 영주는 고개를 저으며 울음을 멈추지 않습니다. 수업이 지연되자 옆자리 친구가 작은 목소리로 말합니다.

"그냥 영주한테 줘~. 시끄럽잖아."

교실에서는 이처럼 '내가 원하는 것을 반드시 가져야 하는 선택'과 '갈등을 피하기 위해 쉽게 내어주는 선택'이 반복적으로 나타납니다. 이러한 상황에서 교사는 종종 갈등을 빠르게 정리하려고 하거나, 설득과 훈계로 문제를 마무리합니다. 그런데 그 결과는 일시적인 행동 조정에 그치고, 유사한 장면은 계속 다시 반복되곤 합니다. 이는 학생들이 선택의 결과가 아니라 선택과 갈등의 과정 자체를 충분히 경험할 기회를 갖지 못해서 계속해서 나타나는 것이기도 합니다.

사회정서학습에서 의미하는 '책임 있는 의사결정'은 단순히 옳고 그름을 판단하는 능력이 아닙니다. 여러 욕구와 감정이 동시에 존재하는 상황 속에서 자신의 마음을 인식하고, 타인의 입장과 관계의 맥락을 함께 고려해 보고, 그 선택이 가져올 결과를 미리 생각해 보는 복합적인 사고 과정입니다.

이러한 역량은 설명이나 훈계를 통해 형성되기보다 실제 생활 속에서 선택의 순간을 경험하고, 그 과정을 되돌아보는 반복적인 학습을 통해 점진적으로 발달합니다. 특히 '누가 양보했는가' '무엇을 가졌는가'와 같은 결과 중심의 접근이 아니라, '어떤 선택지'가 있었고 '왜 그 선택을 했는지'를 함께 성찰하는 경험이 핵심입니다.

특수교육대상학생은 갈등 상황이 생기면 주변에서 대신 조정하거나 빠르게 해결해 주는 경우가 많아, 학생이 스스로 선택하고 갈등을 해결하는 과정을 경험할 기회가 충분히 드러나지 않는 경우가 많습니다. 이로 인해 자신의 욕구를 즉각적으로 앞세우거나, 반대로 관계 유지를 위해 자신의 필요를 쉽게 포기하는 양극단의 선택 패턴이 나타나기도 합니다. 따라서 책임 있는 의사결정 역량을 기르는 교육은 갈등을 없애는 데 목적을 두기보다, 갈등 속에서 생각하고 선택해 보는 경험 자체를 보장하는 데 의미가 있습니다.

수업과 활동

"선생님, 준서가 혼자 먹어요."

혜성이는 간식을 몰래 가져와 혼자 먹는 준서를 보고 선생님에게 도움을 요청합니다.

"준서야, 혜성이 하나만 주면 안 돼? 혜성이가 지우개랑 연필도 빌려줬잖아."

준서는 굳게 고개를 저으며 간식을 내주지 않습니다. 그런데 수업 시간이 되자, 필통에 지우개가 없던 준서는 혜성이의 지우개를 아무 말 없이 꺼내 자기 것처럼 사용합니다. 혜성이는 불편함을 느끼지만 말하지 않습니다. 오히려 자신이 필요할 때도 자기 지우개를 준서에게 조심스럽게 빌려 쓰듯 사용합니다.

자신의 욕구를 앞세워 행동하는 준서와 자신의 마음을 눌러 두고 친구에게 맞추는 혜성이는 전혀 다른 선택을 하는 것처럼 보이지만, 그 결과는 닮아 있습니다. 두 아이 모두 반복된 선택 패턴으로 인해, 또래 관계에서 지속적인 어려움을 경험하고 있습니다.

어른의 눈에는 이러한 모습이 아이의 특성이나 발달 과정에서 자연스럽게 나타나는 어려움으로 보일 수 있고, 필요와 상황에 맞춰 욕구를 조절해 주는 개입도 가능합니다. 그러나 교실 안의 1~2학년 아이들은 그렇게 넓은 맥락까지 헤아리기 어렵습니다. '내 마음'이 중요한 시기이기 때문에, 각자 자기 욕구가 우선인데, 한 친구가 자신의 욕구만을 고집하면 갈등이 생깁니다. 반대로 갈등을 피해 늘 양보하는 친구는 어느새 배려가 아닌 '항상 양보해야 하는 아이'가 되기도 합니다. 이처럼 통합학급에서 아이들의 선택은 개인의 행동에 머무르지 않고, 교실 안 관계의 분위기와 방향을 만들어 가는 중요한 요소가 됩니다.

그래서 갈등이 발생한 이후의 해결에 초점을 두기보다 갈등이 예상되는 구조를 수업 안으로 가져와, 선택의 순간을 미리 경험하고 그 결과를 함께 살펴보는 예방적 사회정서학습으로 수업을 설계하였습니다. 저학년 학생의 발달 특성을 고려한 간단한 활동을 통해, 학생들이 '무조건 갖기' 또는 '아무 말 없이 내어주기'에 머무르지 않고, 다양한 선택의 가능성을 탐색하며 스스로 책임질 수 있는 의사결정을 하도록 연습하는 데 목적이 있습니다.

이에 본 수업은 그림책《다람쥐 팝콘》을 활용하여 초등 1~2학년 학생들이 선택의 순간을 경험하고, 그 결과를 몸으로 느끼며, 스스로 '좋은 선택'의 기준을 만들어 가도록 돕기 위해 설계하였습니다.

《다람쥐 팝콘》, 박현지, 노란돼지(2025).

활동 1. 책표지를 보며 어떤 내용일까 생각해보기

수업의 시작은 책 표지를 함께 살펴보며 궁금증을 키우는 활동으로 이루어집니다.《다람쥐 팝콘》이라는 제목에서 '다람쥐'와 '팝콘'을 떠올리며 어떤 이야기일지 상상해 봅니다. 그림책 속 다람쥐는 작은 몸 때문에 속상한 경험을 하지만, 커다란 팝콘 몸을 갖게 된 뒤 다른 동물들과 팝콘을 나누며 친구들의 기쁜 모습을 보고 자신의 마음도 즐거워지는 변화를 겪습니다.

> **1. 책표지 퀴즈: 주인공을 맞춰보세요**
> - 한 고개: 줄무늬가 있어요.
> - 두 고개: 산골짜기에 살아요.
> - 세 고개: 도토리를 좋아해요.
>
> **2. '다람쥐' 라는 말을 들으면 무엇이 떠오르나요?**
> - 도토리, 산골짜기, 나무 등
>
> **3. '팝콘'이라는 말을 들으면 무엇이 떠오르나요?**
> - 영화관, 옥수수, 달콤, 바삭바삭한 소리 등
>
> **4. '다람쥐 팝콘'은 어떤 이야기일지 상상해 보아요**

활동 2. 그림책 읽고 내용 이야기 나누기

그림책을 읽으며 중간중간 질문을 던집니다. "다람쥐는 왜 이런 선택을 했을까?" "이 선택으로 어떤 일이 생겼지?"

> **1. 작은 몸으로 살아가면서 불편한 점은 무엇이 있을까요?**
> **2. 그 중에서 가장 속상했던 순간은 언제였을까요?**
> **3. 다람쥐는 왜 기분이 좋아졌을까요?**
> **4. 다람쥐처럼 다른 친구와 함께 나누어서 즐거웠던 경험이 있나요?**

이후 학생들이 실제로 겪을 수 있는 상황을 두 가지 장면으로 연출합니다. 첫 번째 상황은 두 명이 앉은 자리에서 한 명에게만 팝콘을 주고 먹게 합니다. 팝콘을 먹은 친구와 먹지 못한 친구의 기분을 각각 묻고, 상황을 바꾸어 다시 경험해 봅니다. 두 번째 상황은 팝콘 두 개를 주고 짝과 하나씩 나누어 먹게 한 뒤, 그때의 기분을 이야기합니다.

1. 상황 제시

두 명이 함께 앉은 자리에서 한 명에게만 팝콘을 제공한 후 두 가지 선택사항을 안내합니다.

선택1	선택2
팝콘을 혼자 다 먹기	조금 남겨서 친구와 나눠먹기

2. 선택1 체험하기

- 팝콘을 먹은 친구와 먹지 못한 친구에게 그때의 기분을 각각 물어봅니다.
- 상황을 바꾸어 재연해 본 후 각각의 기분을 다시 물어봅니다.

3. 선택2 체험하기

- 작은 컵에 팝콘 두 개를 제공하여 짝과 하나씩 나누어 먹게 한 뒤, 먹고 난 후의 기분을 이야기해 봅니다.

4. 선택에 따른 결과 비교하기

- 두 활동을 통해 먹고 싶은 마음은 똑같았지만, 선택에 따라 기분이 달라졌는지 확인합니다.

5. '좋은 선택'에 대해 알아보기

활동 후 교사는 '좋은 선택'에 대해 설명합니다. 좋은 선택이란 내 마음, 그 선택으로 앞으로 생길 일, 그리고 그로 인해 생기는 친구의 마음을 함께 생각해 보는 것입니다. 가장 착한 선택이 아니라, 생각을 많이 한 선택이 바로 좋은 선택임을 강조합니다. 내 마음만을 앞세우는 것도, 내 마음을 접어 둔 채 무조건 양보하는 것도 좋은 선택은 아니라는 점을 분명히 합니다. 나의 마음과 그 선택으로 생길 일, 그리고 그 상황에서 친구의 마음을 같이 생각해 보는 선택이 바로 좋은 선택이며, 책임 있는 의사결정이라고 알려줍니다.

- 1단계: 내 마음 알기
  - 팝콘을 보면 먹고 싶은 마음이 생겨요
- 2단계: 앞으로 생길 일 예상하기(내가 이렇게 하면 무슨 일이 생길까?)
  - 지금 다 먹으면 배가 너무 부를 수 있어요.
  - 옆 친구가 팝콘을 먹지 못할 수도 있어요.
- 3단계: 친구 마음 생각해보기(내가 다 먹으면 옆 친구는 어떤 기분일까?)
  - 기쁠까?, 슬플까?
- 4단계: 좋은 선택하기
  - '나의 마음' + '앞으로 생길 일' + '친구 마음'

활동 4. 함께 나누는 팝콘 컵으로 동물 얼굴 만들기

이해를 돕기 위해 모둠 활동을 이어갑니다. 모둠별로 하나씩 배부한 매직과 팝콘을 활용해 동물 얼굴을 만드는 활동입니다. 비닐장갑에 얼굴을 그리고 팝콘을 넣어 묶는 단순한 활동이지만, 팝콘에는 한 사람의 손만 들어갈 수 있도록 구성합니다. 동시에 같은 색의 매직을 쓰고 싶어질 수밖에 없는 상황도 의도적으로 만듭니다.

교사는 미리 두 가지 선택을 제시합니다.

- 매직을 먼저 쓰기 위해 뺏는 선택을 했을 때, 나와 친구의 기분과 그 결과는 어떻게 될까?

- "다 쓰고 나면 나한테 줘."라고 말하며 다른 색으로 먼저 그림을 그리는 선택을 했을 때는 어떨까?

설명 후 실제 활동이 시작되면, 교사는 모둠별로 갈등이 발생하는 순간을 주의 깊게 관찰합니다. 아이들이 어떤 선택을 하고, 그 선택이 분위기와 관계에 어떤 변화를 가져오는지를 함께 돌아보며 수업을 마무리합니다.

1. 활동 방법 안내
- 비닐장갑에 동물 얼굴 그리기
- 모둠이 함께 사용하는 팝콘 봉지에서 팝콘 가져오기
- 비닐장갑에 팝콘을 넣고 빵끈으로 묶기

2. 갈등이 생길 수 있는 상황 생각해 보기
- 매직이 한 개뿐인데, 내가 쓰고 싶은 색을 친구가 먼저 쓰고 있다면 어떻게 할 수 있을까요? 우리는 두 가지 선택을 생각해 볼 수 있습니다.
- 선택 1: "내가 먼저 잡았어." "이건 내 거야."
  → 먼저 하고 싶은 내 마음만 생각한 선택입니다.
  → 그 결과, 나도 친구도 기분이 좋지 않을 수 있습니다.
- 선택 2: "다 쓰고 나면 나한테 줘."라고 말합니다.
  → 같이 쓰고 싶은 친구의 마음을 살피고, 내가 조금 기다릴 수 있을 때 하는 선택입니다.
  → 기다리는 동안 다른 색으로 표현할 수 있는 그림을 먼저 그립니다.
  → 그 결과, 조금 기다려야 하지만 나도 친구도 기분 나쁘지 않게 사용할 수 있습니다.

3. 활동 관찰 및 마무리

·동물 얼굴 만들기를 진행하며 모둠별로 갈등 상황이 발생하는지, 그리고 학생들
이 어떤 선택으로 문제를 해결하는지를 살펴보며 수업을 마무리합니다.

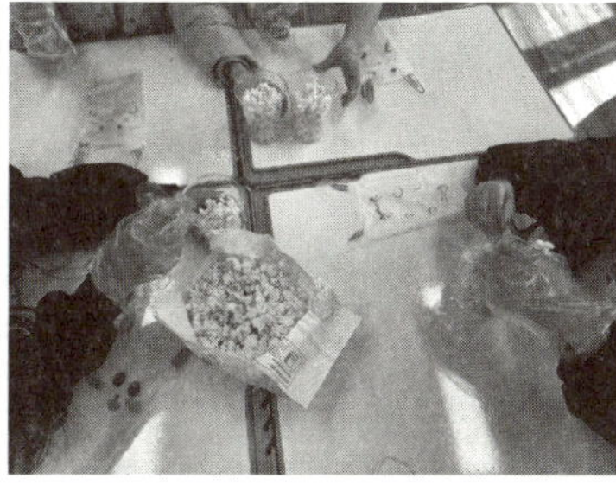
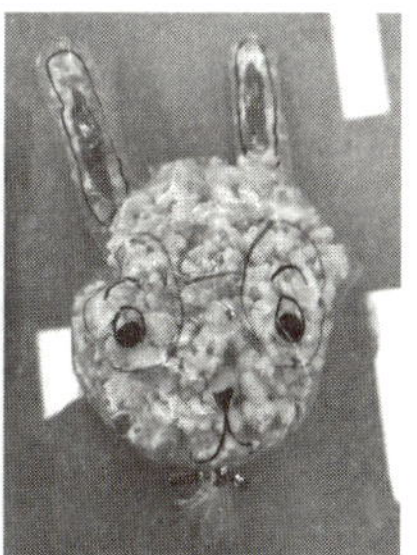

모두가 안전하게 수업에 함께할 수 있도록 하려면…

1. 본 수업은 2차시로 구성하는 것이 적절합니다.

   1차시에서는 팝콘을 활용한 '지금 먹을까, 나눌까' 활동을 통해 선택에 따른 감
   정과 관계의 변화를 직접 경험하도록 하고, 2차시에서는 만들기 활동 속에서
   실제 갈등 상황을 반복적으로 연습할 수 있도록 설계하는 것이 효과적입니다.
   한 차시에 모든 활동을 담기보다, 경험하는 시간과 되돌아보는 시간을 분리함
   으로써 학생들의 몰입도를 높이고, 선택의 의미를 충분히 소화하도록 합니다.

2. 팝콘 준비물은 구조적으로 갈등 상황이 드러나도록 준비합니다.

   팝콘은 입구가 좁은 직사각형 모양의 팝콘 용지를 그대로 사용하여, 여러 명의
   손이 동시에 들어갈 수 없도록 합니다. 한 번에 한 명의 손만 넣을 수 있도록 구조
   화함으로써 '기다림' '차례' '선택'의 순간이 자연스럽게 드러나도록 합니다. 이러

한 구조는 말로 설명하지 않아도 선택의 상황을 명확히 인식하게 해 줍니다.

3. '지금 먹을까, 나눌까' 활동 후에는 즉시 정리합니다.
   저학년 학생의 특성상 손에 만질 수 있는 물건이 남아 있을 경우, 물건에 주의가 쏠려 수업 흐름이 쉽게 끊어질 수 있습니다. 팝콘을 먹은 직후 컵을 회수하고, 다음 활동으로 자연스럽게 전환함으로써 주의 집중을 유지할 수 있습니다. '먹는 활동'과 '생각하는 활동'을 명확히 구분해 주는 것이 중요합니다.

4. 특수교육대상학생의 참여를 돕기 위한 구조적 지원을 제공합니다.
   선택 상황에서 말로 자신의 생각을 표현하는 데 어려움이 있는 학생을 위해 '기다리기' '나누기' '말로 부탁하기'와 같은 선택 그림 카드나 교사가 미리 제시하는 선택 문장(예: "다 쓰고 나면 나한테 줘.") 등을 활용하면 수업 참여도가 높아집니다. 또한 교사가 가까이에서 선택 과정을 함께 짚어 주는 것도 도움이 됩니다.

5. 한 번의 수업으로 변화를 기대하기보다 반복 가능한 구조로 운영합니다.
   이 수업은 단발성 체험이 아니라 이후의 미술 활동, 놀이 활동, 협동 과제 등으로 확장될 수 있는 틀을 제공합니다. 같은 구조를 반복하되 준비물과 상황을 바꾸어 적용할수록, 학생들은 점차 선택의 과정을 스스로 떠올리고 적용하는 모습을 보이게 됩니다. 특히 특수교육대상학생에게는 이러한 반복 경험이 선택을 '배운 지식'이 아니라 '익숙한 행동'으로 내면화하는 데 중요한 역할을 합니다.

수업 이야기

팝콘이 튀겨질 때, 선택이 시작되었습니다

아이들에게 가장 흥미로운 수업 소재가 무엇일지 고민하던 중, 문득 전에 전자레인지에 팝콘을 튀겼던 기억이 떠올랐습니다. 팝콘이 튀겨지는 소리와 냄새에 아이들의 감각이 깨어나고, 시끌벅적하던 교실의 공기가 어느 순간 팝콘을 향해 쥐 죽은 듯 조용해졌었습니다. 자칫 지루해질 수 있는 수업일수록 아이들의 마음을 먼저 붙잡는 것이 중요하다는 사실을 여러 번 느껴왔기에, 이번 수업에 팝콘을 활용하기로 했습니다.

전자레인지를 켜자 '탁탁' 팝콘 터지는 소리가 교실을 채우고, 서른두 개의 눈동자가 자연스럽게 전자레인지로 향했습니다. 담임 선생님께 양해를 구하고 전자레인지를 들고 온 보람을 느끼는 순간이었습니다. '삐삐' 하는 소리에 문을 열자 잔뜩 부푼 팝콘과 함께 아이들의 "와—!" 하는 탄성이 터져 나왔습니다. 봉지를 여는 순간 뜨거운 김이 피어올랐고, 아이들은 한동안 시선을 떼지 못했습니다.

나는 준비해 둔 작은 종이컵 여덟 개에 팝콘을 한 알씩 담았습니다. 그리고 두 명씩 앉아 있는 책상에 컵 하나씩을 나눠 주며 말했습니다.

"이번에는 오른쪽 친구만 팝콘을 먹어볼게요."

아이들의 반응은 제각각이었습니다. 환하게 웃는 아이도 있었고, 고개를 갸웃하는 아이도 있었습니다. 먹고 난 뒤의 표정 역시 달랐습니다. 만족스러운 얼굴도 있었고, 불편한 표정도 있었습니다.

다시 팝콘을 한 알씩 채워 주며 이번에는 왼쪽 친구만 먹도록 했습니다. "아싸!" 하고 기뻐하는 소리와 함께, 조금 전과는 또 다른 표정들이 나타났습니다.

"팝콘을 혼자 먹으니까 어때요?"

"맛있어요."

아이다운 대답이었습니다.

"또 다른 느낌이 있었던 친구는 없어요?"

잠시 후 연우가 조심스럽게 손을 들었습니다.

"뭔지는 모르겠는데… 그냥 불편해요."

바로 그 말이 이 수업의 출발점이었습니다. 말로 설명하기는 어렵지만 분명히 느껴지는 불편함이 있는 상황입니다. 우리는 이런 감정을 구체적으로 들여다보는 연습을 해 본 적이 거의 없습니다. 교과서적인 도덕을 말해 주기보다, 아이들 스스로 느끼고 생각해보는 시간을 의도한 이유였습니다.

"그렇구나. 팝콘은 맛있었는데, 친구는 먹지 않고 바라보고 있으니까 마음이 불편했구나."

이번에는 팝콘을 두 알씩 넣어주고, 나누어 함께 먹어 보았습니다.

"이번에는 어때요?"

여전히 맛있다는 대답과 함께, 아이들의 얼굴이 한결 편안해 보였습니다. 말로 설명하지 않아도, 선택이 바뀌자 마음의 느낌도 달라졌음을 아이들은 몸으로 경험하고 있었습니다.

선택 연습은 놀이 속에서 시작됩니다

이후 팝콘을 활용한 동물 얼굴 만들기 활동을 진행했습니다. 비닐 주머니에 동물 얼굴을 그리고 팝콘을 넣어 빵끈으로 묶는 단순한 활동이었지만, 제가 주목한 것은 결과물이 아니었습니다.

모둠마다 매직은 딱 한 세트, 팝콘은 입구가 좁은 직사각형 모양의 봉투 한 봉지만 제공했습니다. 공용 물건을 함께 사용하며 순서를 정하고 기다리는 과정에서, 아이들이 어떤 선택을 하게 될지를 보고 싶었습니다.

"지금 당장 같은 색 매직을 쓰고 싶을 때, 어떤 선택이 가능할까요?"

저학년이기에 아이들끼리 해결하도록 무작정 맡기기보다는, 먼저 발생할 수 있는 상황을 PPT 화면으로 제시했습니다. 두 가지 선택과 그에 따른 결과를 함께 살펴보며, 친구와 즐겁게 활동을 마칠 수 있는 선택을 고민해 보도록 했습니다.

만들기가 시작되자 처음에는 평온해 보였습니다. 그러나 시간이 흐르자 예상했던 갈등의 기척이 들려왔습니다. 기다리기를 어려워하는 두 아이가 마주친 것입니다. 설명에 나서려던 순간, 한 아이가 말했습니다.

"그냥 가위바위보 해서 정하자."

아이들은 서로 눈치를 보더니 가위바위보를 했습니다. 그 모습을 보며 저도 모르게 웃음이 났습니다. 물론 한 번의 수업으로 아이들의 행동이 완전히 바뀌지는 않습니다. 어쩌면 선생님의 눈치를 본 선택일 수도 있습니다. 그러나 저는 아이들이 선택의 순간, 감정이 올라오려 할 때 좀 전에 들었던 설명이 잠시 떠올랐을지도 모른다고 생각했습니다. 교육의 힘은 바로 그 '잠깐의 멈춤'에 있다고 믿습니다.

말하지 않아서 더 놓치기 쉬운 아이

통합학급에서 수현이는 늘 조용한 아이였습니다. 갈등도 없고, 문제 행동도 없었습니다. 그러나 저는 자기 것을 끝까지 요구하는 아이보다, 자신의 욕구를 표현하지 못하는 수현이가 더 마음에 걸렸습니다. 양보와 배려라는 이름으로 자신의 마음을 늘 뒤로 미루고 있는 것은 아닌지 걱정되었기 때문입니다. 그래서 이 수업이 수현이에게는 '나도 선택할 수 있다'는 경험이 되기를 바랐습니다.

그래서 수현이 모둠에 슬쩍 다가가 서 있었습니다. 수현이가 갈등의 순간을 실제로 마주하는 장면을 보고 싶었기 때문입니다. 처음에는 특별히 겹치는 상황이 없었습니다. 꾸미는 데 욕심을 내거나 특정 색을 고집하지 않아서 더 잘 드러나지 않았던 것 같습니다.

그러나 팝콘을 넣는 순간, 예상했던 장면이 나타났습니다. 한 사람의 손밖에 들어가지 않는 팝콘 컵에 두 아이의 손이 동시에 들어간 것입니다. 아니나 다를까 수현이는 얼른 손을 뺐습니다. 친구가 팝콘을 가져간 뒤, 수현이가 다시 손을 넣으려는 순간 이번에는 제가 일부러 손을 넣어 부딪히게 했습니다. 수현이는 놀란 표정으로 저를 바라보았습니다.

"수현아, 뭘 하고 싶어?"

잠시 침묵이 흘렀습니다.

"수현이 하고 싶은 거 말해봐."

여전히 말이 없었습니다.

"팝콘 가지고 싶지?"

수현이는 대답 대신 눈치를 보며 고개를 끄덕였습니다.

"선생님은 수현이를 계속 봐서 어떤 마음인지 알지만, 친구들은 수현이만 보고 있지 않아서 수현이가 양보한 걸 모를 수도 있어요. 수현이가 친구를 위해 양보를 선택했다면, 다음에는 수현이가 할 거라는 마음을 말해줘야 친구들도 알 수 있어요."

그 순간 수현이 모둠뿐 아니라 주변 친구들도 활동을 멈추고 우리를 바라보고 있었습니다. 저는 수현이의 배려가 배려로 인식되지 않는 이유가, 자신의 선택 이후 마음을 표현하지 않았기 때문일 수 있다고 느꼈습니다. 그래서 이 장면을 의도적으로 수업의 한 순간으로 만들었습니다.

"수현아, 진서한테 양보했으니까 '진서야 다음에는 내가 할게'라고 말해볼까?"

수현이는 잠시 망설이더니 아주 작은 목소리로 말했습니다.

"다음엔 내 차례야."

저는 눈짓으로 팝콘을 가져가라는 신호를 보냈습니다. 모둠의 다른 친구들은 수현이가 팝콘을 가져갈 때까지 아무도 손을 넣지 않았습니다. 이후 공용 팝콘 봉투에 손이 몇 번 더 오갔고, 수현이는 다시 망설이는 모습을 보였습니다. 제가 그 자리를 떠나면 수현이의 용기 있는 한마디가 금세 사라질 것 같아 갈등이 다시 나타날 때까지 그 주변을 지켜보았습니다.

그러나 예상과 달리 수현이의 갈등 상황은 다시 나타나지 않았습니다. 수업이 이렇게 마무리되려는 순간, 이번에는 진서와 경아의 손이 부딪쳤습니다. 그때 경아가 손을 거두며 말했습니다.

"너 먼저 해. 다음엔 내 차례야."

수현이는 말없이 그 장면을 바라보고 있었습니다. 저 역시 그 모습을 흐뭇하게 지켜보았습니다. 마음속으로는 수현이가 말로 한 번 더 표현해 보기를 바랐지만, 또래의 모델링을 지켜보는 것만으로도 충분히 의미 있는 배움이 될 수 있다고 느꼈습니다.

물론 이 수업 한 번으로 아이들이 합리적인 의사결정을 완전히 익히지는 않습니다. 그러나 분명한 것은 아이들이 선택의 순간을 경험했고, 그 선택이 마음과 관계에 어떤 영향을 주는지를 느껴보았다는 점입니다.

앞으로도 저는 활동을 구성할 때 개별 준비물과 공용 준비물을 함께 제시하려고 합니다. 갈등을 없애는 것이 아니라, 안전한 교실 안에서 갈등을 경험하고, 선택을 연습할 수 있도록 구조를 만드는 것, 그것이 통합학급에서 교사가 할 수 있는 중요한 역할이라고 생각합니다.

통합학급에서 이루어지는 이러한 경험은 특수교육대상학생에게 특히 의미가 있습니다. 즉각적인 행동 변화가 보이지 않더라도, 또래의 모델링과 교사의 의도적인 구조 속에서 아이들은 서서히 '생각하고 선택하는 방법'을 배워갑니다. 특수교육대상학생이 아니라도 교실 내에는 관계에 어려움이 있는 학생들이 있습니다. 이런 학생들을 위해 수업의 장면과 역할, 활동을 고민해 배치하는 것이 필요합니다.

(특수)교육은 빠른 변화보다 의미 있는 반복을 중요하게 여깁니다. 오늘의 작은 멈춤과 망설임, 그리고 조심스러운 한마디가 내일의 선택을 조금 다르게 만들 것입니다. 저는 그 느린 변화의 가능성을 신뢰합니다. 그리고 그 가능성을 열어 주는 힘이 바로 교실 안에서 이루어지는 사회정서수업이라고 생각합니다.

18장

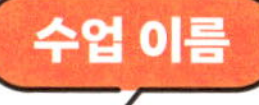

빛을 비추면

◆ **주제:** 내 안의 빛

◆ **목표:** 서로의 빛을 비춰주며 모두가 소중한 존재임을 안다.

◆ **사회정서역량 영역** ◎(주) ○(부)

자기 인식	자기 관리	사회적 인식	관계 기술	책임 있는 의사결정
○		○	◎	

◆ **1~2학년 관련 교과 및 단원**

[통합-마을] 마을을 위해 지켜요(p.34). [통합-인물] 내 주변 인물(p.22).

주제와 역량

학교는 작은 사회의 시작입니다. 학교생활을 잘한다는 의미는 학습 능력과 성취 이전에 공동체 내에서의 인식과 관계 기술들을 잘 키워나가는 것과 연관되어 있습니다.

초등학교 1학년 학생들은 유치원에서 올라온 지 얼마 되지 않아 책상에 바르게 앉아서 수업 받는 것을 어려워 하기도 하고, 쓰기나 읽기 활동을 최대한 안 하려다 보니 많은 고민이 됩니다. 종일 뛰어다녀도 지치지 않는 체력으로 에너지가 넘치고, 말로 이해하기보다는 직접 해보고 만져보는 것을 통해 이해하는 시기이기도 하여, 다양한 활동 수업을 시도하게 됩니다.

초등 1~2학년 시기는 자기중심적인 사고가 강하게 발달하는 단계여서, 자신의 감정과 생각을 기준으로 세상을 이해하려고 합니다. 친구의 입장을 헤아리는 것이 어렵고, 갈등 상황에서 말이나 행동이 즉각적으로 튀어나오는 경우를 종종 보게 됩니다.

1~2학년의 이런 특성에 맞춰 사회정서교육은 교실에서 친구의 입장이 되어 생각해보고, 친구 관계 속에서 어울려 잘 지낼 수 있도록 다양한 주제와 활동으로 수업을 합니다. 이런 교육들이 당장 성과를 보이지 않아도 차곡히 쌓이면, 그 결과 학기 말이 되면 의젓한 형님마냥 성장한 모습을 볼 수 있습니다. 이렇게 매일매일의 수업과 여러 교육에 들인 시간과 정성들이 모여 아이들의 내면에 빛을 키워준 것입니다. 스스로 그 빛을 꺼내보기 어려울 수 있습니다. 그래서 우리 안에 감추어진 빛들을

서로 찾아 주는 활동들을 통해 서로에게 빛이 되어주고, 서로가 소중한 존재임을 깨닫는 수업을 학기 말에 마무리 활동으로 준비했습니다. 아이들도 자신의 성장을 확인하는 것은 성장마인드셋, 회복탄력성, 자존감, 열정, 희망 같은 내면의 긍정성을 키우는 데 큰 도움이 됩니다.

수업과 활동

통합학급 학생들과 몇 년간 수업을 하면서 '어떤 이야기를 할까?' '어떤 활동을 할까?' 고민이 많이 됩니다. 이럴 때 찾아보게 되는 것이 그림책입니다. 그러다 우연히 만난 김윤정, 최덕규 작가님의《빛을 비추면 (Light)》은 보이는 것 이면의 세계, 잘 보이지 않지만 분명히 있는 힘 같은 것을 보고 느끼게 합니다. 이 책은 특수한 잉크를 사용해서인지, 각 쪽의 뒷면에서 빛을 비추면 숨어 있던 그림들이 드러납니다. 처음에 그림책을 펼쳐보면 평범해 보이지만 빛을 비추는 순간 그동안 보이지 않던 그림과 이야기가 마술처럼 드러나 감탄하게 되고, 그렇게 드러난 것들을 다시 한번 생각해보도록 이끕니다.

그림책을 '보는 것'이 아닌 '발견하는 것'에서 이미 이 수업은 시작됩니다. 이것은 아이들의 모습과도 많이 닮아 있습니다. 우리가 만나는 아이들은 각자 고유한 특성과 강점을 가지도 있음에도 잘 드러나지 않을 때가 있습니다.

이 수업에서 '빛을 비춘다'는 것은 아이들을 평가하거나 비교하는 것이 아닌, 이미 아이들 안에 갖고 있는 모습 그러나 미처 발견하지 못했던 성장을 알아봐주는 과정입니다. 아이들이 빛을 통해 그림책 속의 숨겨진 그림을 발견하듯, 자신과 친구들 안에 강점과 따뜻한 마음을 천천히 발견해가도록 수업을 만듭니다. 이는 자신을 인식하고, 스스로를 드러내며, 더 키워나가고 싶은 마음으로 이어집니다. 그림책과 은은한 분위기는 자신을 드러내는 것을 두려워하지 않도록 돕고, 동시에 타인의 빛을 존중하는 태도를 길러줍니다. 그렇게 우리는 모두 빛을 가진 존재이고, 이 빛은 혼자 있을 때보다 함께 비출 때 더 환해진다는 것을 알게 됩니다. 이 수업을 통해 아이들은 잘 보이지 않았지만, 자신과 친구들의 성장을 제대로 알아갈 수 있습니다. 빛을 비추는 순간 아름답게 드러나는 그림책처럼 아이들 각자의 이야기와 강점이 드러나는 순간을 맞이할 수 있습니다.

교실은 서로의 빛을 발견하고 키워나가는 공간이며, 우정의 싹을 틔워나가는 곳이기도 합니다. 이렇게 우정이 싹트는 교실은 단순히 사이좋게 잘 지내기 위해서가 아닌, 서로의 마음과 존재를 인정하는 공간입니다. 이 지점이 사회정서수업과도 연결됩니다.

《빛을 비추면》, 김윤정, 최덕규, YUN EDITION(2018).

활동 1. 그림책 함께 읽기

처음《빛을 비추면》책을 읽을 때는 불을 다 켜고 읽어줍니다.

두 번째 읽을 때는 교실의 불을 끄고, 가능하면 블라인드도 내려 어둡게 한 후에 손전등으로 비추며 읽어줍니다. 한 장 한 장 책의 뒷면에서 빛을 비추면, 빛을 통해 보이지 않던 것들이 세상 밖으로 드러나면서 우리가 보지 못했던 모습을 함께 볼 수 있게 됩니다.

♦ **그림책을 다 읽은 후 질문하기**
- 빛을 비추기 전에 어떤 모습이었나요?
- 빛을 비추니까 어떻게 달라졌나요?
- 가장 신기하고 멋있던 장면은 무엇이었나요?
- 왜 그 장면이 멋있었나요?
- 만약 여러분에게 빛이 있다면 어디에 비추고 싶나요?
- 우리 마음이나 생각에도 숨겨진 빛이 있을까?

활동 2. 우리는 어디에 빛을 비추었을까?

작은 몸에서 빛을 내고, 깨끗하고 좋은 환경에서만 살 수 있는 반딧불이 이야기를 꺼냅니다. 작은 몸에서 나는 빛으로 그곳이 안전하고 좋은 곳이라는 알려주는 반딧불이처럼, 한 명 한 명이 한 해 동안 서로를 지켜주고 안전한 공간을 만들기 위해 애써왔음을 격려합니다.

원으로 둘러앉은 다음 자신의 차례가 되면 원 가운데 '빛의 무대'로 나옵니다. 그리고 '내가 비춘 빛'에 대해 발표합니다.

"자기 자신을 더 잘 돌보고 노력하면서 낸 빛."

"친구들의 곁에서 함께 웃고 격려하면서 낸 빛."

"우리 반, 가족, 학교, 마을, 지구를 더 좋은 곳으로 만들려고 하는 빛."

이야기를 들은 친구들은 격려와 동참의 마음으로 펑거라이트를 켜서 '빛의 무대'에 선 친구의 주변을 밝혀줍니다.

활동 3. 세상의 빛은 우리

반딧불이들이 모여 온 숲을 비추듯 서로가 서로를 비춰주는 활동입니다.

1단계: 세상의 빛! 나는 빛!

하나씩 나눠받은 별 모양의 종이에 자신의 이름을 쓰고 펑거라이트 위에 붙입니다.

교사가 학생 한 명씩 이름을 부릅니다. "세상의 빛 ○○○"

자신의 이름을 듣고 '빛의 무대'인 중앙으로 나와서 "나는 빛 ○○○"라고 자신을 소개합니다. 빛의 주인공이 된 친구가 자신만의 멋진 동작이나 반 친구들과 함께 정한 동작을 하면 교사가 사진을 찍어줍니다. 주위에 앉은 친구들은 무대 중앙의 친구 주변에 빛을 비춰줍니다. (사진은 3단계 활동을 위한 것입니다.)

"우리 ○○가 더 환하게 빛나는 이유는 다른 친구들이 함께 빛을 내

주기 때문이에요."

2단계: 함께 비추는 빛! 반딧불이 여행

2단계는 모두의 빛을 함께 비추며 반딧불이 여행을 시작합니다.

"이제 우리 모두의 빛을 함께 비춰 볼까요? 교실 구석 구석까지 여러분의 빛을 밝혀보세요."

교실을 자유롭게 다니며 핑거라이트로 빛을 비춥니다. 충분히 빛의 여행을 한 후 자리로 돌아옵니다.

3단계: 빛의 다짐

마지막은 '나의 다짐'을 써보는 시간입니다. 검은 도화지에 금, 은색의 펜이나 하얀 색연필로 새로운 다짐을 써봅니다. 1단계에서 찍은 친구들의 사진을 뽑아서 함께 붙여도 좋습니다. 별스티커나 반짝이 펜 등으로 예쁘게 꾸미기를 좋아하는 학생들에게도 충분한 시간을 주어 꾸밀 수 있도록 합니다.

모두가 안전하게 수업에 함께할 수 있도록 하려면…

1. 핑거라이트 대신 응원봉을 활용할 수도 있습니다. 활동 전 불빛을 친구의 얼굴이나 눈, 특정 신체 부위에 비추지 않도록 약속을 합니다.

2. 핑거라이트에 '나는 빛 〇〇〇' 쓴 종이를 붙이거나 나만의 반딧불이를 직접 꾸민 후 자신의 이름을 써서 붙일 수 있습니다. '나는 빛 〇〇〇' 종이를 사진 대신 검은 도화지에 붙이고 '나의 다짐'과 함께 꾸밀 수 있습니다.

3. 특수학급에서 수업을 하는 경우 학생들이 손전등을 활용하여 책을 충분히 살펴보고 경험하도록 해도 좋습니다.

수업 이야기

고요함 속에서 빛나는 별

특수학급에서 수업을 할 때는《빛을 비추면》이 마술책이라도 되는 듯 신기해하는 아이들에게 손전등을 주기도 했습니다. (책에 손전등을 비추며) 신기해하는 아이들을 보니 통합학급에서도 큰 흥미와 즐거움을 줄 수 있을거라 기대했습니다. 그러나 통합학급 담임 선생님과 수업에 대해 이야기를 나누다 손전등으로 인해 어수선해질 수 있을 것 같다는 우려에 '책'보다는 '빛'에 더 집중하기로 했습니다. 더불어 '빛'을 통해 서로를 알아가고 돌아보면서 '축제'로 마무리하기로 했습니다. 그 고민 끝에 떠올린 것이 핑거라이트와 응원봉입니다. 책을 관찰하기 위한 손전등이 아닌 '나와 너'를 비추는 빛의 상징으로 활용하기로 했습니다.

《빛을 비추면》책이 주는 감동에 실제의 빛을 더하니 금세 아이들의 설렘으로 가득 찼습니다. 자칫하면 놀이동산의 불꽃놀이처럼 흥분의 도가니가 될 수 있겠다는 생각이 들어 수업을 시작하며 한 가지 규칙을 정했습니다. 책을 읽는 동안 만큼은 '고요함'을 지키기로 약속했습니다. 손전등을 비추며 책을 읽어 내려가는 동안 교실은 놀라울 만큼 고요해졌습니다. 아이들은 불빛을 비춰 보이는 장면 장면에 집중했고, 작은 감탄사를 쏟아내기도 했습니다.

책을 두 번 다 읽은 후 아이들에게 질문을 했습니다.

"가장 기억에 남는 장면, 다시 보고 싶은 장면이 있나요?"

"맨 마지막에 별이 가득한 장면이요."

아무것도 없는 빈 페이지처럼 보이지만, 손전등을 비추면 그림책 가득 숨겨져 있던 별들이 우수수 드러났습니다.

저의 빛을 나눠주려고 노력했습니다

학생들이 숨을 죽이고 그림책 속의 별들을 보며 감탄할 때, 반딧불 이야기를 덧붙였습니다.

"여러분 반딧불이를 아나요?"

"네 알아요. 개똥벌레잖아요."

"맞아요. 반딧불이의 빛도 아주 작아 보이지만, 그 작은 몸으로 온 힘을 다해 만들어낸 빛이에요. 마치 우주의 기운을 한껏 모은 것처럼요."

그리고 학생들에게 물었습니다.

"그럼 우리들은 어떤 빛을 가지고 있을까? 우리에게 반짝이는 빛은 무엇일까?"

순간 아이들이 고요해졌습니다. 바로 대답은 못 했지만 각자의 마음 속에 무언가를 떠올리는 듯 보였습니다. 답을 서둘러 요구하지 않고, 잠시 고요한 시간으로 두었습니다. 그 고요함 가운데 아이들의 눈빛은 빛나 보였습니다.

"아마 모두들 누군가를 위해 노력한 순간이 있었을 거야. 친구나 가족, 누군가를 위해 내 빛을 내려고 애썼던 순간은 언제였을까?"

질문을 하면서도 어렵지는 않을까, 질문을 잘 이해했으려나, 고민되는 순간 아이들이 하나둘 손을 들기 시작했습니다.

"1학년 때 인우랑 잘 안 놀았는데, 우싹교(우정이 싹트는 교실)를 하고 짝꿍을 하면서 세계국기게임도 하면서 놀았어요."

"저도요. 저는 인우랑 줄넘기도 했어요."

"저는 놀이터에서 만나 놀았어요."

담임 선생님의 도움을 받아 발표를 한 인우도 빛 여행이 기분이 좋은지 계속 싱글벙글했습니다.

"우리 인우는 친구들과 놀잇감을 함께 갖고 놀면서 즐겁게 학교생활을 하려고 노력했습니다."

아이들의 말처럼 인우는 혼자 놀기를 좋아하고, 친구들이 오면 놀잇감을 뺏길까봐 우는 친구였습니다. 그랬던 인우가 친구들과 놀기 시작했고 웃기 시작했습니다. 먼저 비춰준 친구의 빛을 통해 인우도 자신의 빛을 내며 함께 빛날 수 있었습니다.

평소에 화가 나면 자주 울음을 터트리는 무영이는 1학년 때는 친구들을 밀치거나 때리기도 했지만, 2학년이 되어서는 화를 내거나 친구와의 다툼이 줄었습니다.

"제가 화를 많이 내는데요. 2학년 때는 화를 안 내려고 엄청 참고 노력했어요." 순간 솔직하게 말한 무영이의 이야기에 잠시 조용해지더니 "맞아. 맞아" 하는 소리가 들리고, 고개를 끄덕이는 친구들도 보였습니다. 한두 명씩 용기내어 자신의 이야기를 하니 그 반에서 목소리가 제일 작고 발표할 때마다 쭈뼛거리던 지인이도 "목소리가 작지만 발표하려고 노력했어요."라고 이야기했습니다.

여러 아이들이 기쁘게도 "우정이 싹트는 교실에서 배운 내용을 잘 지키려고 노력했습니다."라고 말해 주었습니다.

"선생님도 너희들과 즐겁게 공부하기 위해서 수업 준비를 열심히 했어. 우리는 모두 빛을 비추기 위해 노력하고 있었던거야!"라는 담임 선생님의 말은 교실의 빛을 하나로 모이게 해주었습니다.

아이들은 친구들이 발표할 때마다 핑거라이트를 켜서 그 친구의 주변을 환히 비춰주었습니다. 아이들이 친구들의 빛의 순간들을 다 알고 감싸주는 것 같았습니다.

나는 빛, 세상의 빛, 빛 여행을 시작해보자!

모두 발표를 마친 뒤 '나는 빛 ○○○' 종이에 자신의 이름을 써서 핑거라이트에 붙여 꾸미는 시간을 가졌습니다. 그리곤 각자의 빛을 모아 우리의 빛 여행을 시작했습니다.

"교실 구석구석을 비춰보자. 어둠이 있는 곳이 없게끔 친구들의 빛을 비춰주세요."

"교실 천장을 다함께 비춰볼까?"

"선생님 바닥에 비춰봐요.""칠판! 칠판!" 아이들의 제안에 맞춰 교실을 천천히 여행했습니다. 누군가 한 명이 "선생님한테 비추자."라고 말하자 아이들이 두 명의 교사 배에 빛을 비추면서 모두가 동시에 까르르 웃음이 터졌습니다.

이 수업하길 잘했다

이 수업을 하는 내내 교실 조명을 켜지 않았습니다. 대신 교실은 학생들의 핑거라이트 작은 불빛으로 가득 찼습니다. 작은 별빛이 우주의 빛이 되고, 작은 반딧불이 숲의 빛이 되듯이 아이들의 빛들이 모여 교실을 가득 채웠습니다.

빛을 통해 평소에는 잘 드러나지 않았던 마음과 강점, 그리고 존재를 알아차리는 시간이었습니다. 학생들은 빛을 통해 발견한 별이 가장 기억에 남는다고 했지만, 그 경험은 자연스럽게 스스로를 향하고, 자신 안에 있는 빛나는 힘과 강점, 성취를 찾아가는 중요한 과정이었습니다. 아이들이 자신이 잘하는 것, 노력한 것, 아직은 서툴지만 애쓰는 모습을 떠올리며 '나에게도 빛이 있다'는 것을 깨닫는 수업이었습니다.

이어진 친구들의 이야기를 듣는 시간에 친구들의 관계에서 어려움이 있음에도 매일 노력하고 있는 아이, 조용한 아이의 도전, 감정을 조절하기 위해 애쓰고 있는 순간들이 비로소 보이기 시작했습니다. 친구들마다 서로 다른 빛을 가지고 있음을, 겉으로 보이는 것 외에도 노력하고 있음을 알게 되었습니다. 빛은 저절로 드러나기도 하지만 그 빛을 인식해주는 누군가의 시선을 통해 더욱 선명해집니다. 서로의 빛을 비추는 일을 통해 우리는 하나의 공동체임을 확인하게 되었습니다.

누군가의 작은 용기와 노력에 빛을 비춰주는 것으로 존중과 지지를 표현하는 연습은 상대를 향한 관계 기술이기도 하지만, 자신이 존중받는 법을 배우는 일이기도 합니다. 이 수업은 아이들에게 특별한 것을 가르치기보다 이미 그 안에 가지고 있는 것들을 발견하는 시간이었습니다.

19장

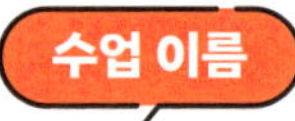

나에게 주는 상

◆ **주제:** 다정함

◆ **목표:** 우정이 싹트는 교실의 전체 수업을 마무리하며 각자, 그리고 모두의 성장을 드러내 확인한다.

◆ **사회정서역량 영역** ◎(주) ○(부)

자기 인식	자기 관리	사회적 인식	관계 기술	책임 있는 의사결정
○				◎

◆ **1~2학년 관련 교과 및 단원**

[통합-기억] 우리 반 시상식(p.46).

주제와 역량

"왜요? 제가 왜 그렇게 해야 되는데요?"

수업 중 아이들이 때로는 당돌하게, 때로는 진지하게 이렇게 '왜?'를 묻는 순간들이 있습니다. 친구와 갈등 상황에 놓였을 때, 어떤 역할을 맡아 달라고 부탁했을 때, 먼저 사과하거나 양보해 달라고 요청했을 때…. 요즘의 아이들은 자신에게 요구되는 행동의 이유를 묻습니다. 그런데, 이렇게 '왜'를 묻는 예기치 않는 순간에 교사는 당황하게 됩니다. '바른 행동이니까' '옳은 일이니까'라는 말로 설명이 충분치 않았던 것은 아니었는지, 혹은 요즘 아이들에게 희생과 양보, 먼저 사과하는 일이 마치 손해를 보는 선택처럼 느껴지고 있는 것은 아닌지 고민하게 됩니다. 그리고 공동체를 위한 배려보다 '나', 즉 개인의 이익에 더 큰 가치를 두는 아이들을 볼 때마다 안타까운 마음이 듭니다.

교실에서 아이들은 혼자 살아가지 않습니다. '교실'은 각자의 삶이 모여 함께 관계를 맺고, 문화를 만들며, 서로에게 영향을 주고받는 작은 사회입니다. 그렇기에 때로는 '나'를 위한 선택보다 공동체를 위한 선택이 필요한 순간이 찾아옵니다. 이 사실을 아이들에게 가르쳐 주고 싶었습니다. 사회정서학습에서 말하는 책임 있는 의사결정이란 바로 이러한 순간에 발휘되는 힘입니다. 책임 있는 의사결정은 정답을 고르는 일이 아니라, 과정을 거쳐 선택에 이르는 연습입니다. 먼저, 지금 내 마음은 어떤 상태인지, 무엇이 불편하고 무엇을 원하는지 알아차립니다. (자기 인식) 그다음, 이 상황에서 내가 할 수 있는 선택들을 떠올려 봅니다. 말로 표현할 수도 있고, 기다릴 수도 있고, 도와줄 수도, 혹은 외면할 수도 있습니다. 이후, 각 선택이 나와 친구에게 어떤 영향을 미칠지 결과를 예측하고 비교해 봅니다. 그 선택이 교실의 분위기를 더 따뜻하게 만들지, 아니면 누군가의 마음을 다치게 할지를 생각해 봅니다. 그리고 마침내, 공동체의 가치—존중, 배려, 책임—와 연결해 가장 바람직한 행동을 스스로 선택합니다. 이것이 바로 책임 있는 의사결정입니다.

책임 있는 의사결정은 완벽한 선택을 의미하지 않습니다. 때로는 서툰 선택을 하기도 하고, 그 결과를 돌아보며 후회하거나 반성하기도 합니다. 그러나 그 경험을 통해 다음에는 더 나은 선택을 하려는 마음을 갖게 되는 것, 그 모든 과정이 책임 있는 의사결정에 포함됩니다.

수업과 활동

올해 2학년 1반 통합학급 아이들의 마음속에 장애 공감과 우정의 씨앗이 싹을 틔우고, 꽃으로 피어나는 모습을 곁에서 지켜볼 수 있었습니다. 교사로서 참으로 행복하고 즐거운 경험이었습니다. 등교할 때마다 꼭 도움반에 들러 새봄이(자폐스펙트럼장애 학생)와 인사를 나누고, 손을 꼭 잡은 채 교실로 함께 올라가는 아이들의 뒷모습을 바라볼 때, 아침 자습 시간 아이들이 자발적으로 새봄이에게 책을 읽어주고 있다며 통합학급 담임 선생님이 보내주신 사진을 마주했을 때, 쉬는 시간마다 새봄이의 놀이에 아이들이 기꺼이 함께해 주는 모습을 지켜보던 순간들, 그 모든 장면은 교사로서의 보람과 기쁨을 넘치도록 느끼게 해주었습니다.

이제 새 학년을 앞두고, 이렇게 다정한 통합학급의 아이들을 떠나보내야 한다는 사실이 어쩌면 새봄이보다 교사인 제가 더 견디기 어려울 만큼 아쉽게 다가왔습니다. 곧 이 학교를 떠나야 한다는 개인적인 상황도 이별의 감정을 더욱 크게 만들었습니다.

그때 문득 아이들 마음속에 자라난 '다정함'을 진심으로 칭찬하고, 그 다정함을 앞으로 더 아름답게 꽃 피우기를 바라는 마음에서 아이들과 작은 약속을 나누고 싶었습니다. 또한 아이들 각자의 다정한 눈빛 하나, 친절한 손길 하나, 먼저 다가가는 작은 행동 하나가 사실은 순간의 선택이자 중요한 결정이라는 것, 그리고 그 찰나의 선택이 우리 반을, 우리 학교를, 더 나아가 우리의 공동체를 조금 더 선하고 따뜻한 방향으로 이끄는 열매가 된다는 사실을 전해주고 싶었습니다. '그래, 이 한 해의 고마움을 전하고, 아이들에게 새봄이의 내년을 부탁하자.' 그 마음으로 준비한 수업이 바로 '나에게 주는 상'이었습니다.

저는 1년을 함께해 온 통합학급 아이들과 함께 그동안 우리가 해 온 선택들이 어떻게 우리 반을 따뜻하게 만들었는지 함께 돌아보고 싶었습니다. 그리고 아이들에게 말해 주고 싶었습니다.

"너희는 정말 멋진 선택들을 해 왔어."

아이들이 앞으로도 서로를 생각하는 책임 있는 선택을 할 수 있는 사람으로 자라기를, 더 아름답게 빛나기를 응원하고 격려하고 싶어 아이들이 좋아하는 달콤한 금메달 초콜릿도 준비했습니다. 그림책《나에게 주는 상》을 수업의 출발점으로 삼았습니다.

《나에게 주는 상》, 이숙현, 안소민, 호랑이꿈(2024).

 **활 동 소 개** ···

활동 1. 그림책 함께 읽기

그림책《나에게 주는 상》을 함께 읽습니다. 이 과정은 그림을 잘 그리거나 달리기를 잘하는 특별한 재능이나 기능뿐 아니라, 매일 조금씩 자라난 나 자신, 어려운 순간에도 참고 기다린 시간, 그리고 지금 이 순간의 나를 사랑하는 마음까지 모두가 충분히 칭찬받을 만한 가치임을 서로 인정하고 격려하는 단계입니다. 아이들은 그림책 속 애벌레들의 이야기를 통해 스스로를 긍정하는 마음만 있다면 누구나 잘난 존재이자 소중한 존재임을 자연스럽게 깨닫게 됩니다.

요즘 아이들 중에는 공부를 잘하거나, 발표를 잘하거나, 축구·달리기·예체능 등에서 뛰어난 능력을 보여야만 자신의 존재 가치가 증명되고 칭찬받을 수 있다고 생각하는 경우도 적지 않습니다. 그러나 그림책 《나에게 주는 상》은 우리 마음속에 자라고 있는 '다정함'이야말로 얼마나 큰 힘을 지닌 가치인지, 그리고 그 다정함이 교실을 채울 때 학교라는 공간이 얼마나 따뜻하고 아름다워질 수 있는지를 아이들의 마음에 조용히 스며들게 합니다.

◆ **그림책 읽기 전 대화**

"올해 행복했던 순간은 언제인가요? 스스로 뿌듯했던 일은 무엇인가요?"

"올해 가장 크게 성장한 점은 무엇인가요?"

◆ **읽는 중 대화**

"왜 이 애벌레는 자신에게 상을 주었을까요?"

"이 장면에서 '잘했다'는 말은 어떤 뜻일까요?"

"만약 여러분이 이 애벌레의 친구라면 어떤 말을 해 주고 싶나요?"

◆ **읽은 후 대화**

"여러분도 오늘의 나에게 상을 준다면, 어떤 상을 주고 싶나요?"

"친구에게도 상을 준다면, 어떤 상을 주고 싶나요?"

"우리가 서로의 다정함을 알아봐 주면 교실은 어떻게 달라질까요?"

활동 2. 나에게 주는 메달 만들기(자기 인식)

그림책을 읽었다면 이제 자신의 칭찬할 점을 찾아볼 시간입니다. '자기 인식' 단계입니다. 그림책을 읽은 직후에도 저학년 아이들은 "축구를 잘해요." "태권도를 잘해요."와 같이 기능적이거나 눈에 보이는 재능을 먼저 떠올리는 경우가 많습니다. 이럴 때 교사는 다시 한번 이렇게 안내해 줍니다. "다정하고 행복한 우리 반을 만들기 위해 내가 했던 노력을 떠올려 보자." 이후 여러 예시 자료를 활용해 퀴즈 형식으로 어떤 '다정함'을 나타내는 그림인지 맞혀 보는 활동을 진행합니다. 이는 아이들이 눈에 보이지 않지만, 분명히 존재하는 '다정함의 모습'을 인식할 수 있도록 도와줍니다. 예를 들어, 미끄럼틀 앞에서 차례를 잘 기다리는 그림, 반갑게 인사하는 모습, 친구의 말을 경청하는 장면, 학용품을 기꺼이 빌려 주는 모습, 바르고 고운 말을 사용하는 장면 등을 제시해 주면 아이들이 진짜로 칭찬받아 마땅한 모습과 태도를 구체적으로 이해하는 데 큰 도움이 됩니다. 아이들은 곧 "정답! 체육 시간에 친구를 열심히 응원해 주는 다정함이요!" "정답! 반갑게 인사하는 모습이에요."와 같이 퀴즈를 풀듯 스스로 답을 찾아가기 시작합니다. 이 과정은 지난 1년 동안 자신이 베풀었던 배려와 친절을 자연스럽게 떠올리게 합니다.

그리고, 저는 라벨지에 동그란 메달 테두리를 프린트해 제공하고, 그 안에 '자신에게 주는 상'의 이름을 적고 자유롭게 꾸미도록 했습니다. 특수교육대상학생 또는 지원이 필요한 친구들을 위해서는 그림 도안을 함께 제공하는 것이 좋습니다. 여러 다정함의 상황이 그려진 도안을 보고 따라 그리거나, 스티커 형태로 붙이는 활동을 활용하면 누구나 충분히 자신만의 멋진 메달을 완성할 수 있습니다.

활동 3. 릴레이 메달 수여식(책임 있는 의사결정)

금메달을 완성한 학생들은 노란 바구니 안에 메달의 앞면이 보이도록 차곡차곡 넣습니다. 매달이 수북하게 쌓인 바구니에서 교사가 그 중 하나를 고릅니다. 해당 메달의 주인공 이름을 크게 부른 뒤 앞으로 나오게 하고, 상의 내용을 큰 소리로 읽어 주며 메달을 목에 걸어 줍니다. 그리고 친구들과 함께 외칩니다. "고운 말을 사용하는 너, 정말 멋져!" 이어 "내년에도 올해처럼 고운 말을 사용하기로 모두 약속!"이라고 말하며 아이들은 새끼손가락을 들어 약속을 나눕니다. 큰 박수와 환호는 자연스럽게 이어집니다. 이제 메달을 받은 학생이 노란 바구니에서 또 하나의 메달을 직접 선택하고 그 메달의 주인공을 앞으로 초대해 같은 방식으로 메달 수여식을 이어 갑니다. 이렇게 릴레이 형식으로 진행됩니다.

이 과정에서 아이들은 지금 이 순간 내가 선택하는 말과 행동이 나와 친구의 마음에 어떤 영향을 미칠지, 우리 반의 분위기를 어떻게 바꿀지를 생각하며 스스로 행동을 선택하는 과정임을 경험하게 됩니다. 어떤 메달을 고를지, 어떤 말로 축하해 줄지, 약속을 할지 말지— 이 모든 작은 선택의 순간들이 모여 아이들은 자연스럽게 이렇게 배우게 됩니다.

'내 선택은 나만의 것이 아니라, 우리 반과 우리 모두의 하루를 만든다.'

교실에서 친구가 실수했을 때 놀리는 대신 도와주는 선택을 하는 것, 장애가 있는 친구가 어려워할 때 그냥 지나치는 대신 손을 내미는 선

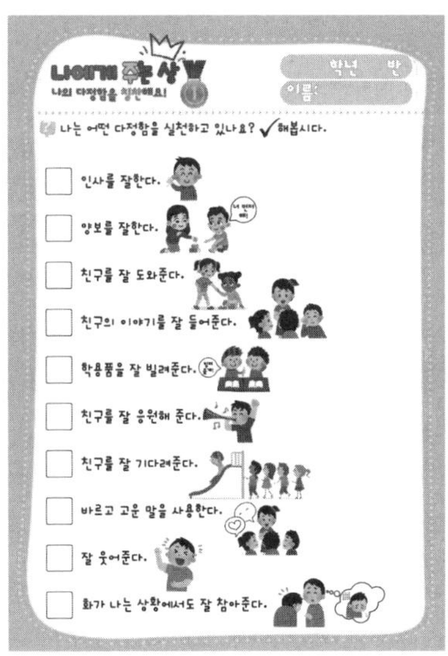

택을 하는 것. 이런 순간의 선택 하나하나가 누군가의 마음을 지키고, 하루를 바꾸며, 공동체를 더 따뜻하게 만든다는 사실을 아이들은 이 활동을 통해 몸으로 익히게 됩니다. 이 수업은 아이들에게 책임 있는 의사결정이란 거창한 판단이 아니라, 다정함을 선택하는 연습의 반복임을 알려주는 시간입니다.

모두가 안전하게 수업에 함께할 수 있도록 하려면…

1. 메달이나 상장에 자기 칭찬이나 자랑보다 '자기 인식'과 '표현'을 하는 것임을 잊지 않도록 합니다. 어떤 점이 공동체를 위해 칭찬받을 만한 것인지 인식할 수 있도록 다양한 예시 자료를 제공하면 좋습니다. 시각 자료는 행동이 분명하게 드러나는 그림을 사용해 주세요. 실제 교실과 학교 상황에서 있을 법한 일을 그림에 담을수록 학생들의 이해도가 높아집니다.

2. 활동 2에서 저학년 학생들에게 '나의 칭찬할 점을 찾아봅시다'라는 질문만 주면 막연하기 때문에 다양한 그림 예시로 여러 상황 속에서 내가 선택할 수 있는 배려와 친절을 찾아 체크할 수 있는 활동지(위의 사진 참고)를 제공하면 좋습니다. 혹은 선택형 라벨지를 활용하는 것도 도움이 됩니다.

특수학급 수업에 적용한다면

특수학급에서 '나에게 주는 상' 활동을 진행할 때에는 스스로의 장점을 언어로 떠올리고 표현하는 데 어려움을 겪는 장애학생들의 특성을 충분히 고려한 수업 설계가 필요합니다. 이를 위해 두 가지 방법을 활용할 수 있습니다.

첫째는 교사가 학생의 성장과 노력을 관찰한 내용을 바탕으로 상장이나 메달을 미리 준비해 주는 방법입니다. 둘째는 그림이 제시된 체크리스트를 통해 학생 스스로 자신의 모습을 살펴보며 칭찬받을 만한 행동을 선택하도록 돕는 방법입니다.

저는 해마다 방학식이나 종업식 날에 도움반 학생들을 위한 상장 수여식을 엽니다. 한 해 동안 아이가 보여 준 아주 작은 변화와 성장을 떠올리며 '인사왕 상' '동화구연왕 상' '정리정돈상'과 같이 아이 한 명 한 명에게 맞는 상장을 준비합니다. 장애학생에게는 기능적인 부분이나 학업적인 부분에 대한 성장도 표창을 하고 있습니다. 상장을 건네받은 아이들은 "아, 나도 상 받았다!"라며 환하게 웃습니다. 이 과정은 단순한 기쁨을 넘어 '나도 칭찬받을 수 있는 존재'라는 자기 인식의 순간이 됩니다.

이 경험은 장애학생에게 자기 효능감과 자존감을 키우고 사회정서교육에서 말하는 자기 인식과 자기 존중감 형성의 출발점이 됩니다.

또한, 교사가 준비한 상장이나 메달은 아이에게 '네가 무엇을 잘했는지 선생님은 관심을 가지고 너를 지켜보고 있단다.'와 같은 강력한 메시지를 전합니다. 이는 학생이 자신을 긍정적으로 바라보는 힘을 기르고, 타인의 칭찬을 기쁘게 받아들이는 연습을 하는 데에도 큰 의미를 가집니다.

특수학급에서의 '나에게 주는 상' 활동은 결과보다 과정을, 비교보다 성장을, 능력보다 태도와 마음을 소중히 여기는 수업입니다. 아이들이 '나는 부족한 아이가 아니라, 조금씩 자라고 있는 아이'임을 느끼게 하는 것이 바로 사회정서교육이 특수교육에서 가장 깊이 작동하는 순간일 것입니다.

수업 이야기

아이들은 서로의 다정함을 먼저 알아본다

"선생님이 오늘은 우리 친구들 모두를 너무나 칭찬해주고 싶어서 특별한 시간을 준비했어요."

학생들을 너무도 칭찬해 주고 싶었다는 말을 건네는 순간, 아이들의 눈이 반짝이며 기대하는 것이 느껴졌습니다. 그런데, 활동 목표와 순서를 안내하던 중, 한 아이가 고개를 푹 숙인 채 조심스러운 목소리로 말했습니다.

"선생님, 저는 잘하는 게 없어서… 칭찬할 것도, 자랑할 것도 없어요."

그 말에 마음이 덜컥 내려앉았습니다. 나는 얼른 다정하게 아이의 어깨를 두드리며 말했습니다.

"글쎄, 선생님이 보기에는 우리 겨울이, 그냥 너무 예쁜걸?"

그리고 아이들을 바라보며 부탁했습니다.

"친구들아, 우리 겨울이 칭찬을 너희가 대신해 줄래? 아직 겨울이가 칭찬받을 점을 스스로는 잘 모르나 봐."

그러자 아이들은 앞다투어 손을 들었습니다.

"겨울이는 짝꿍일 때 연필이랑 지우개를 잘 빌려줘요."

"화장실에서 줄 설 때도 잘 기다려줘요."

"친구들을 잘 도와줘요."

겨울이의 다정함이 교실 안에 쏟아지듯 흘러나왔습니다. 그 이야기를 듣는 동안 겨울이의 얼굴에는 조심스럽게, 그러나 분명하게 웃음꽃이 피어났습니다. 그런 겨울이는 수업의 말미, '나에게 주는 금메달' 활동에서 스스로에게 '친구를 잘 도와주는 상'을 줬습니다. 자신이 미처 다 알지 못했던 '다정함'을 친구들이 먼저 알아보고 따뜻하게 불러주었다는 사실이 아이에게 큰 자부심이 된 것 같습니다. 친구들도 "겨울이만의 멋진 상이야!"라며 박수를 보냈습니다. 칭찬은 그렇게, 한 아이의 마음을 밝혔고 그 빛은 교실 전체로 조용히 번져 나갔습니다.

친절은 누군가의 마음을 여는 열쇠가 된다

이 반에는 피부가 아주 까맣고, 곱게 땋은 머리가 유난히 아름다운 엘라가 있습니다. 엘라는 우리 반 새봄이의 등교 도우미이자, 책도 읽어 주고, 새봄이만의 놀이에도 기꺼이 함께해 주는 마음이 참 따뜻한 아이입니다. 올해 엘라가 있었기에 새봄이가 2학년 1반에 자연스럽게 스며들며 행복한 학교생활을 할 수 있었다고 해도 과언이 아닙니다. 누구에게나 친절하고, 공감 능력이 뛰어난 엘라여서 과연 스스로에게 어떤 상을 줄지, 자신의 어떤 점을 칭찬하고 싶어 할지 몹시 궁금했습니다. 엘라의 메달을 살짝 들여다본 순간, 나는 스며 나오는 웃음을 감출 수 없었습니다. 엘라는 자신에게 '새봄이에게 책을 읽어준 상'을 수여했기 때문입니다. 엘라는 조용히 이렇게 말했습니다.

"선생님, 저는 올해 새봄이가 제 이름을 처음 불러준 날이 가장 기억에 남아요. 새봄이가 제 이름을 불러줬을 때 정말 행복했어요."

그 말 속에는 자신이 베푼 친절과 배려가 칭찬받을 만한 가치가 있다는 깨달음과, 도움이 필요한 친구에게 다가간 작은 행동들이 쉽게 마음을 열지 못하던 친구의 마음을 녹였다는 자부심이 담겨 있었습니다. 엘라는 자신이 건넨 다정함이 도움반 친구의 성장에 좋은 거름이 되었음을 스스로 알아차린 듯했습니다. '고마워, 엘라. 너의 유독 투명하고 맑은 눈동자를 바라볼 때마다 그 눈빛에 깃든 다정함과 친절함 덕분에 선생님의 마음도 여러 번 따뜻해졌어. 그 따뜻함을 오래도록 간직한 어른으로 자라나길 진심으로 응원할게.' 이런 생각이 마음 깊은 곳에서 올라왔습니다. 그 마음을 엘라에게 전했습니다.

다정함에 이름을 붙이다

메달 만들기 시간이 되자, 아이들은 처음엔 연필을 쥔 채 잠시 머뭇거렸습니다. 그러다 곰곰이 생각에 잠기더니, 이내 쓰윽 쓰윽 자신이 칭찬받을 만한 다정함들을 하나씩 적어 내려갑니다. 친구의 말을 잘 들어주는 경청상, 먼저 반갑게 인사를 해 친구들을 행복하게 만든다는 인사상, 친구를 잘 응원해 준다는 응원상, 친구가 힘들 때 함께 걱정해 준다는 걱정상, 교실 놀잇감을 잘 양보한다는 양보상, 그 밖에도 공감상, 잘 기다려 주는 상, 학용품을 잘 빌려주는 상까지. 아이들만의 시선으로 만들어 낸 기상천외한 상들이 쏟아져 나왔습니다. '그래, 꼭 무엇인가를 잘해야만, 특별한 재능이 있어야만 칭찬받을 수 있는 건 아니지.' 교실을 따뜻하게 만드는 것은 결국 각자의 마음이라는 사실을 아이들은 이미 알고 있었습니다. 자신이 만든 상을 바라보며 스스로를 자랑스러워하는 아이들의 모습이 무척 대견했습니다. 그런데, 우리 새봄이는 어려운 듯 망설이고 있었습니다. 나는 PPT 속 그림 자료를 다시 보여주며 물었습니다.

"너는 어떤 모습을 가지고 있니? 이 그림 속 인물 중에 너와 가장 비슷한 사람은 누구일까?"

잠시 생각하던 그때, 옆에 있던 친구들이 이구동성으로 말했습니다.

"새봄이 요즘 인사 정말 잘해요! 며칠 전에 학교에 오자마자 반 친구들에게 큰 소리로 인사해서 우리가 정말 깜짝 놀랐어요!"

그제야 새봄이는 고개를 끄덕이며 스스로에게 '인사상'을 선물했습니다. 그리고 새봄이가 빛의 속도로 글을 써 내게 '친절한 선생님 상'을 주었습니다. 오~ 감격입니다.

비록 자신이 만든 메달이지만, 그것을 반 친구들이 직접 수여해 주는 순간, 아이들은 자신의 다정함이 누군가에게 분명히 보였고, 인정받았으며, 따뜻하게 칭찬받을 수 있다는 것을 온몸으로 경험했습니다. 그날 교실은 칭찬으로 가득 찬, 아주 단단한 공동체가 되었습니다.

칭찬은 이렇게 학교를 돌았다

아이들마다 작업 속도가 다를 것을 미리 알고 있어서, 메달을 먼저 완성한 친구들에게 작은 부탁을 했습니다. "애들아, 우리가 반과 학교에서 이렇게 행복하게 생활할 수 있었던 건 누구의 덕분이기도 할까?" 그 말에 아이들은 잠시 생각하더니 "담임 선생님이요." "보건 선생님이요." "교장 선생님이요." 하며 고마운 얼굴들을 하나둘 떠올리기 시작했습니다. "그래, 그렇다면 우리 선생님들께도 상을 드려보는 건 어때?" 그렇게 해서 발표 기회를 반 학생 모두에게 공평하게 나누어 주시는 담임 선생님께 드리는 '골고루상', 아플 때마다 아이들의 상처를 따뜻하게 보듬어 주신 보건 선생님께 드리는 '최고의 치료상', 그리고 '최고의 교장 선생님 상'이 탄생했습니다. 목에 아이들이 만든 '골고루상'이 걸리는 순간, 담임 선생님께서는 환하게 웃으며 말씀하셨습니다. "나에게 이런 상을 주다니 정말 영광이네요~. 내가 평소에 발표를 골고루 시키긴 했죠?" 선생님의 따뜻한 반응에 아이들은 큰 박수를 치며 깔깔 웃었습니다.

그후 아이들은 함께 교무실, 교장실, 보건실을 차례로 찾아가 정성껏 만든 메달을 직접 전달했습니다. 그때마다 선생님들께서는 진심으로 기뻐해 주시며 덕담과 함께 젤리나 비타민을 선물로 건네주셨습니다. 복도를 이동하며 아이들은 "선생님들이 너무 좋아하셔!"라며 흥분해 발을 동동 구르기도 했습니다. 나는 아이들에게 이렇게 말했습니다. "그래, 어른도 칭찬을 받으면 행복해져. 너희는 오늘 서로에게도, 선생님들께도 행복을 전해 준 행복 전도사야." 그리고 오늘의 경험을 바탕으로 거친 말이나 험담, 욕 대신 서로를 격려하고 세워주는 말로 앞으로도 주변을 행복하게 만드는 역할을 하자고 약속했습니다. 이 약속과 다짐을 책임감 있게 지켜 가며, 자신의 말과 행동이 얼마나 큰 힘과 책임을 지니는지 아이들이 마음속에 오래 기억하길 바래 봅니다.

다음 날 급식 시간에 이 반 담임 선생님과 나란히 앉아 식사를 하던 중 담임 선생님께서 빙그레 웃으며 말씀하셨습니다. "글쎄, 도원이가 어제 만든 메달 안의 초콜릿은 맛있게 먹고 금메달 목걸이는 오늘도 목에 걸고 등교했어요. 그 상이 어지간히 마음에 들었나 봐요." 그 이야기를 들으며 열심히 밥을 먹고 있는 도원이를 바라보았습니다. '아, 아이가 어제의 수업에 진심이었구나. 그 상이 스스로에게 정말 뿌듯한 선물이었구나.' 그 생각에 그날 밥맛은 유난히도 꿀맛이었습니다.

다정함도, 관계도 긍정적인 경험이 계속해 오가고 쌓여야 개인의 태도와 삶에 안착합니다. '우정이 싹트는 교실'이란 이름으로 교실 안에 다정한 관계망을 만들어가려 한 한 해 동안의 노력이 아이들 각자의 사회정서역량을 키우고, 교실이 좀 더 밝고 편안한 분위기의 공동체로 자리 잡도록 한 듯해 보람을 느낍니다.

모두의 교실에 우정이 싹트고, 꽃이 피어나기를 바라며

"'우정이 싹트는 교실' 수업 해 보실 선생님 계신가요?"

연구회의 단톡방에 던져진 이 제안에 제 눈이 번쩍 뜨였습니다. 동시에 마음 한편이 조용히 움츠러들었습니다. 특수교사인 제게 통합학급 수업은 늘 어려운 과제였기 때문입니다. 새로운 아이들을 만나는 일, 관계의 온도와 속도를 가늠하지 못한 채 교실 한가운데 서야 하는 일은 늘 부담으로 다가왔습니다. 그것은 《가르칠 수 있는 용기》에서 말하는, 교사가 마주해야 하는 공포의 순간과도 닮아 있었습니다.

특수학급 수업은 시간이 쌓이면서 아이들과의 만남에서 오는 두려움과 공포를 조금씩 넘어서게 되었지만, 통합학급에서의 수업은 늘 다시 시작하는 마음으로 관계를 쌓아 가야 하는 시간이었습니다. 그래서 저는 쉽게 손을 들지 못했습니다.

학생들이 건강하게 성장하는 데 무엇이 필요한지를 끊임없이 살피고 탐색하는 일은 특수교사이든 일반교사이든 교사라면 누구에게나 중요한 일입니다. 오늘날의 초등학생들에게 무엇이 필요한지를 고민하다 보니, 친구와의 관계가 얼마나 중요한지 깨닫게 되었습니다. 제가 매일 만나는 특수교육대상학생들에게는 특히 더 간절했습니다. 모든 학생이 행복할 때 통합교육이 비로소 가능하다는 생각에까지 이르게 되었습니다. 모든 아이들이 행복하게 성장하기 위해 학교는, 교실은, 그리고 교사인 나는 무엇을 할 수 있을까 하는 질문 앞에서 며칠을 고민한 끝에 열한 번째로 이름을 올렸고, 저의 '우정이 싹트는 교실'은 시작되었습니다. 지난 몇 년 간 '우정이 싹트는 교실'이라는 통합학급 사회정서수업에 참여한 선생님들 모두 비슷한 마음, 결정, 도전이었을 것입니다.

우정이 싹트는 교실은 혼자서 할 수 없는 (하기 어려운) 수업이며, 통합학급 선생님과 함께 만들어 가는 활동입니다. 톡방에 이름을 올린 후, 두근거리는 마음으로 통합학급 선생님께 조심스럽게 말을 꺼냈습니다.

"선생님, '우정이 싹트는 교실'이라고 학생들과 우정에 대해 이야기 나누고 활동을 진행해보는 수업이 있는데… 함께 해 보면 어떨까요?"

다행히도 저는 참 좋은 짝꿍 선생님을 만났고, 그 해를 행복하게 보낼 수 있었습니다. 그리고 한 해 한 해 점점 더 즐겁게 '우정이 싹트는 교실' 수업을 만들어가고 있습니다. 특수교사로서 처음 시도해 보는 다양한 주제를 담은 수업들이라 서툰 부분도 많았지만, 함께해 주는 '우정이 싹트는 교실' 선생님들, 그리고 통합학급 선생님들 덕분에 그 서툼마저도 채워가는 배움의 시간이 될 수 있었습니다.

우정이 싹트는 교실은 모든 아이들이 건강하게 성장하기를 바라는 마음에서 시작된 수업입니다. 한 번의 이벤트성 수업이 아닌, 한 학기 또는 일 년간 다양한 주제와 지속적인 활동으로 아이들과 함께 만들어가는 과정이었습니다. 다양한 학습자가 공존하는 교실에서 아이들이 서로와 긍정적인 관계를 맺고, 그 관계 안에서 살아가는 힘을 기르도록 돕고자 했습니다.

한창 친구가 좋고 서로 부대끼며 사람을 알아가야 할 아이들이 여러 사회적·환경적 요인 속에서 서로 선을 긋고, 다가가지도 넘어오지도 못한 채 지내는 모습이 안타까웠습니다. 그리고 그 교실 안에서 더 크게 외로움을 느끼고 있는 특수교육대상학생들의 마음이 보였습니다.

특수교육대상학생들은 관계에 무심한 듯 보이지만, 언어 등 발달의 어려움으로 인해 관계 안으로 들어가기 힘든 경우가 많습니다. 겉으로 드러나는 도전행동 역시 자세히 들여다 보면, 대부분은 관계와 참여의 문제를 해결하고자 하는 아이들 나름의 몸부림인 경우가 많았습니다. 관계 기술이 자라고 소통과 참여의 길이 열리면, 그 많은 도전행동들이 자연스럽게 사라지는 장면을 저는 여러 번 목격했습니다.

우정이 싹트는 교실은 아이들에게 필요한 모든 것을 채워 주는 수업은 아닐 수 있습니다. 그러나 아이들의 삶에 소중한 가치와 마음, 태도와 (관계) 기술을 가르칠 수 있다는, 충분히 가능하다는 믿음을 조심스럽게 품게 하는 수업이었습니다. 이 책에 실린 다양한 수업들을 돌아보고 정리하며, 저 역시 여전히 교실에서 아이들과 함께 배우고 있는 교사라는 사실을 다시 한번 느꼈습니다.

우정이 싹트는 교실 수업에는 '한 사람'이 중요합니다. 그 한 사람은 아이들이 건강하게 성장하기 위해 무엇이 필요한지를 고민하고 찾으며,

이 책을 읽고 계신 선생님입니다. 혼자서는 어렵지만 우리 곁의 다정한 동료들을 믿고 조금만 용기를 내어 함께한다면, 그 교실에는 분명 우정이 싹트기 시작할 것이라 믿습니다.

선생님의 교실에도 우정이 싹이 트고 꽃이 피어나기를 바랍니다. 그 과정에 우리의 이 이야기들이 작은 힘이 되기를 바랍니다.

관계 중심 사회정서학습 1편

초판 1쇄 펴낸 날 2026년 4월 5일

지은이 김정하, 노경화, 박소은, 박지영, 박지현, 이종필, 전지훈, 정미숙
펴낸이 이후언
펴낸이 이종필
편집 이후언
디자인 윤지은
인쇄 아람P&B
제본 강원제책사

발행처 새로온봄
주소 서울시 관악구 솔밭로7길 16, 301-107
전화 02) 6204-0405
팩스 0303) 3445-0302
이메일 hoo@onbom.kr
홈페이지 www.onbom.kr

© onbom, 2026. Printed in Seoul, Korea

ISBN 979-11-987413-8-7 (03370)